新編統計基礎
（第二版）

主　編　祝　剛、陳秀麗
副主編　趙占平

前言

統計學是一門收集、整理和分析統計數據的方法論科學,是非常重要的分析工具。統計的方法已經被廣泛地應用到自然科學和社會科學,以及生產、經營管理和人們的日常生活中。各行各業的活動都離不開統計知識,它有十分重要的應用價值。統計學廣泛的適用性,使之成為財經類各專業的核心課程之一。它可以作為經濟類、工商管理類各專業的教材或參考書,也可作為企業行銷管理人員、市場調研人員的培訓教材。

本書以課程教學需要為線索,以應用能力為主幹,通過知識、能力的分支延伸和實踐性教學環節內容的擴展,構建本書的體系框架,努力探索培養學生職業能力的新型教學模式。在編寫體例上,本書作了如下安排:

教學目的:既是教師教學的依據,又是學生學習的重點。

教學內容:主要闡明統計學的基本概念、基本原理、基本程序、基本技術與方法。

本章小結:簡要概述本章內容,便於學生掌握本章的重點、難點。

案例分析:根據每章的學習目標,選擇有針對性的案例進行分析。這是一種使理論聯繫實際、拓展視野的訓練方式。

思考題:按照每章教學目的和要求,於每章後置若干思考題,便於學生復習與思考,作為本章教學內容的延伸。

全書共分為十個項目,包括統計認知、數據採集、數據整理、綜合指標分析、時間數列分

析、統計指數應用、相關與迴歸分析、抽樣推斷技術、國民經濟統計概述、SPSS應用與統計分析。教師在使用本書時，可以根據學生的情況，進行一定的取捨。

　　教材是體現教學內容的知識載體，是進行教學的基本工具，更是人才培養質量的重要保證。因此，在本書編寫過程中，我們不敢稍有懈怠，但由於編寫時間倉促和作者水準所限，書中疏漏之處仍難避免，歡迎廣大讀者批評指正，以便我們進一步修改和完善。

編　者

目錄

項目一　統計認知 ... 1
　　任務一　統計的產生和發展 ... 2
　　任務二　統計學研究的對象和方法 ... 5
　　任務三　統計工作的任務和內容 ... 10
　　任務四　統計學的基本概念 ... 11

項目二　數據採集 ... 18
　　任務一　統計數據採集認知 ... 19
　　任務二　統計數據的採集 ... 22
　　任務三　設計統計調查方案 ... 29

項目三　數據整理 ... 36
　　任務一　統計數據整理概述 ... 37
　　任務二　統計分組 ... 40
　　任務三　分配數列 ... 44
　　任務四　統計數據顯示 ... 50

項目四　綜合指標分析 —— 60

  任務一　總量指標 —— 61

  任務二　相對指標 —— 64

  任務三　平均指標 —— 72

  任務四　標誌變異指標 —— 85

項目五　時間數列分析 —— 92

  任務一　時間數列 —— 93

  任務二　時間數列分析指標 —— 98

  任務三　平均發展水準 —— 103

  任務四　平均速度 —— 112

  任務五　時間數列趨勢分析與預測 —— 114

項目六　統計指數應用 —— 125

  任務一　統計指數 —— 126

  任務二　總指數的編製與應用 —— 127

  任務三　指數體系與因素分析 —— 132

  任務四　幾種常用的統計指數 —— 141

項目七　相關與迴歸分析 —— 147

  任務一　相關關係 —— 148

  任務二　直線相關分析 —— 151

  任務三　直線迴歸分析 —— 154

項目八　抽樣推斷技術 —— 162

  任務一　抽樣推斷 —— 163

  任務二　抽樣誤差及其影響因素 —— 170

  任務三　參數估計 —— 175

項目九　國民經濟統計概述　　182

  任務一　國民經濟分類　　183

  任務二　國民經濟統計　　188

  任務三　國民經濟核算體系的主要指標　　192

項目十　SPSS 應用與統計分析　　200

  任務一　SPSS 軟件概述　　201

  任務二　數據錄入與數據或獲取　　205

  任務三　統計描述　　209

附表　　218

  附表 1　隨機數表　　218

  附表 2　正態分佈概率表　　219

  附表 3　t 分佈表　　221

項目一　統計認知

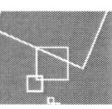

本章教學要點概覽

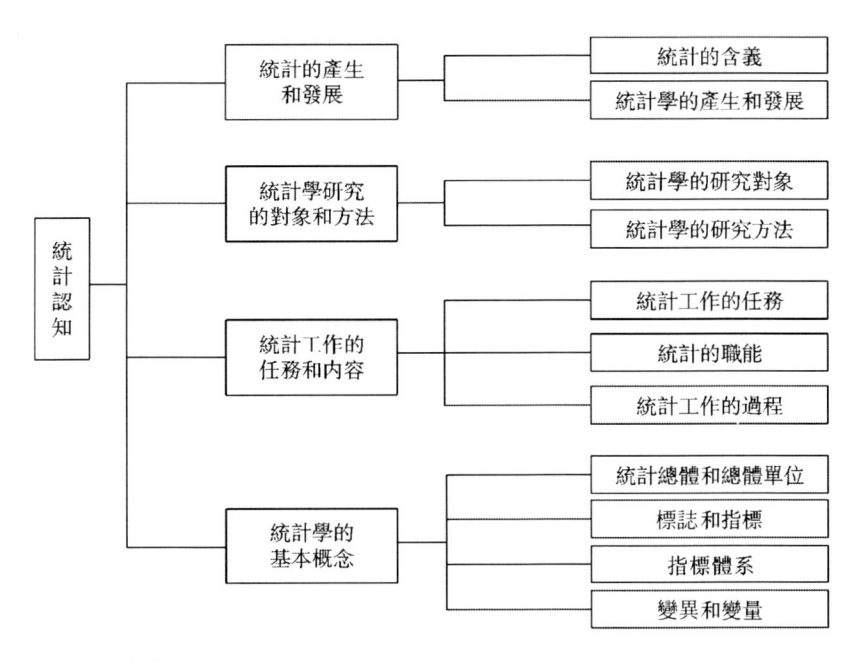

```
                    ┌── 統計的產生 ──┬── 統計的含義
                    │     和發展      └── 統計學的產生和發展
                    │
                    ├── 統計學研究 ──┬── 統計學的研究對象
                    │  的對象和方法   └── 統計學的研究方法
   統計認知 ────────┤
                    ├── 統計工作的 ──┬── 統計工作的任務
                    │   任務和内容    ├── 統計的職能
                    │                 └── 統計工作的過程
                    │
                    └── 統計學的 ────┬── 統計總體和總體單位
                         基本概念     ├── 標誌和指標
                                      ├── 指標體系
                                      └── 變異和變量
```

【情境導入】

各地區各部門按照經濟工作會議和《政府工作報告》，堅持穩中求進的工作基調，堅定不移貫徹新發展理念，堅持以提高發展質量和效益為中心，統籌推進「五位一體」總體佈局和協調推進「四個全面」戰略佈局，以供給側結構性改革為主線，統籌推進穩增長、促改革、調結構、惠民生、防風險各項工作，經濟運行穩中有進、穩中向好，經濟社會保持平穩健康發展。

初步核算，全年中國生產總值 827,122 億元，比上年增長 6.9%。其中，第一產業增加值 65,468 億元，增長 3.9%；第二產業增加值 334,623 億元，增長 6.1%；第三產業增加值 427,032 億元，增長 8.0%。

年末中國內地總人口139,008萬人，比上年末增加737萬人。全年出生人口1,723萬人，出生率為12.43‰；死亡人口986萬人，死亡率為7.11‰；自然增長率為5.32‰。

年末全國就業人員77,640萬人，其中城鎮就業人員42,462萬人。全年城鎮新增就業1351萬人，比上年增加37萬人。年末城鎮登記失業率為3.90%，比上年末下降0.12個百分點。

供給側結構性改革紮實推進。全年全國工業產能利用率為77.0%，比上年提高3.7個百分點。年末商品房待售面積58,923萬平方米，比上年末減少10,616萬平方米。

新動能新產業新業態加快成長。全年規模以上工業戰略性新興產業增加值比上年增長11.0%。高技術製造業增加值增長13.4%，占規模以上工業增加值的比重為12.7%。全年新能源汽車產量69萬輛，比上年增長51.2%。

本章教學內容提示

本章學習的目標是使學生認識統計的涵義、研究對象、研究方法和一些基本概念，為進一步學好這門課程奠定基礎。

任務一　統計的產生和發展

一、統計的含義

「統計」一詞在日常生活中經常出現，不同場合可以有不同的含義。比較公認的看法是，統計有三個含義，即統計工作、統計資料和統計學。

（一）統計工作

統計工作又稱統計活動、統計實踐，它是根據統計研究的問題和目的，對統計資料的收集、匯總、整理、分析的全部工作過程，也是通常所說的統計實踐的幾個階段。社會經濟統計工作則是指收集、整理、分析和提供關於社會、政治、經濟、文化等現象的數字資料的總稱。

（二）統計資料

統計資料是指統計實踐活動過程所取得的各項數字資料及與之相關的其他資料的總和，包括觀察、調查的原始資料和經過整理、加工的系統資料。例如，各種新聞媒體中常說的「據統計」，就是指統計的數字資料。

（三）統計學

統計學是關於認識客觀現象總體數量特徵和數量關係的科學。它是指統計理論和統計

科學,即對統計實踐活動的理論概括、總結和提高,所得到的統計工作規律性的原理和方法,並用以指導統計實踐的一門科學。

《不列顛百科全書》的定義是:統計學是收集、分析、表述和解釋數據的科學。

統計的三種含義有著密切的聯繫:

首先,統計工作與統計資料的關係是統計活動與統計成果的關係。一方面,統計資料的需求支配著統計工作的佈局;另一方面,統計工作又直接影響著統計資料的數量和質量,統計工作的現代化關係是向社會提供資料豐富的統計信息,提高決策的可靠性和工作效率的問題。

其次,統計工作與統計學的關係是統計實踐和統計理論的關係。一方面,統計理論是統計工作經驗的總結,只有當統計發展到一定程度,才可能形成獨立的統計學;另一方面,統計工作的發展又需要統計理論的指導,統計學研究可促進統計工作水準的提高。

二、統計學的產生和發展

統計發展的歷史可以追溯到遠古的原始社會,當時的結繩記事就是統計的萌芽。進入資本主義社會以後,隨著生產力的發展,對於統計數據資料的需求增多,開始出現了專業的統計機構和統計組織。到了17世紀中葉,統計學才應運而生,距今只有300多年的歷史。

(一) 統計學的萌芽期

統計學的萌芽期為17世紀中葉至18世紀中末葉,當時主要有國勢學派和政治算術學派。

1. 國勢學派

統計學最初在當時歐洲經濟發展較快的義大利孕育良久,但最終卻在17世紀的德國破土萌芽。這個時期的代表人物是康令(H. Conring,1606—1681)、阿亨瓦爾(G. Achenwall,1719—1772)等。他們在大學中開設了一門新課程,最初叫「國勢學」,我們把從事這方面研究的德國學者稱為國勢學派。他們所做的工作主要是對國家重要事項進行記錄,因此又被稱為記述學派。這些記錄記載著關於國家組織、人口、軍隊、領土、居民職業以及資源財產等事項,幾乎完全偏重於品質的解釋,而忽視了量的分析。嚴格地說,這一學派的研究對象和研究方法都不符合統計學的要求,只是登記了一些記敘性材料,借以說明管理國家的方法。國勢學派對統計學的創立和發展做出的最大貢獻是:為統計學這門新興的學科起了一個至今仍為世界公認的名詞「統計學」(Statistics),並提出了至今仍為統計學者所採用的一些術語,如「統計數字資料」「數字對比」等。

2. 政治算術學派

統計理論在英國與德國幾乎同時產生,由於兩國的社會背景、經濟水準和思想淵源的不同,其統計理論亦各具特色。在英國,當時從事統計研究的人被稱為政治算術學派。雖然政治算術學派與國勢學派的研究,都與各國的國情、國力這一內容有關,但國勢學派主要採用文字記述的方法,而政治算術學派則採用數量分析的方法。因此,從嚴格意義上來說,政治算術學派作為統計學的開端更為合適。

17世紀的英國學者威廉·配第(W. Petty,1623—1687)在他所著的《政治算術》一書中,對當時的英國、荷蘭、法國之間的「國富和力量」進行數量上的計算和比較,做了前人沒有做

過的從數量方面來研究社會經濟現象的工作。正是在這個意義上，馬克思稱威廉·配第是「政治經濟學之父，在某種程度上也可以說是統計學的創始人」。

(二) 統計學的近代期

統計學的近代期為18世紀末至19世紀末，這一時期的統計學主要有數理統計學派和社會統計學派。

1. 數理統計學派

最初的統計方法是隨著社會政治和經濟的需要而逐步得到發展的，直到概率論被引進之後，數理統計學才逐漸成為一門成熟的學科。隨著資本主義經濟的發展，統計事業走向昌盛成為近代文化高度發達的一個突出標誌。比利時統計學家、數學家、天文學家阿道夫·凱特勒（A. Quetelet, 1796—1874）完成了統計學和概率論的結合，從此，統計學才開始進入發展的新階段。阿道夫·凱特勒被國際統計學界稱為「統計學之父」，他是數理統計學派的奠基人，數理統計就是在概率論的基礎上發展起來的。隨著統計學的發展，對概率論的運用逐步增加，同時自然科學的迅速發展和技術不斷進步對數理統計的方法有進一步的要求，這樣，數理統計學就從統計學中分離出來自成一派。它從19世紀末以來逐步形成，由於它主要是在英美等國發展起來的，故又稱英美數理統計學派。

2. 社會統計學派

自阿道夫·凱特勒後，統計學的發展開始變得豐富而複雜起來。由於在社會領域和自然領域統計學被運用的對象不同，統計學的發展呈現出不同的方向和特色。19世紀後半葉，正當致力於自然領域研究的英美數理統計學派剛開始發展的時候，在德國卻興起了與之迥然異趣的社會統計學派。這個學派是近代各種統計學派中比較獨特的一派。由於它在理論上比政治算術派更加完善，在時間上比數理統計學派提前成熟，因此它很快流行起來，對整個世界統計學界影響較大，流傳較廣。

社會統計學派由德國大學教授克尼斯（K. G. A. Knies, 1821—1898）首創，主要代表人物為恩格爾（C. L. E. Engel, 1821—1896）和梅爾（G. V. Mayr, 1841—1925）。他們認為，統計學的研究對象是社會現象，目的在於明確社會現象內部的聯繫和相互關係，統計方法應當包括社會統計調查中資料的收集、整理，以及對其分析研究。他們認為，在社會統計中，全面調查，包括人口普查和工農業調查，居於重要地位；以概率論為根據的抽樣調查，在一定的範圍內具有實際意義和作用。

(三) 統計學的現代期

統計學的現代期為20世紀初到現在的數理統計時期。自20世紀20年代以來，數理統計學發展的主流從描述統計學轉向推斷統計學，如19世紀和20世紀初的統計學教科書中主要描述統計學中的一些基本概念、資料的收集、資料的整理、資料的圖示和資料的分析等，後來逐步增加概率論和推斷統計的內容。直到20世紀30年代，費希爾（R. A. Fisher, 1890—1962）的推斷統計學才促使數理統計進入現代範疇。

現在，數理統計學的豐富程度完全可以獨立成為一門宏大的學科，但它還不可能完全代替一般統計方法論。傳統的統計方法雖然比較簡單，但在實際統計工作中運用的頻率仍然極大，正如四則運算與高等數學的關係一樣。不僅如此，數理統計學主要涉及資料的分析和推斷方面，而統計學還包括各種統計調查、統計工作制度和核算體系的方法理論、統計學與各

專業相結合的一般方法理論等。由於統計學比數理統計在內容上更為廣泛，因此，數理統計學相對於統計學來說不是一門並列的學科，而是統計學的重要組成部分。

從世界範圍看，自20世紀60年代以後，統計學的發展有三個明顯的趨勢：第一，隨著數學的發展，統計學依賴和吸收數學營養的程度越來越迅速；第二，向其他學科領域滲透，或者說，以統計學為基礎的邊緣學科不斷形成；第三，隨著科學技術應用的日益廣泛和深入，特別是借助電子計算機後，統計學所發揮的功效更強。

統計發展史表明，統計學是從設置指標研究社會經濟現象的數量開始的，隨著社會的發展與實踐的需要，統計學家對統計方法不斷豐富和完善，統計學也就隨著不斷發展和演變。從當前世界各國統計研究狀況來看，統計學已不僅為研究社會經濟現象的數量方面，也為研究自然技術現象的數量方面提供各種統計方法；它既為研究事物確定現象的數量方面，又為研究事物隨機現象的數量方面提供各種統計方法。從統計學的發展趨勢分析，它的作用與功能已從描述事物現狀、反應事物規律，向進行樣本推斷、預測未來變化方向發展。它已從一門實質性的社會性學科，發展成為方法論的綜合性學科。

☆知識連結

> 在夏朝，中國就有了人口、土地等方面的統計；在西周已設有專門負責國勢調查的官員——職方氏；到了秦漢，就有了地方田畝和戶口的記錄；明清時期，建立了經常人口登記和保甲制度。在相當長的時期，中國的實際統計活動和統計思想都處於世界先進水準，只是到了封建社會後期，才開始落後於其他國家。

任務二　統計學研究的對象和方法

一、統計學的研究對象

統計學的研究對象就是統計研究所要認識的客體，具體地講，社會經濟統計學研究的對象是社會經濟現象總體的數量方面，即社會經濟現象總體的數量特徵和數量關係。

社會經濟現象的數量方面所涉及的內容廣泛，主要有：人口數量和勞動力資源、社會財富和自然資源、社會生產和建設、商品交換和流通、國民收入分配和國家財政收入，以及金融、信貸保險、人民物質文化生活水準、科學技術與發展等。這些作為國民經濟和社會發展的總體情況，其表現出來的基本數量特徵和數量關係，構成了我們對社會的基本認識。

統計特點就其性質而言，是一種認識活動，它是通過數據資料的採集、整理、描述和分析，而對客觀事物的數量進行觀察和探索的過程，在其活動過程中一般表現以下幾個方面的特點：

(一) 數量性

統計認識的對象是客觀事物的數量方面，因此，統計活動的中心問題就是數據。統計就

是用這些數據的各種組合來描述、反應客觀事物的現狀、數量關係和發展變化情況的。因此，數據就是統計的語言，統計數據在對客觀事物數量的反應上，表現在三個方面：

(1) 數量的多少。它是從總量上反應事物發展的規模和水準。

(2) 事物間的數量關係。即各種現象之間是否存在數量關係，以及關係的緊密程度。

(3) 現象內部質與量的辯證統一關係。一定的質規定了一定的量，一定的量表現為一定的質，這就決定了社會經濟統計在研究社會經濟現象時，必然是定性認識與定量認識相結合。

（二）總體性

統計的目的主要是為了說明總體的情況，因此，它所觀察和分析的是總體中每一個個體或具有代表性的一部分個數的全部數據，然後通過一定的分類匯總，整理出最終可以反應整個總體的狀態和特徵的統計資料。如對某學科進行考試後，每個人的考試成績反應的是個體差異，將每個人的考試成績匯總後算出平均成績，就能夠從總體上反應全體學生對這門學科掌握的一般水準，這個「平均成績」就反應總體特徵，而它是一個個體數據匯總得來的。這就是說，統計是從個體開始，對總體進行分析研究，而對個體的深入調查研究，是為了更好地分析研究和認識總體。

（三）變異性

變異性也叫差異性，這是相對於統計對象的特徵而言的。統計觀察的總體是由許多個體組成，這些個體除了在某一方面必須是同質的以外，在其他方面是千差萬別的。統計數據是個體差異的客觀記錄，差異與變化正是我們對總體進行統計觀察和研究的原因和依據。如我們研究一個學校的學生情況時，除了作為該校學生這一點必須是同質的以外，每一個學生在數量方面（指年齡、身高、體重等）和屬性方面（指性別、民族、政治面貌等）是千差萬別的，我們正是對這些有差別的數據進行分類匯總，最後才能得到能夠反應總體情況的各方面的綜合數據。

（四）具體性

社會經濟統計的數量是具有一定的社會、經濟和科技等內容的數量，即具體事物的數量，而不是抽象的數量，這正是與數學所研究數量的根本區別所在。所謂具體事物的數量是指一定時間地點及一定條件下某事物的數量表現，而且是與一定的質密切結合起來的。統計在研究某個具體事物的某個具體數量時，往往利用一定的科學方法，並要建立數學模型等，它是被作為一種手段、一種工具來使用，而不是對單純的數字進行數量研究。

（五）社會性

社會經濟統計認識的數量，是對社會、經濟、政治、文化、科學技術等現象活動條件，活動的過程的集合。活動又具體表現為生產、分配、流通和消費等各種社會形式，這就是說，統計研究對象資料的來源及服務的對象是全社會的，而且，統計作為一種認識活動，作為大量觀察的方法，它也需要社會各方面的廣泛回應、配合、支持與參與。因此，其本身就帶有強烈的、濃重的社會色彩。

二、統計學的研究方法

統計學的研究對象和性質決定著統計學的研究方法，解決統計學研究方法的問題是統計研究過程的關鍵之一。統計學的研究方法主要有大量觀察法、統計分組法、綜合指標法、統

計推斷法和統計模型法。

(一) 大量觀察法

大量觀察法是統計學所特有的方法。所謂大量觀察法,是指對所研究的事物的全部或足夠數量進行觀察的方法。社會現象或自然現象都受各種社會規律或自然規律相互交錯作用的影響。在現象總體中,個別單位往往受偶然因素的影響,如果只對少數個體進行觀察,其結果不足以代表總體的一般特徵。只有觀察全部或足夠的單位並加以綜合,影響個別單位的偶然因素就會相互抵消,現象的一般特徵才能顯示出來。大量觀察的意義在於可使個體與總體之間在數量上的偏差相互抵消。

大量觀察法的數學依據是大數定律。大數定律是隨機現象的基本規律,也是在隨機現象大量重複中出現的必然規律。大數定律的一般概念是:在觀察過程中,每次取得的結果不同,這是由偶然性導致的,但大量重複觀察結果的平均值卻幾乎接近確定的數值。狹義的大數定律就是指概率論中反應上述規律性的一些定理,它所表明的是平均數的規律性與隨機現象的概率關係。

大數定律的本質意義,在於經過大量觀察,把個別的、偶然的差異性相互抵消,將必然的、集體的規律性顯示出來。例如,我們在研究一個地區職工工資水準時,一個人的工資有多有少,但隨著觀察人數的增多,調查的結果就越來越具有代表性或越接近實際。從哲學上說,這是偶然與必然、個別與一般的對立統一規律在數量關係上的反應。統計調查中的許多方法,如普查、統計報表、抽樣調查等,都是通過觀察研究對象的大量單位,來瞭解社會經濟現象發展情況的。

(二) 統計分組法

統計分組法就是根據一定的研究目的和現象的總體特徵,將總體各單位按一定的標誌,把社會經濟現象劃分為不同性質或類型的組別。統計分組法是統計研究的基本方法,主要用於統計整理階段。

統計分組的目的,是要揭示現象內部各部分之間存在的差異性,認識他們之間的矛盾。總體內部有各種各樣的差異,有的是帶有根本性質的差異,不劃分就不能進行數量上的描述和研究,就會發生認識上的錯誤或偏差。有的差異雖然不是根本性質的,但只有應用分組法才能使人們對總體的認識逐步深入。

由於對總體單位分組是在取得資料後整理資料時進行的,因此分組容易被認為只是一種整理方法。其實,無論從實際工作過程講,還是從作用上講,它都是始終貫穿於統計活動全過程的一種重要方法,它的作用在統計設計和分析研究中都十分顯著。

(三) 綜合指標法

統計研究的對象具有數量性和總體性的特點,要綜合說明大量現象的數量關係,概括地表明其一般特徵,必須採用綜合指標。綜合指標就是從數量方面對現象總體的規模及其特徵的概括說明。例如,「2017年全年國內生產總值827,122億元,比上年增長6.9%,其中第三產業增加值427,032億元,增長8.0%」等,這些都是綜合指標。所謂綜合指標法,就是運用各種綜合指標對現象的數量關係進行對比分析的方法。

大量原始資料經過分組整理匯總,得出綜合指標數值。統計必須在此基礎上,進一步計算各種分析指標,對現象的數量關係進行對比分析。統計分析的方法較多,有綜合指標分析

法、時間數列分析法、統計指數分析法、相關與迴歸分析法、抽樣推斷技術等，其中綜合指標分析法是統計分析的基本方法，其他各種統計分析方法均離不開綜合指標的對比分析。

（四）統計推斷法

統計學在研究現象的總體數量關係時，需要瞭解的總體對象的範圍往往是很大的，有時甚至是無限的，而由於經費、時間和精力等各種原因，以致有時在客觀上只能從中觀察部分單位或有限單位進行計算和分析，根據結果來推斷總體。例如，要說明一批燈泡的平均使用壽命，只能從該批燈泡中隨機抽取一小部分進行檢驗，借以推斷這一批燈泡的平均使用壽命，並以一定的置信標準來推斷所作結論的可靠程度。這種在一定置信程度下，根據樣本資料的特徵，對總體的特徵做出估計和預測的方法稱為統計推斷法。統計推斷是現代統計學的基本方法，在統計研究中得到了極為廣泛的應用，它既可以用於對總體參數的估計，也可以用作對總體的某些假設檢驗。從這種意義上來說，統計學是在不確定條件下做出決策或推斷的一種方法。

（五）統計模型法

統計模型法是根據一定的經濟理論和假設條件，用數學方程去模擬客觀經濟現象相互關係的一種研究方法，如相關分析法、迴歸分析法和統計預測法。利用這種方法，可以對社會經濟現象發展變化過程中存在的數量關係進行比較完整和近似的描述，從而簡化客觀存在的複雜關係，以便於利用模型對社會經濟現象的發展變化進行數量上的評估和預測。

三、統計學的分類與應用

統計學已經發展成為由若干分支組成的學科體系，而統計方法也被廣泛應用於自然科學和社會科學的眾多領域，可以說統計無所不在。

（一）統計學的分類

由於採用不同的視角或不同的研究重點，人們常對統計學科體系做出不同的分類。一般而言，有兩種基本的分類：從方法的功能來看，統計學可以分成描述統計學和推斷統計學；從研究的重點來看，統計學可分為理論統計學和應用統計學。

1. 描述統計學和推斷統計學

描述統計學（Descriptive Statistics）研究如何取得反應客觀現象的數據，並通過圖表形式對所搜集的數據進行加工處理和顯示，進而通過綜合、概括與分析得出反應客觀現象的規律性數量特徵。描述統計學的內容包括統計數據的收集方法、數據的加工處理方法、數據的顯示方法、數據分佈特徵的概括與分析方法等。

推斷統計學（Inferential Statistics）是研究如何根據樣本數據去推斷總體數量特徵的方法。它是在對樣本數據進行描述的基礎上，對統計總體的未知數量特徵做出以概率形式表述的推斷。

描述統計和推斷統計是統計方法的兩個組成部分。描述統計是整個統計學的基礎，推斷統計則是現代統計學的主要內容。推斷統計在現代統計學中的地位和作用越來越重要，已成為統計學的核心內容。這是因為在對現實問題的研究中，所獲得的數據主要是樣本數據。但這並不等於說描述統計不重要，如果沒有描述統計收集可靠的統計數據並提供有效的樣本信息，再科學的統計推斷方法也難以得出切合實際的結論。從描述統計學發展到推斷統計

學，既反應了統計學發展的巨大成就，也是統計學發展成熟的重要標誌。

2. 理論統計學和應用統計學

理論統計學(Theoretical Statistics)也稱為數理統計學，主要探討統計學的數學原理和統計公式的來源。它是統計方法的理論基礎，主要包括的內容有概率理論、抽樣理論、實驗設計、估計理論、假設檢驗理論、決策理論、非參數統計、序列分析、隨機過程等。

應用統計學(Applied Statistics)主要探討如何運用統計方法去解決實際問題。其實，將理論統計學的原理應用於各個學科領域，就形成了各種各樣的應用統計學。例如，統計方法在生物學中的應用形成了生物統計學，在醫學中的應用形成了醫療衛生統計學等。應用統計學著重闡明這些方法的統計思想和具體應用，而不是統計方法數學原理的推導和證明。

(二)統計學的應用

統計學已經形成了一個學科體系，並且幾乎所有的研究領域都要用到統計方法。表1-1列示了統計的一些應用領域。

表1-1　　　　　　　　　統計方法的一些應用領域

Actuarial Work(精算)	Agriculture(農業)
Animal science(動物學)	Anthropology(人類學)
Archaeology(考古學)	Auditing(審計學)
Crystallography(晶體學)	Demography(人口統計學)
Dentistry(牙醫學)	Ecology(生態學)
Econometrics(經濟計量學)	Education(教育學)
Election forecasting and projection(選舉預測和策劃)	Engineering(工程)
Epidemiology(流行病學)	Finance(金融)
Fisheries research(水產漁業研究)	Gambling(賭博)
Genetics(遺傳學)	Geography(地理學)
Geology(地質學)	Historical Research(歷史研究)
Human genetics(人類遺傳學)	Hydrology(水文學)
Industry(工業)	Linguistics(語言學)
Literature(文學)	Manpower planning(勞動力計劃)
Management science(管理科學)	Marketing(市場行銷學)
Medical diagnosis(醫學診斷)	Meteorology(氣象學)
Military science(軍事科學)	Nuclear material safeguards(核材料安全管理)
Ophthalmology(眼科學)	Pharmaceutics(制藥學)
Physics(物理學)	Political science(政治學)
Psychology(心理學)	Psychophysics(心理物理學)
Quality control(質量控制)	Religious studies(宗教研究)
Sociology(社會學)	Survey sampling(調查抽樣)
Taxonomy(分類學)	Weather modification(氣象改善)

(三) 統計學的地位和性質

統計學是高等院校的核心課程,是高等教育的教學內容和課程體系改革的關鍵。由經濟類和工商管理類教學指導委員會討論通過、並報教育部批准的必修課程中,經濟類各專業的核心課程共8門:政治經濟學、西方經濟學、計量經濟學、國際經濟學、貨幣銀行學、財政學、會計學、統計學;工商管理類各專業的核心課程共9門:微觀經濟學、宏觀經濟學、管理學、管理信息系統、會計學、統計學、財務管理、市場行銷學、經濟法。由此可見,統計學作為經濟類和工商管理類的核心課程,有十分重要的地位。

統計學從性質上看,它是一門具有方法論特點的綜合性學科。一般而言,按研究對象是屬於自然現象還是社會現象,人類科學研究劃分為自然學科和社會學科。但統計學的研究對象是自然和社會領域的各種數據資料,這就決定了統計學不是一門實質性學科,而統計方法又具有跨學科性質且有較高概括程度和較大適應範圍,這些都決定了統計學屬於一般方法論學科。

任務三　　統計工作的任務和內容

一、統計工作的任務

統計工作是對客觀事物的調查研究過程,也是對客觀事物的認識過程。由中華人民共和國第十一屆全國人民代表大會常務委員會第九次會議於2009年6月27日修訂通過,自2010年1月1日起施行的《中華人民共和國統計法》第二條明確規定:「統計的基本任務是對經濟社會發展情況進行統計調查、統計分析,提供統計資料和統計諮詢意見,實行統計監督。」

☆知識連結

> 新修訂的《中華人民共和國統計法》將配套新修訂的《中華人民共和國統計法實施細則》,以及新制定的《中華人民共和國統計違法違紀行為處分規定》。修訂或制定這些法律法規的目的只有一個,即提高統計質量,嚴防統計作假,尤其是領導幹部干預統計、編造數字。

在社會主義市場經濟的條件下,統計工作的具體任務可以歸納為以下幾項:
(1) 為制定政策和編製計劃提供依據;
(2) 對政策和計劃執行情況進行統計檢查、監督;
(3) 為管理各項經濟事業和社會事業提供資料;
(4) 為進行宣傳教育和科學研究提供資料。

二、統計的職能

統計作為進行管理和調控的重要工具同時具備三種職能,即信息、諮詢和監督職能。

(一) 信息職能

信息職能是通過統計系統,運用科學的調查方法,採集經濟、社會、科技等方面活動情況的統計數據,為國家、社會、世界提供統計信息。

(二) 諮詢職能

諮詢職能是對大量的、豐富的統計信息,運用科學的分析方法,進行綜合分析,向決策部門提供各種備用方案,起到參謀作用。

(三) 監督職能

監督職能是通過信息反饋來檢驗決策是否科學可行,對決策在執行過程中出現的偏差,提出矯正意見,運用各種統計手段對社會、經濟、科技各方面進行檢查、監督和預警。

在三大職能中,以提供信息為主,同時提供諮詢,實行監督。為了有效地發揮統計工作的整體功能,必須不斷提高統計數據的質量,保證統計數據的可靠性和時效性。

三、統計工作的過程

統計工作過程是指統計組織機構完成統計任務的過程。主要分以下幾個階段:

(一) 統計設計階段

統計設計階段是整個統計工作過程的準備階段,是整個統計工作的龍頭。它主要解決兩個問題:採集什麼樣的數據和如何採集這些數據,並擬定出設計方案,對可行性方案進行反覆的論證和擇優選用。

(二) 統計調查階段

統計調查階段是從調查單位採集基礎數據的階段。它是根據統計方案的要求收集所需要認識事物的原始資料,這是實際統計工作的起點,也是進一步進行統計資料整理和分析的基礎。

(三) 統計整理階段

統計整理階段是對調查所得的原始數據進行分組、匯總等一系列的加工整理工作,使數據進一步系統化、條理化,以便進行統計分析。

(四) 統計分析階段

統計分析階段是統計工作出成果的階段,也是進一步開發統計信息價值的階段,它是提供統計服務的一個重要基礎。統計分析是對經過加工整理的統計資料加以分析研究,計算各種統計分析指標,通過定性和定量分析相結合,以揭示現象所包含的數量特徵和規律性。

任務四　　統計學的基本概念

一、總體和總體單位

(一) 總體

1. 總體的涵義

總體是統計總體的簡稱,是統計研究的對象。它是由客觀存在的、在同一性質基礎上結

合起來的許多個別事物(總體單位)構成的整體。例如,要研究某市商業企業的經營情況,就應把該市所有的商業企業作為一個總體。因為它包括許多商業企業,每個商業企業都是客觀存在的,並且其經濟職能是相同的,都是從事商品流通活動的基層單位,這些單位便構成一個總體。通過對這個總體進行研究,就可以說明該市商業企業經營活動的狀況和各種數量特徵,例如從業人數、資金規模、技術力量、銷售額、經濟效益等。再如,研究一個學校某班學生的學習情況,就可將該班全部學生作為總體;要檢驗一批燈泡的使用壽命,這一批燈泡就是一個總體;研究合理化建議的提出和採納情況,則全部的合理化建議便是總體等。

從上面的舉例可以看出,由於研究目的不同,總體的範圍可大可小,可以由單位組成,也可以由人、物組成,還可以由某些事件等組成。

2. 總體的基本特徵

(1) 同質性。同質性是指總體各單位必須具有某種共同的性質,才能構成統計總體。如商業企業總體中每一個商業企業都具有相同的經濟職能,都是從事商品流通活動的,這樣才能組成商業企業總體。同質性是總體的根本特徵,是構成統計總體的前提條件。

(2) 大量性。大量性是指總體是由許多單位組成的,一個或少數單位不能形成總體。這是因為統計研究的目的是要揭示現象發展變化的一般規律,而事物的發展變化規律只能在大量事物的普遍聯繫中表現出來。如前面談到的要檢驗一批燈泡的使用壽命,就不能只用少數幾個燈泡來檢驗,因為個別燈泡有偶然性,不能反應這批燈泡的質量。我們必須對大量的或是足夠多的單位進行研究,才能使個別單位偶然因素的作用相互抵消,從而顯示出總體的本質和規律性。大量性是統計研究的必要條件。

(3) 差異性。差異性是指總體各單位除了在構成統計總體這方面性質相同外,在其他方面還有許多不同的表現。例如商業企業總體中,每個企業除了具有相同的經濟職能外,其他方面如經濟類型、從業人數、銷售額、利稅額等就各不相同。差異是普遍存在的,統計研究就是要在個別事物的差異中尋找共性,以揭示其活動的規律性。差異性是進行統計研究的內容。

上述三個特徵缺一不可,只有同時具備這三個特徵,才能形成統計總體,才能進行統計研究。

3. 總體的種類

按照總體中所包含的個別單位是否可以計數,總體可分為有限總體和無限總體。

(1) 有限總體,是指總體的範圍能夠明確確定,而且所包含的個體數是有限可數的,如上面提到的商業企業總體、燈泡總體、學生總體、合理化建議總體等都是有限總體。

(2) 無限總體,是指總體所包括的個體是無限的、不可數的。比如,太空星球總體、世界上的植物總體、動物總體、大量連續生產的某種小件產品總體等則屬於無限總體。從理論上講,總體都應是有限的,只是由於各種條件的限制,使得有些總體的個別單位不可計數,才把這些總體假定為無限總體。對有限總體既可以進行全面調查,也可以進行非全面調查,而無限總體只能進行非全面調查。

(二) 總體單位

總體單位簡稱單位或個體,是指構成總體的個別單位,如上例某市商業企業這一總體中,每一個商業企業都是構成這個總體的一個個體,也就是一個總體單位。再如燈泡總體中

的每只燈泡、學生總體中的每個學生、合理化建議中的每條合理化建議等都是總體單位。可見隨著研究目的的不同，總體單位可以是單位、人、物及事件等。

（三）總體和總體單位的關係

總體和總體單位之間的關係屬於整體與個體的關係。它們的劃分不是固定不變的，而是相對的，會隨著研究目的的改變而發生變化。當研究目的和任務確定後，統計總體和相應的總體單位就產生和固定了下來，如上例中，研究某市商業企業的經營情況，該市所有商業企業是總體，每一個商業企業是總體單位。如果研究目的改變為研究全國大中城市商業企業的經營情況，則該市商業企業就不再是總體，而變成了總體單位，全國所有大中城市的全部商業企業才是統計總體。

二、標誌、變異和變量

（一）標誌

1. 標誌和標誌表現

（1）標誌的概念

標誌是反應總體單位特徵的名稱。這些屬性或特徵是統計總體各單位所共同具有的，例如，某班全部的學生是一個整體，每一個學生是總體單位，那麼，說明總體單位特徵，即每個學生的特徵，如性別、年齡、民族、身高、體重等就是標誌。又如，在調查某市商業企業的經營狀況時，該市所有的商業企業是總體，每一個商業企業是總體單位，這些商業企業的所有制形式、經營方式、銷售額、盈利水準等就是標誌。

（2）標誌的表現

標誌表現是指每一個總體單位所表現的具體屬性或數量特徵，一般用文字或數值來表現。例如，某學生的性別是男、年齡19歲、民族是漢族，這裡，「性別」「年齡」和「民族」是標誌，而「男」「19歲」「漢族」就是標誌表現。

2. 標誌的種類

（1）按標誌表現是文字還是數值分為品質標誌和數量標誌

品質標誌大多用文字來表現，是表明總體單位「質」的特徵。前面所列舉的性別、民族、所有制形式、經營方式等就是品質標誌。如「性別」這一品質標誌表現為男、女；「民族」這一品質標誌表現為漢族、回族、滿族等56個民族；「企業所有制」這一品質標誌表現為公有制企業、非公有制企業等。而數量標誌只能用數值來表現，是表明總體單位「量」的特徵。如前面所提到的身高、體重、產品銷售量、市場佔有率、盈利水準等。數量標誌的具體數值表現稱之標誌值。前面的年齡是數量標誌，具體表現為17歲、18歲、19歲等就是標誌值；市場佔有率是數量標誌，其具體表現為10%、12%、15%等則是標誌值。

（2）按標誌表現是否完全相同分為不變標誌和可變標誌

不變標誌是同一總體的所有單位在某一標誌名稱下的具體表現完全相同。例如，某市商業企業的總體中，每一個商業企業的經濟職能是相同的，都是從事商品流通活動的，「經濟職能」就是一個不變標誌。可變標誌是同一總體的各個單位在某一標誌名稱下的具體表現不完全相同。例如，某市商業企業的總體中，除了「經濟職能」這個標誌必須相同外，商業企業的經濟類型、所屬行業、從業人數、銷售額、職工平均工資、利稅額等，其具體表現在總體各個

單位是不盡相同的,它們屬於可變標誌。

總體的同質性是不變標誌的體現,而總體的差異性就是可變標誌的體現。我們是按不變標誌構成統計總體,以可變標誌作為統計研究的內容。

(二) 變異

變異是指標誌和指標具體表現上的差異,包括屬性的變異和數量的變異。例如,學生的性別這一標誌可以具體表現為「男」、「女」,這是屬性上的變異,而學生考試成績的具體表現「52 分」、「67 分」、「78 分」、「85 分」等,就是數量上的變異。

(三) 變量

1. 變量和變量值

在一般情況下,將可變的數量標誌稱為變量。有時也將可變統計指標的名稱稱為變量。變量的具體數值表現就是變量值(標誌值,指標值)。例如以某班學生為總體,每一個同學為總體單位,調查該班學生統計考試成績,考試成績是數量標誌,具體表現為 52 分、67 分、78 分、85 分……91 分,每個人的考試成績之間有差異,我們稱為變異。這樣,「考試成績」就是變量,而上面的具體考試分數是變量值。指標也是這樣,不同班級的統計考試平均成績會出現不同的數值,也可稱為變量。

2. 變量的種類

(1) 變量按變量值是否連續,可分為連續變量和離散變量兩種。連續變量是指變量值連續不斷,其變量值可取小數的變量,如國內生產總值(GDP)、銷售收入、銷售利潤率、產品成本等;離散變量是指變量值之間都以整數斷開,其變量值只能取整數,如人數、企業數、汽車和洗衣機產量等。

(2) 變量按其影響因素不同,可分為確定性變量和隨機性變量。確定性變量是指變量值的變動只受確定性因素的影響,其數值是確定的,可由其他因素準確推算的變量,如銷售額、利潤、勞動生產率等。隨機性變量是指受偶然性因素影響,但其偶然性又表現出必然性,其變量值會圍繞某一穩定值上下波動的變量。如隨著人們收入增加,居民的儲蓄存款會增大,但它要受消費信心、物價變動等多種因素影響,儲蓄存款數值會有一個變動範圍。

三、指標與指標體系

(一) 指標

1. 指標的涵義

指標是統計指標的簡稱,又稱為綜合指標。它反應總體現象數量特徵的概念和具體數值。指標的具體表現有六要素:①時間;②空間;③指標名稱;④計量單位;⑤計算方法;⑥指標數值。如某市某年度 GDP 為 850 億元、「某企業某月度實現銷售收入 6,000 萬元」等,這兩個指標所涵蓋的是:①時間是某年度、某月度;②空間是某市、某企業;③指標名稱是國內生產總值、銷售收入;④計量單位是億元、萬元;⑤計算方法是匯總;⑥指標數值是 850、6,000。

指標還有一種理解,是在統計理論和統計設計上所使用的統計指標的涵義,它只是反應總體數量特徵的概念,如國內生產總值、人口數、商品銷售額等。按這種理解,指標的構成只有三個要素:指標名稱、計量單位和計算方法。

以上對指標的兩種理解都是合理的,只是適用於不同的場合。

2. 指標的種類

（1）指標按其內容不同，又分為數量指標和質量指標兩種。

數量指標是表明現象總體規模、總體水準或工作總量的指標，是說明總體的外延規模，通常用絕對數表示，如企業職工人數、固定資產總額、企業增加值、企業銷售收入、上繳稅金等。質量指標是反應總體內部相對水準或工作質量的指標，反應總體的內涵，一般用相對數和平均數表示，如企業職工人均收入、勞動生產率、產品的合格率、資金利稅率等。

（2）指標按其表現形式不同，分為總量指標、相對指標和平均指標三種。

總量指標屬於數量指標，表現為絕對數；相對指標和平均指標屬於質量指標，分別表現為相對數和平均數。具體內容將在第四章綜合指標分析中介紹。

3. 指標和標誌的關係

指標和標誌是兩個既有區別又有聯繫的概念。兩者的主要區別是：① 標誌是說明總體單位特徵的，而指標是說明總體數量特徵的；② 標誌有不能用數值表示的品質標誌和只能用數值表示的數量標誌，而指標在一般情況下都必須用數值來表示。標誌與指標的主要聯繫是：① 標誌表現的是計算指標數值的基礎，其中有許多指標的數值是從總體單位的數量標誌值匯總得到的，如全國工業企業的從業人數是由全國各工業企業的從業人數匯總得到的；全國工業企業總產值是所屬每個工業企業的總產值的總和等。② 指標和數量標誌之間存在著變換關係。當研究目的改變，原來的總體變為總體單位，則相應的指標就變為數量標誌值；反之亦然。

（二）指標體系

1. 指標體系的涵義

指標體系是指具有內在聯繫的一系列指標所構成的整體。在統計研究中，一個指標往往只能反應總體某一方面的數量特徵。為了全面系統地認識一個複雜現象總體，就必須採用統計指標體系來反應。例如，工業企業的經營活動實際是人力、物資、資金、生產、供應、銷售等相互聯繫的整體活動，為了反應企業生產經營全貌，就應通過由產量、產值、品種、產品質量、職工人數、勞動生產率、工資總額、原材料、設備、占用的資金、成本、利潤等一系列指標構成的指標體系來反應。

2. 指標體系的種類

統計指標體系按其反應對象不同，分為基本統計指標體系和專題統計指標體系兩類。基本統計指標體系是反應國民經濟和社會發展及其各個組成部分的基本情況的統計指標體系。專題統計指標體系是針對某一個經濟或社會問題而制定的統計指標體系，如經濟效益統計指標體系，人民物質文化、社會水準統計指標體系等。

本章小結

本章研究統計的一般問題，包括統計的產生和發展、統計學的研究對象及特點、統計工作的任務和內容，以及統計學的基本概念等。具體包括：

1. 統計的產生和發展

（1）統計的涵義。「統計」一詞有三種涵義，即統計工作、統計資料、統計學。

統計的三種涵義形成兩種關係，即統計工作和統計資料是統計活動與統計成果的關係，統計工作與統計學是實踐與理論的關係，它們相互影響，關係密切。

(2) 統計學的發展經歷了萌芽期、近代期和現代期。它已從一門實質性的社會性學科，發展成為方法論的綜合性學科。

2. 統計學的研究對象

社會經濟統計學研究對象是社會經濟現象總體的數量特徵和數量關係，通過這些數量方面反應社會經濟現象規律性的表現。

統計的特點主要表現在：數量性、總體性、具體性、社會性、變異性。

3. 統計工作的任務和內容

(1) 統計工作的基本任務：《中華人民共和國統計法》中明確規定「統計的基本任務是對國民經濟和社會發展進行統計調查、統計分析、提供統計資料、實行統計監督」。

(2) 統計的職能：信息職能、諮詢職能、監督職能。

(3) 統計工作的階段或環節：統計設計、統計調查、統計整理、統計分析。

4. 統計學的研究方法

統計學的研究方法主要有大量觀察法、統計分組法、綜合指標法、統計推斷法和統計模型法。

5. 統計學中的幾個基本概念

這部分內容是本章的重點，也是本章的難點，它是學好以後各章的基礎和條件，應聯繫實際，加深理解，靈活掌握。概念包括：

(1) 總體和總體單位；

(2) 標誌、變異和變量；

(3) 指標和指標體系。

案例分析

用哪些指標來反應人民生活水準的變化

生活水準，又稱「生活程度」，是反應人們生活的社會條件量的範疇，指一定時期內，人們消費各種物質資料和精神產品以滿足人們各種生活需要的程度。一般通用的生活水準指標有以下幾個：① 人均實際收入水準；② 消費水準；③ 人均年儲蓄額；④ 生活服務設施的方便程度；⑤ 衛生與健康水準；⑥ 文化教育水準；⑦ 文化生活水準；⑧ 閒暇狀況。

2017 年國家統計年報公布的有關人民生活水準指標數據為：

全年全國居民人均可支配收入 25,974 元，比上年增長 9.0%，扣除價格因素，實際增長 7.3%。全國居民人均可支配收入中位數 22,408 元，增長 7.3%。按常住地分，城鎮居民人均可支配收入 36,396 元，比上年增長 8.3%，扣除價格因素，實際增長 6.5%。城鎮居民人均可支配收入中位數 33,834 元，增長 7.2%。農村居民人均可支配收入 13,432 元，比上年增長 8.6%，扣除價格因素，實際增長 7.3%。

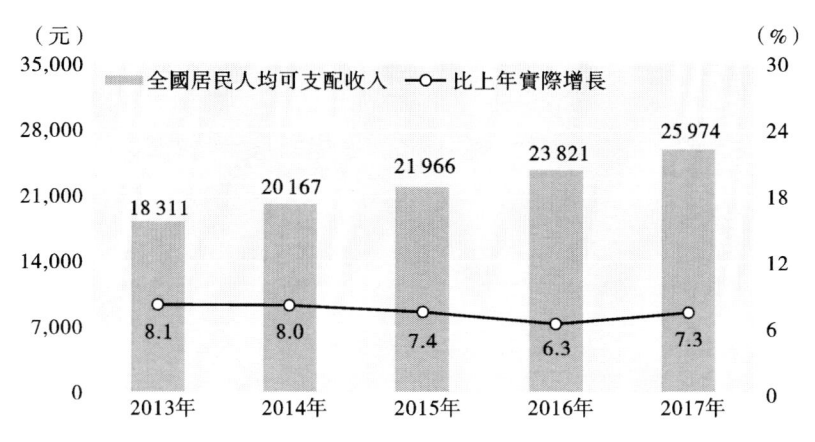

圖 1-1　2013—2017 年全國居民人均可支配收入及其增長速度

問題思考

1. 如何理解統計的涵義？
2. 統計學的研究對象是什麼？有何特點？
3. 統計工作分哪些階段？
4. 談談統計的研究方法。
5. 你是如何理解總體和總體單位以及它們之間關係的？
6. 標誌和指標有什麼區別和聯繫？
7. 變量是怎樣進行分類的？

項目二 數據採集

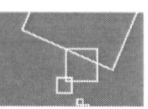

本章教學要點概覽

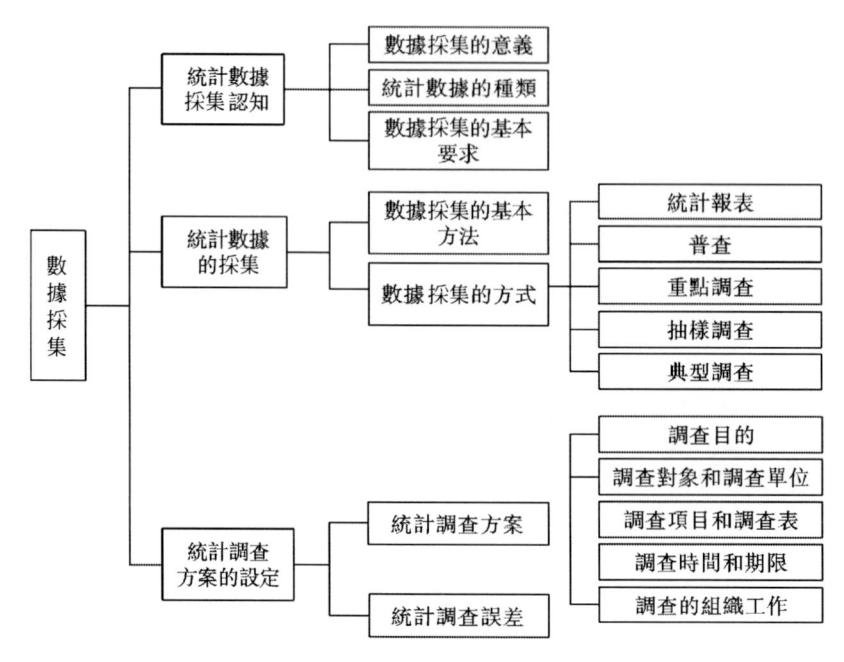

```
                            ┌─ 數據採集的意義
              ┌─ 統計數據    ├─ 統計數據的種類
              │  採集認知    └─ 數據採集的基本要求
              │
              │                                    ┌─ 統計報表
              │              ┌─ 數據採集的基本方法 ┤
  數據        ├─ 統計數據    │                     
  採集        │  的採集      │                     ┌─ 普查
              │              │                     ├─ 重點調查
              │              └─ 數據採集的方式 ────┼─ 抽樣調查
              │                                    └─ 典型調查
              │
              │                            ┌─ 調查目的
              │              ┌─ 統計調查   ├─ 調查對象和調查單位
              └─ 統計調查    │  方案       ├─ 調查項目和調查表
                 方案的設定  │             ├─ 調查時間和期限
                            │             └─ 調查的組織工作
                            │
                            └─ 統計調查誤差
```

【情境導入】

汶川地震災區災後重建十週年民意調查報告

2018年是汶川「5・12」地震災區災後重建十週年。為及時、全面地瞭解當地群眾的生產生活現狀，瞭解群眾對當地經濟社會發展和民生改善的評價、訴求，以及對防災減災、避災自救的認知等，四川省統計局民調中心於2018年4月組織開展了汶川地震災區災後重建十週年民意調查。本次調查通過計算機輔助電話隨機訪問的方式，在汶川「5・12」地震39個重災縣中抽取18個進行訪問。訪問對象為當地年齡在18～70歲之間的城鄉常住居民，每個縣完成有效樣本200個，調查共計完成樣本3,600個。受訪者中，男性占48.8%，女性

占 51.2%，年齡、學歷、職業、城鄉等基本情況也分佈合理，調查樣本代表性強。

調查結果顯示，有 97.7% 的受訪者對災後重建十年來取得的成就持認可態度；受訪者對災後重建十年來當地經濟社會發展和民生改善 6 個主要方面的滿意率均在 92% 以上；絕大多數受訪者表示已走出了汶川「5·12」地震的陰影，地震給當地群眾造成的心理創傷進一步恢復，但還存在；94.4% 的受訪者表示對當地未來發展有信心。

絕大多數受訪者對災後重建十年來取得的成就持認可態度。調查問及受訪者對「汶川『5·12』地震災後重建十年來取得的成就如何評價」時，表示成就「非常大」的占 57.3%，「比較大」的占 28.6%，「一般」的占 11.8%，以上結果反應出，對災後重建十年來取得的成就持認可態度的受訪者比例占到 97.7%。從城鄉分類看，城鎮受訪者持認可態度的占 98.8%，農村占 96.0%。[1]

分析：災後重建是四川人民乃至全國人民關注的問題，怎樣才能瞭解災民的民意呢？顯然數據收集是前提。那麼要收集哪些數據？怎樣收集數據呢？

本章教學內容提示

本章是介紹統計工作的第二階段：統計調查，即統計數據採集的有關內容。學習目標是要求學生明確統計數據的意義和種類；熟悉並掌握統計數據採集的各種組織形式及採集方案的基本內容；能夠根據實際情況採用適當的調查方式採集統計數據，並靈活地設計採集方案。

任務一　　統計數據採集認知

一、數據採集的意義

統計作為一種從數量方面認識事物的科學方法，其研究的基礎是大量的數據。數據採集是按照統計任務的要求，運用科學方法，有組織、有計劃地向客觀實際去採集充分的、實事求是的統計數據的過程。它是統計工作的第二個階段，即統計調查，是對現象總體認識的開始。

大量的統計數據來源於兩個方面：一種是原始資料，來自直接的調查和科學試驗，也是統計數據的直接來源；另一種是次級資料，來自別人的調查和科學試驗，這是統計數據的間接來源，也即二手資料。次級資料是指那些本次統計調查任務之前已經收集，並進行了加工整理，能在一定程度上反應總體特徵的資料。它一般可以認為是該總體的歷史資料。例如某公司下屬 10 家企業的當年產量、產值、職工人數、利潤的有關數據就是原始資料，它有待進

---

[1] 資料來源：四川統計數據網《四川省情》

一步加工匯總,才能反應該公司(總體)的特徵。但為了分析研究這個總體的數量特徵變化,還需要收集該公司過去的產量、產值、職工人數、利潤等數據,而這些資料是能夠反應總體特徵的,而且也是已經加工整理的,因此是次級資料。根據研究的需要,次級資料既可以直接使用,也可以對其總體範圍、核算方法調整,進行再加工後使用。很明顯,任何次級資料都是從原始資料加工整理而來,因此原始資料的收集對統計研究有著特殊的意義。

統計數據採集的基本任務,就是按照已經確定的數據採集指標體系,運用具體的數據採集手段,取得總體單位能以數字資料為主體的各種信息。可以認為數據採集是以大量性和數量性為特點,而不同於其他的一般調查方式。

二、統計數據的種類

統計數據不論其來源如何,都是對客觀現象進行計量的結果,對其屬性、特徵進行分類、標示和計算,稱為統計量度或統計測定。由於客觀事物有的比較簡單,有的比較複雜,有的特徵和屬性是可見的(如人的外貌體徵),有的則是不可見的(如人的信仰和偏好),有的表現為數量差異,有的表現為品質的差異。因此,統計測定也就有定性測定和定量測定的區別。測定的方法不同,得到的統計數據也就不同。據此,可將統計數據區分為品質數據和數量數據。

(一) 品質數據

品質數據是定性測定的結果,它是說明事物屬性特徵的統計數據,用文字來表現。由於定性測定又可分為定類測定和定序測定,因而,品質數據又可區分為分類型品質數據和順序型品質數據兩種。

1. 分類型品質數據

分類型品質數據是定類測定的結果。由於定類測定只能按照事物的某種屬性對其進行平行的分類或分組,通過定類測定得到的統計數據也稱分類數據。分類數據表現為類別,每一類別都用特定的文字或數碼來表現,這種數碼只是代號而無量的意義。例如,對人口按性別劃分為男性和女性兩類,男性和女性就是特定的文字。對人口同樣也可用1表示男性人口,用0表示女性人口,這些數字只是給不同類別的一個代碼,並不意味著這些數字可以區分大小或進行任何數學運算。

2. 順序型品質數據

順序型品質數據是定序測定的結果。由於定序測定按照事物的某種屬性對其進行有序的分類或分組,通過定序測定得到的統計數據也稱順序型數據。順序型數據也表現為類別,但每一類別之間是可以比較順序的,且各種類型之間具有某種意義的等級差異。例如,對企業職工按受教育程度劃分為大學畢業、中學畢業、小學畢業等。對企業按經營管理的水準和取得的效益劃分為一級企業、二級企業等。這種排序是確定的,對所研究的問題有特定的意義。但是,它並不能具體測定各等級之間的差距的大小,例如,不可能計算出一級企業與二級企業的有實質意義的量的差距。

(二) 數量數據

數量數據是定量測定的結果,它是說明事物數量特徵的統計數據,用數值來表現。由於定量測定是使用自然或度量衡單位對事物進行計量的結果,其結果表現為具體的數值,也稱為數值型數據。例如,銷售收入用人民幣元度量,考試成績用百分制度量,重量用克來度量

等，其結果均表現為具體的數值。數值型數據也可以進行分類或分組，且每一類別之間可以比較順序，各種類型之間也具有某種意義的等級差異。更為重要的是，數值型數據還可以測定不同類型之間間距的大小，進行相應的加減乘除的數學運算。

三、數據採集的種類

由於現象是錯綜複雜的，調查對象是千差萬別的，統計研究的任務也是多種多樣的，因此，在進行數據採集時，應根據不同的調查目的和調查對象的特點，靈活採用不同的數據採集方式，這是數據採集工作中的一個重要問題。數據採集的種類，可以從不同角度進行分類：

（一）按數據採集的組織形式不同，分為統計報表和專門調查

（1）統計報表是國家統計系統和專業部門為了定期取得系統、全面的統計數據而採用的一種數據採集的方式，是要掌握經常變動，並對國民經濟有重大意義的各種統計數據。

（2）專門調查是為了瞭解和研究某種情況或問題而專門組織的統計數據採集。它包括抽樣調查、普查、重點調查和典型調查等幾種數據採集方法。

（二）按數據採集對象包括的範圍不同，分為全面調查和非全面調查

（1）全面調查是對構成數據採集對象的所有單位進行逐一的、無一遺漏的調查，包括全面統計報表和普查，它的目的在於取得比較準確而全面的統計數據。

（2）非全面調查是對數據採集對象中的一部分單位進行調查，包括非全面統計報表、抽樣調查、重點調查和典型調查。非全面調查只對一部分單位進行調查，能節約人、財、物力和時間。

（三）按數據採集的時間是否連續，分為連續調查和非連續調查

（1）連續調查又稱為經常性調查，是指對研究對象的數據變化進行連續不斷的採集，如產品產量、原材料消耗量、利潤等，這些數據在觀察期內在不斷變化，需要連續採集。

（2）不連續調查，又稱為一次性調查，是指間隔一段相當長的時間對研究對象某一時刻的數據進行採集，如人口總數、機器設備臺數等數據在短期內變化不大，沒有必要連續採集數據。不連續調查所獲得的數據是反應現象在某一瞬間達到的水準。

（四）按採集數據的方法不同，分為直接調查、憑證調查、採訪調查、問卷調查

（1）直接調查又稱為直接觀察，是由調查人員到現場對調查單位直接查看、測量和計量。

（2）憑證調查是以各種原始和核算憑證為調查資料來源，按統一的表式和要求，向有關部門提供資料的方法。

（3）採訪調查是通過指派調查人員對被調查者詢問、採訪、提出所要瞭解的問題，以收集資料、採集數據的方法。

（4）問卷調查是以問卷形式提出問題，以回收的問卷來搜集資料、採集數據的方法。

四、數據採集的基本要求

數據採集的基本要求是準確性、及時性、全面性、系統性，它是衡量統計工作質量的重要標誌。

（1）準確性。準確性是指採集的數據能客觀地反應現象本身狀態，具有較小的調查誤

差。數據採集的準確性，將直接關係最終成果的質量。準確性高，就能為認識研究現象的本質提供充分保證，準確性低，無論以後的整理和分析方法多麼嚴謹，都不僅會造成最終結果的謬誤，也使統計工作過程所做的一切成為一種浪費。

（2）及時性。及時性是指採集數據的時效性。採集數據過程所占用的時間越短，其效用越大，越能及時滿足數據採集任務的時間要求，就越能使各工作環節順利延伸。及時性有賴於全部數據填報單位的共同努力，一個填報單位的延誤，就會使大量填報單位的及時性受到損害。

（3）全面性。全面性有兩個方面的內容：一是填報單位的全面；二是所要登記項目的全面。由於採集的數據具有大量性特點，眾多填報單位能否將應該填報的資料上報，會影響匯總資料的質量。而填報項目是否完整，也會影響整理匯總這一環節的順利開展。

（4）系統性。系統性是指數據採集工作本身的連續性和調查項目的連貫性兩個方面的內容。大多數的數據採集工作都需要經常、持續地進行，這樣才能夠系統地提供數據和保存數據。而在經常持續的調查工作中，為了保證數據的可比性，大多數調查項目必須保持連貫，使數據具有系統性，而有使用價值。這兩個方面是相互關聯、緊密結合的。

上述四項要求在實踐中同時做到會有較大困難，有時還會產生衝突，要處理好它們之間的矛盾，應該做到：準為基礎，準中求快，力求全面、系統。

任務二　統計數據的採集

一、數據採集的基本方法

採集數據是統計分析的基礎，因此，數據資料來源的問題就是我們要處理好的關鍵。數據資料的來源有兩個，即統計數據的直接來源和間接來源。

（一）統計數據的直接來源

統計數據的直接來源包括統計調查和科學實驗，統計調查的數據採集方法主要有直接觀察法、報告法、訪問法、問卷法和文獻法。

1. 直接觀察法

直接觀察法是調查人員深入現場進行觀察、計數或測量以取得所需要數據的方法。例如，要瞭解企業期末庫存商品的數量，調查人員是通過現場的點數、測量和稱重取得。再如，人造衛星遙感技術中，氣象衛星、資源衛星、偵察衛星等，都是直接觀測取得數據。還有在城市的部分街道安裝攝像鏡頭對交通違法車輛進行攝像取證也是直接觀察的方法。無論是派員現場調查，還是利用儀器現場觀測，都視為直接觀察法。直接觀察法可以保證資料的準確性，但由於需要花費較多的人力、財力、物力和時間，故在應用上也受到限制。

2. 報告法

報告法是被調查單位利用各種原始記錄和核算資料作為依據，向有關單位提供統計數據的方法。中國目前各企事業單位所填寫的統計報表，是這種數據採集方法的應用。例如中

國現行的統計報表制度,就是採用報告法來提供統計數據的,即由報告單位根據各種原始記錄和核算資料,按照統一的表格形式和填報要求,在規定的時間內,以一定程序向有關單位提供統計數據的方法。採用這方法也有很大的局限性,其統計數據不易監控,容易出現虛報瞞報的現象。

3. 訪問法

訪問法是按事先擬定的調查事項,有計劃地通過口頭、網絡、電話、郵件、報紙和雜誌等方法,向被調查者瞭解情況,採集統計數據的調查方法。訪問法的最大特點是在整個訪問過程中,調查者和被調查者要直接溝通、相互作用、相互影響。因此,訪問法要取得成功,不僅要求調查者做好各種調查準備工作,注意談話方式和提問技巧,還要求被調查者密切配合。

在實際調查中,訪問法有多種形式,概括起來主要有:

(1) 面談調查。按與被調查者接觸的方式不同,面談調查包括個別訪問和座談訪問。個別訪問是調查者按照調查提綱的要求,單獨地面對面與被調查者進行交談,或當場填寫訪問問卷,借以採集數據的一種調查類型。例如,某記者通過對某一個城市居民進行單獨採訪,瞭解他對創建文明城市的看法。座談訪問是根據調查提綱,選擇部分有代表性的個人進行座談,如圍繞如何應對金融危機問題,在某電視演播室裡,幾位經濟學家接受主持人提出的問題,各抒己見,發表自己的觀點。

(2) 電話調查。電話調查是以電話為媒介,來採集所需要的數據。如美國的民意調查主要是通過電話調查方式進行的。這種調查方式的前提條件是電話的普及率相當高,調查內容比較簡短,優點是回答率比較高。

(3) 網絡調查。網絡調查是通過網絡方式所進行的調查,它可以很快採集到網絡使用者所提供的信息。這種調查方式既節省時間,又節省費用,更重要的是數據處理非常方便。隨著中國網絡使用的普及,它的應用有廣闊的前景。

訪問法的主要優點是:能夠把調查與討論研究結合起來,不僅提出問題,還能探討、研究解決問題的途徑。其不足之處是:由於受訪問人員的素質限制,或被訪問者的代表性不當等,都可能影響最終的調查結果。

4. 問卷法

問卷法是根據調查目的,制定調查問卷,由被調查者按問卷提出的問題或給定的選擇答案進行回答的一種專項調查形式。問卷法是國際通行的,也是近年中國經常使用的採集數據的重要方式。它主要有以下特點:

(1) 通俗易懂,實施方便。採用問卷法進行數據採集,由於將調查的問題和可供選擇的答案均提供給被調查者,由其從中進行選擇,因此,被調查者容易接受。

(2) 適用範圍廣。問卷法既適用於對社會政治經濟現象進行調查,也適用於對廣大群眾關心的問題進行調查,還適用於對其他問題進行調查。

(3) 節省調查時間,提高調查效率。由於在問卷中已將調查目的、內容和問題及可供選擇的答案均一一列出,因此,一般不需詳細說明,直接由被調查者選擇即可,從而能節省時間,加快調查速度。

問卷法的應用範圍比較廣泛,問卷的種類也比較多,具體劃分主要是:

(1) 按問卷中的問題是否有固定答案,問卷分為開放式問卷和封閉式問卷。開放式問卷

是問卷中的問題不標明答案,可由填寫人自由回答;封閉式問卷是問卷中要標明問題的答案,供填卷人進行選擇。在問卷調查中,封閉式問卷更多使用。

(2) 按問卷填寫者的身分不同,分為「自記式」問卷和「他記式」問卷。「自記式」問卷是由被調查者按調查表項目自己填寫的問卷;「他記式」問卷是調查者按調查表項目向被調查者提問,然後根據被調查者的回答填寫問卷。

(3) 按問卷傳遞方式不同,分為報紙和刊物問卷、郵政問卷、送發問卷、訪問問卷等。

由於問卷調查的回收率和有效率一般都不可能達到 100%,因此,調查數量應多於研究數量,以滿足調查的要求。確定調查數量的公式為:

$$調查數量 = \frac{研究數量}{回收率 \times 有效率}$$

例如,某高校對 2017 級入學新生的家庭經濟狀況進行一次抽樣調查。該項調查採用問卷調查方式,要達到研究目的,樣本單位數必須有 1,260 人,若問卷回收率為 70%,有效率為 90%,則需要發放問卷(調查數量):

$$調查數量 = \frac{1,260}{70\% \times 90\%} = 2,000(人)$$

即需要發放 2,000 份問卷,才能滿足對數據採集的要求。

當前普遍進行的輿論調查、民意調查和商情調查等,一般都採用問卷調查完成。

5. 文獻法

文獻法是指通過查閱文獻來收集資料的方法。文獻一般分為文字文獻、數字文獻、圖像文獻和聲音文獻。報紙、雜誌、圖書、檔案等是文字文獻;統計年鑒、統計報表、會計報表等是數字文獻;電影、電視、圖片、VCD、DVD 等是圖像文獻;磁帶、唱片、CD 等是聲音文獻。隨著科學技術的迅速發展,人們可以通過電子計算機上網查閱到越來越多的文獻,這種查詢不僅省時,而且方便。使用文獻法收集資料時,一定要注意對文獻質量的審核。

☆ 知識連結

統計數據的直接採集除了統計調查外,還有科學試驗。科學試驗是對社會現象的觀察和對自然現象的科學實驗的總稱。

(1) 觀察研究。觀察研究是研究人員觀察所發生的情況,最後得出研究結果。

(2) 對照實驗。常用對照實驗測試新藥的效果。一般是將病人隨機分為兩組:處理組的病人接受治療,對照組的病人不接受治療。整個實驗在雙盲的情況下進行,通過實驗數據說明藥物效果。

(二) 統計數據的間接來源

統計研究所需的數據,如果能通過直接調查或科學試驗取得第一手材料固然很好,但由於各方面條件所限,還需要通過其他途徑獲取別人調查或科學試驗的第二手材料,這就是統計數據的間接來源。獲得數據的主要途徑有:

1. 查閱公開出版物

在中國,公開出版的社會經濟統計數據主要來自國家和地方的統計部門,以及各種報紙和刊物,如《中國統計年鑒》和各省市的統計年鑒;提供世界各國社會和經濟數據的《世界經濟年鑒》、《世界發展報告》等。

2. 向政府統計機構和其他機構諮詢

政府統計機構除定期公布或公開出版數據資料外,還有相當一部分數據資料未公開發布或出版,在不涉及國家機密、商業機密和個人隱私的情況下,可向其瞭解諮詢。學術研究機構、商業性統計調查機構所收集的統計數據,一般需要通過有償手段進行諮詢。

3. 上網查詢

隨著計算機網絡技術的普及和發展,可以在網上獲取所需的各種數據資料,但要注意方式的合法和數據資料真偽的鑑別。

二、數據採集的組織方式

在明確了統計數據採集的基本方法後,還必須明確在什麼組織方式下來採集數據。通常採用的組織方式有統計報表、普查、重點調查、抽樣調查和典型調查。

(一) 統計報表

統計報表是中國定期取得統計資料的主要方式,也是一種定期統計報告制度。統計報表是由政府統計機關或統計調查的組織機構,按照國家調查文件的統一規定,自上而下布置,自下而上逐級提供統計資料的數據採集方式。國家和有關部門可以通過統計報表取得關於經濟發展情況的基本統計數據,統計報表制度也要求每一個有關的企業和事業單位,每一級國家機關或業務管理機構都有義務和責任按照國家規定的調查項目、表格形式、報送程序和報送時間逐級如實上報。

1. 統計報表的分類

統計報表按其性質和要求不同,有以下幾種類型:

(1) 按數據採集的範圍不同,分為全面統計報表和非全面統計報表。全面統計報表要求調查對象的每一個單位都要填報;非全面統計報表只要求調查對象中的一部分單位填報,它需要結合其他調查方式運用。目前,中國大多採用全面統計報表。

(2) 按所反應內容不同,分為基本報表和業務報表。基本報表是反應國情國力和適應宏觀管理、決策需要的統計報表;業務報表是適應有關業務主管部門經營管理需要的統計報表。

(3) 按報送週期長短不同,分為日報、旬報、月報、季報、半年報和年報。這些報表不僅有反應時間長短的差別,還包括指標項目繁簡的不同。日報、旬報、月報和季報是中短期報表,由於週期較短,要求數據迅速上報,因此項目較少;半年報和年報是長期報表,由於週期較長,要求內容全面、指標詳細。特別是年報具有年度總結性質,用來反應當前國家的方針、政策和計劃貫徹執行的情況,指標和內容要更全面、詳盡。

(4) 按填報單位不同,分為基層報表和綜合報表。基層報表是由基層企事業單位填報的統計報表;綜合報表是由主管部門或統計部門根據基層報表逐級匯總填報的統計報表。

2. 統計報表的數據來源

統計報表的數據來源於基層單位的原始記錄。從原始記錄到統計報表,中間還要經過統計臺帳和企業內部報表。因此,建立和健全原始記錄、統計臺帳和企業內部統計報表制度,是保證所採集的數據具有高質量的基礎。

(1) 原始記錄。原始記錄是基層單位通過一定的表格形式,對生產、經營、管理活動的過程和成果進行廣泛的、經常的、群眾性的登記,是未經任何加工整理的初級資料。例如商品銷

售憑證、領料單、個人生產記錄等。原始記錄工作質量將直接影響報送數據的準確性和及時性。

(2) 統計臺帳。統計臺帳是根據填報統計報表以及核算工作的需要，將分散的原始記錄按時間順序進行系統登記，累積統計資料的表冊。它可以使零散的原始記錄或原始核算數字資料系統化。統計臺帳的種類和格式要根據各基層單位的具體情況而定，生產規模大的基層單位，需要廠部和車間兩級設帳，生產規模小的基層單位，只需要廠部設帳。

(3) 內部報表。內部報表大致有兩類：一類是向單位領導提供資料而編製的；另一類是為填報上級規定的統計報表而編製的。

3. 統計報表的作用

統計報表能夠提供反應社會經濟發展情況的基本數據，它的作用主要有三個方面：一是為編製國民經濟和社會發展計劃及檢查計劃執行情況提供基本依據；二是可以反應中國經濟建設和社會發展的成就，並且為研究經濟建設的經驗及發展的規律性提供必不可少的數據；三是各主管部門能用於指導生產、經營、管理和決策。

統計報表具有統一性、全面性、定期性和制度性的特點，是中國長期以來收集國民經濟全面統計資料的一種重要調查方式，但也存在人力、財力、物力和時間耗費較大，數據逐級匯總而造成人為因素影響的局限。特別是統計報表制度是高度集中的計劃經濟體制下的產物，隨著中國社會主義市場經濟體制的發展，已難以適應複雜多變的經濟類型、經營方式的需要。因此，統計實踐中常將統計報表經過調整和改進，並且與其他統計調查方式結合起來應用。

(二) 普查

普查是為了瞭解某種現象在一定時點上的狀況，而專門組織的一次性全面調查，如人口普查、物資普查、經濟普查等。通過普查可以取得不能用經常調查來收集的社會經濟現象的一些較全面、較細緻，而且很精確的數字資料，為國家制定有關方針政策，編製國民經濟規劃提供依據。但普查工作多在全國或較大範圍內進行，需要動員大量人力、物力和財力。因此，只有需要摸清國家重要的國情、國力時，才有必要在全國或較大範圍內組織普查。

普查的組織方式有兩種：一種是組織專門的普查機構和人員，對調查單位進行登記，如中國已進行的五次人口普查都是採用這種方式；另一種是利用調查單位的原始記錄和核算資料，發放一定的調查表格，由調查單位進行填報，如中國多次進行的物資庫存普查就是採用這種方式。

由於普查的規模大、涉及面廣、工作量大、參加人員多，為保證普查數據的準確性、時效性，除了制訂詳盡的調查方案外，還要注意以下幾點：

(1) 規定統一的標準時點。標準時點是指對被調查對象登記時所依據的統一時點。這個時點一經確定，所有調查的數據要反應這個時點上的狀況，以避免採集數據資料時因情況變動而產生的重複登記和遺漏的現象。例如，中國第六次人口普查的標準時點是2010年11月1日0時，就是要反應該時點中國人口的實際情況。

(2) 規定統一的普查期限。在普查範圍內各調查單位或調查點要盡可能同時進行普查。並盡可能在最短的期限內完成，保證數據的準確性和時效性。例如，中國第六次人口普查，調查登記期限規定在10天內完成。

(3) 規定統一的普查項目和指標。普查項目和指標一經確定，任何普查的分支機構和普

查員都不得任意改變或增減，以免影響匯總，降低資料的質量。同一種普查，每次的項目和指標應力求一致，並按一定週期進行，以便更好地進行歷次調查資料的對比分析，並觀察某種現象變化發展的情況。如人口普查、第三產業普查、工業普查、農業普查都是每10年進行一次，分別在年份尾數逢0、3、5、7的年份實施；基本統計單位普查5年進行一次，分別在年份尾數逢1、6的年份實施。其他年份一般是安排規模相對較小的普查或地區性調查。

普查和全面統計報表都屬於全面調查，但二者是不相同的，也不能互相替代。全面統計報表屬於連續調查，調查內容主要是需要經常掌握的各種統計數據。由於是經常填報，因此報表內容固定，調查項目較少。普查屬於不連續調查，調查內容主要是反應國情國力方面的基本統計數據。由於是專門組織的一次性調查，在調查時就可以包括更多的單位，並且分組更細、項目更多。有些社會經濟現象不可能也不需要進行經常調查，但又需要掌握比較全面、詳細的數據時，就可以通過普查來解決。

（三）重點調查

重點調查是在調查總體中，選擇少數重點單位專門組織的一種非全面調查。

重點調查的關鍵是選擇好重點單位。所謂重點單位，是指在總體中舉足輕重的那些單位。這些單位雖然在全部總體中只占較小的比重，但這些單位的標誌值之和占總體標誌總量的絕大比重，因此對這些單位進行調查，就能反應總體標誌總量的基本情況。例如，要瞭解棉花、茶葉的生產情況，只需對全國幾個主要的產棉區、產茶區進行調查，即可掌握全國棉花、茶葉生產的基本情況。又如，要及時瞭解全國鋼鐵產量的基本情況，只需要對寶鋼、鞍鋼、武鋼、首鋼等十幾個大型鋼鐵企業的生產情況進行調查。雖然就數量來說，這些鋼鐵企業只占全國鋼鐵企業的較小比重，但它們的產量卻占全國鋼鐵產量的絕大比重，它們應該是中國鋼鐵企業中舉足輕重的單位。

重點調查的優點在於調查單位較少，但可以調查較多的項目和指標，瞭解情況較詳細，比全面調查節省人力、物力和時間，使各級領導能較快地掌握基本情況，發現問題，採取措施指導工作。所以，當調查任務只要求掌握調查對象的基本情況，而總體又確實存在重點單位時，宜採用重點調查。

重點調查數據的採集主要是組織專門力量對重點單位進行調查，有時也可以發放統計報表由重點單位自行填報。重點單位的選擇著眼於標誌量占總體標誌總量的比重，因而重點單位的選擇是具有客觀性的。重點調查可以定期進行，也可以不定期進行。

（四）抽樣調查

抽樣調查是一種專門組織的非全面調查。它是按照隨機原則從總體中抽取一部分單位進行觀察，並且根據觀察結果，從數量上來推斷總體指標的一種調查方式。

抽樣調查一般適用於對總體不可能或不必要進行全面調查，而又必須掌握總體指標數值的情況。例如，調查電燈泡的使用壽命、皮鞋的質量、飲料衛生指標是否合格等，這類產品質量的檢查常常是破壞性的，不可能進行全面調查。而對居民收支情況調查、農作物產量的預測，也不必要進行全面調查。以上調查不可能或不必要進行全面調查，但又必須取得總體的全部數據，因而往往採用抽樣調查方式來滿足研究目的。同時，運用抽樣調查的數據還可以對全面調查的數據加以修正補充。例如，在人口普查中，由於大量人口的流動，常會發生重複登記和遺漏現象，可通過抽樣調查的數據進行校正，以有效地提高普查數據的質量。

抽樣調查與其他非全面調查比較,具有兩個明顯特點:一是隨機原則。所謂隨機原則是指抽取的單位(樣本)完全是憑偶然的機會,不受調查者主觀意圖的影響,每個被調查者被抽中的機會完全相等,因此也叫同等機會原則。抽樣調查是按隨機原則抽取樣本,這是區別於重點調查和典型調查最根本特點。二是從數量上推斷總體。其他的非全面調查一般不用來推算總體,而抽樣調查卻是通過部分調查單位(樣本)的調查數據來推算總體。例如,通過抽查部分居民的收入,以推算整個地區居民的全部收入。沒有這種數量上的推算,抽樣調查就失去意義。有關抽樣調查與推斷的理論和方法,將在第八章抽樣推斷技術中講述。

抽樣調查和重點調查都是專門組織的非全面調查,具有調查單位少,省時、省力的特點,並且在選擇調查單位時不受主觀因素的影響。但二者有三點明顯的區別:一是調查單位的意義和取得方式不同。重點調查是選擇數量較少但標誌量占標誌總量絕大比重的單位進行調查;抽樣調查是按隨機原則從總體中抽取的,具有較高代表性的單位進行調查。二是研究的目的不同。重點調查是為了瞭解總體基本情況,不能推斷總體指標;抽樣調查的目的是用樣本推斷總體指標。三是適用的場合不同。重點調查只適用在總體中具有重點單位的情況;抽樣調查適用於不能或不宜進行全面調查,而又需要全面數據的場合。

(五)典型調查

典型調查也是一種專門組織的非全面調查。它是在對被調查對象經過初步分析的基礎上,有意識地從中選出若干具有代表性的單位(典型單位)進行調查研究,借以認識事物發展變化規律的一種調查方式。

典型調查的特點:一是通過深入細緻的調查,既可以收集數字資料,還可以搜集不能用數字反應的實際情況;二是調查單位是有意識選擇出來的若干有代表性的單位,它更多地取決於調查者的主觀判斷和決策。

典型調查可分為三種方式:第一種是「解剖麻雀」的方法。這種典型調查要求選出少數幾個典型單位,通過對這幾個典型單位的深入調查研究,用以說明事物的一般情況或發展變化規律。它主要用於調查單位之間差異較小的情況。第二種是「劃類選典」的方法。如果作為調查對象的各單位之間差異較大時,可將調查總體劃分為若干類,再從每類中選擇若干個典型進行調查,以說明各類的情況。第三種是「抓兩頭」的方法。這就是常說的「抓兩頭、帶中間」。按社會經濟組織管理和指導工作的要求,都需要從先進單位和落後單位中選擇典型,以便總結經驗和教訓,帶動中間狀態的單位,推動整體的發展。

典型調查具有機動靈活,節省人力、財力、物力,資料生動具體等優點,但由於選擇典型認識上的差異,容易造成主觀上的偏見。因此,正確選擇典型,保證典型有充分代表性,是搞好典型調查的關鍵。所謂典型,就是指在同類事物中具有代表性的事物。如果不經過周密的分析比較,隨意確定不具有代表性的單位作典型,就失去了典型調查的意義。典型的選擇,應遵循以下原則:

(1)根據調查目的要求來選擇。如果為了總結成功的經驗,就要選擇先進單位為典型;如果為了找出失敗的教訓,就要選擇後進單位為典型;如果是為了掌握一般規律,反應一般情況,或為了推斷全面資料,就要選擇中等水準的單位為典型。

(2)根據調查對象具體情況,選擇典型單位的個數。如果被調查對象各單位差別不大時,典型可少選些;如果差別大,則要多選些,而且最好採用劃類選典的方法。

（3）要依靠各級政府和廣大群眾來選擇。各級政府和群眾最熟悉當地情況，這樣才能使所選典型符合實際，具有真正的代表性。

典型調查和重點調查比較有兩點區別：典型調查單位的選擇取決於調查者的主觀判斷，而重點調查的重點單位選擇具有客觀性；典型調查在一定條件下可以用典型單位的數量推斷總體數量，而重點調查不具備推斷條件。

（六）各種統計調查方式的結合應用

各種統計調查方式各有其特點，都存在一定的優點和局限性。全面統計報表資料雖然比較系統、及時，但也存在工作量大、環節層次多，容易出現差錯和不必要的浪費；普查收集資料全面、準確，但要耗費大量人力、財力、物力，不易經常組織實施；抽樣調查雖然能節約人力、財力、物力資源，推算結果也具有科學性，但有較高的技術要求；重點調查能瞭解總體基本情況，典型調查能深入細緻研究，但它們本質上是個別調查，只適宜作其他調查的補充。可見，任何一種調查方式都不是完美無缺的，這就要求在統計實際工作中，把上述各種方式綜合應用，取長補短、優勢互補，以採集高質量的統計數據。

近幾年來，乃至今後相當一段時期，中國的統計方法制度改革所圍繞的指導思想是：「建立以週期性普查為基礎，以經常性抽樣調查為主體，同時輔之以重點調查和科學推算等多種方法綜合運用的統計調查方法體系。」這正是多種統計調查方式綜合應用的結果。

任務三　設計統計調查方案

一、統計調查方案

數據採集是一項十分細微的工作，具有高度的科學性和群眾性。一個大規模的數據採集工作，往往需要成千上萬人參與。因此，沒有科學、嚴密的工作計劃和組織措施，要取得預期的效果是不可能的。所以在數據採集前，必須設計周密可行的統計調查方案。它是數據採集工作有計劃、有組織、有系統進行的保證，也是進行某項調查活動達到預期目的的指導性文件。統計調查方案一般包括下述各項內容：

（一）調查目的

確定調查目的是指明確在數據採集中要解決哪些問題，通過調查得到什麼樣的數據資料。它決定了調查的對象、內容和方法，決定了以什麼角度來採集數據。調查目的明確了，採集數據的範圍和方法也就確定下來了。調查目的不明確，就無法確定向誰調查、調查什麼，以及用什麼方式、方法來調查，結果只會無的放矢。這樣，一方面就會在調查中因瞭解一些無關緊要的問題浪費人力、物力，降低數據資料的時效性；另一方面又會漏掉一些主要的問題，不能滿足調查的要求。

（二）調查對象和調查單位

確定調查對象和調查單位，是為了回答向誰調查、由誰來具體提供調查數據的問題。調查對象即統計總體，是根據調查目的的需要進行調查研究的社會經濟現象的總體。統計總體這

一概念在統計數據採集階段稱為調查對象,它是由許多性質相同的調查單位所組成。調查單位即總體單位,是指調查對象所包含的具體單位,是進行調查的標誌承擔者。例如,調查目的是為了採集某市某年高職院校招生人數的數據,則該市所有高職院校為調查對象,而構成該市高職院校總體的每一個高職學院是調查單位。調查對象和調查單位的概念不是固定不變的,與總體和總體單位一樣,隨著調查目的的不同,二者可以互相變換。

在確定調查單位的同時,還要明確報告單位。報告單位也稱為填報單位,也是調查對象的組成要素,即由誰負責回答或填報調查所規定的各項問題的單位,一般是基層企事業單位。調查單位是調查數據的直接承擔者,報告單位是調查數據的提交者,二者有時一致,有時不一致。例如,調查某市工業企業生產經營情況,該市的每一個工業企業既是調查單位,又是報告單位,二者是一致的;如調查的是某市工業企業設備使用情況,則該市工業企業的每一臺設備是調查單位,每一個工業企業是報告單位,這二者是不一致的。

(三)調查項目和調查表

調查項目是指準備向調查單位進行調查的內容,包括需要登記的調查單位標誌和有關情況。例如人口普查時,需要登記每人的性別、年齡、民族等標誌即為調查項目。調查項目是依附於調查單位的統計標誌,其標誌表現就是統計調查所得到的各項數據資料。確定調查項目時要注意,一是應選擇調查目的所必需的,而且能夠獲得的實際資料的項目,以免造成人力、財力、物力和時間的浪費;二是每一個調查項目的涵義都要明確易懂,以免被調查者難以回答,使結果無法匯總;三是設立的各個調查項目之間應盡量相互關聯、前後銜接,以便於每個項目的核對和檢查,也有利於進行動態比較,研究現象的發展變化。

將調查項目按一定順序排列在表格上,就稱為調查表。其目的是保證採集數據的規範化和標準化。調查表一般由表頭、表體、表腳三部分內容組成(見表2-1,表2-2)。

(1)表頭:用來註明調查表的總稱,填寫調查單位的名稱、性質、隸屬關係等。

(2)表體:它是調查表的主體部分,包括需要採集數據的各個項目、欄號、計量單位等。

(3)表腳:包括填表說明、填表人簽名、調查日期等,主要用於明確責任,發現問題時便於查詢。

表2-1　　　　　　　　　勞動情況年報表　　　　　　　表號:

填報單位:

指標名稱	指標代碼	計量單位	本年實際
甲	乙	丙	丁
一、從業人員年末人數	1	人	
年末職工人數	2	人	
工人人數	3	人	
技術人員數	4	人	
管理人員數	5	人	
大專及以上人員數	6	人	
中高級職稱	7	人	
初級職稱	8	人	

项目二　数据采集

表2-1(续)

指标名称	指标代码	计量单位	本年实际
二、从业人员劳动报酬总额	9	万元	
职工工资总额	10	万元	
三、离岗职工人数	11	人	
离岗职工生活费	12	万元	
四、离退休人员数	13	人	
离退休职工保险费总额	14	万元	
离退休金	15	万元	
医疗费	16	万元	

单位负责人：　　　　　　填表人：　　　　　　报出时间：

说明：(1) 本表为年报表，在年末填报。

　　　(2) 本表由独立核算的工业企业填报。

调查表有单一表和一览表两种。单一表(称卡片式)是将每个调查单位的项目登记在一张表上或一张卡片上，它可以容纳较多的项目，而且便于整理分类，如表2-1所示。一览表是将许多调查单位和相应的项目登记在同一张表上，在调查项目不多时，较单一表节省人力、物力和时间，如表2-2所示。

表2-2　　　　　　　　　　××市人口调查登记表

　　　　　　　区　　　　　街　　　　　号

与户主关系	姓名	性别	年龄		本人成分	民族	文化程度	职业	备注
			出生年月日	周岁					

填表人：

(四) 调查时间和期限

数据采集的及时性，要求在调查前应规定调查时间和调查期限。调查时间是调查资料所属的时间。如果调查的是时期现象，调查时间是资料所反应的起讫时间；如果调查的是时点现象，调查时间是统一规定的标准时点。调查期限是进行整个调查工作的完成时间，包括采集数据和报送资料的整个工作所需时间。例如，某公司要求所属企业在2018年1月底上报2017年产值、利润等数据资料，则调查时间是2017年全年，调查期限是1个月；又如，某公司要求所属企业在2018年1月10日上报2017年产成品库存资料，则调查时间是标准时点为2017年12月31日，调查期限是10天。

(五) 调查的组织工作

在调查方案中，还必须研究确定调查的组织工作计划，它是从组织上保证调查工作顺利

開展的重要依據。計劃的主要內容包括調查機構、調查步驟、參加調查的單位和人員、調查的方式方法、調查前的宣傳教育、人員培訓、調查資料的報送方法、經費預算與開支等，均應作出具體規定。

對於大規模的統計調查，所制訂的調查方案往往需要做試點調查。通過試點，檢驗調查方案是否可行，以便加以修改和補充。同時，還要累積實施調查方案的經驗，提高調查人員的業務技能，以圓滿完成調查任務。

二、統計調查誤差

（一）統計誤差

採集統計數據是統計工作的第一步，如何保證統計數據的質量是數據採集階段應重點解決的問題，因為統計數據質量的好壞直接影響統計分析結論的客觀性與真實性。為確保統計數據的質量，在數據的採集、整理、分析等各階段都應盡可能減少誤差。

統計誤差通常是指統計數據與客觀現實之間的差距，誤差的來源主要有登記性誤差和代表性誤差兩類。

（1）登記性誤差是調查過程中由於調查者或被調查者的人為因素所造成的誤差。調查者所造成的登記性誤差主要有：調查方案中有關的規定或解釋不明確導致的填報錯誤，調查人員工作責任心不夠導致的抄錄錯誤、匯總錯誤等。被調查者造成的登記性誤差主要有：因人為因素干擾形成的有意虛報或瞞報調查數據，這種誤差在統計調查中應予以特別重視。登記性誤差理論上講是可以消除的。

（2）代表性誤差主要是指在用部分單位的數據推斷總體數據時所產生的誤差，其產生的原因是由於所抽取單位代表性不夠而產生的。如在抽樣調查中，其誤差產生的原因主要有：一是由於樣本的抽取沒有嚴格遵循隨機原則而產生的；二是由於樣本結構與總體結構的差異而產生的；三是由於樣本容量不足而產生的。第二類誤差在抽樣調查中是無法消除的，但我們事先可以進行計算並加以控制。

（二）統計誤差的控制方法

由於登記性誤差是在各種調查方式方法中都可能存在的，為了取得相對準確的統計數據，必須採取各種措施，防止可能發生的登記誤差，把它縮小到最低限度。

（1）正確制訂統計調查方案，詳細說明調查項目和計算方法，合理選定調查方法，使之切合調查對象的實際，並使調查人員或填報人員能夠明確執行，不致產生誤解。

（2）有了科學的統計調查方案，還要切實抓好調查方案的貫徹執行。具體要做到：

① 加強對統計人員的業務培訓，使每個統計人員都能準確地理解統計制度和正確應用統計方法，特別是對所要調查的單位和內容，嚴格地執行應用統計制度和方法。

② 扎紮實實地搞好統計基礎工作，如建立與統計任務相適應的統計機構，配備必要的統計人員，建立健全計量工作、原始記錄、統計臺帳、班組核算等各項制度，使統計數據的來源可靠。

③ 在統計調查過程中，加強對數字填報質量的檢查。這種檢查，一般採取兩種方式：一是在調查過程中及時派人去填報單位督促檢查，發現問題及時解決；二是組織有關的部門定期進行規模較大的統計質量檢查，廣泛深入地瞭解統計表填報中的問題，提出系統的改進

意見。

　　如果是進行大規模的普查，應該制訂嚴密的工作計劃，建立詳細的崗位責任制，使各個環節的工作緊密銜接，發現差錯，便於糾正。

　　以上說的是控制登記性誤差的一些方法措施。至於代表性誤差的控制，如果是重點調查和典型調查，在確定調查單位時應從多方面加以研究，並廣泛徵求有關方面的意見，使選出的調查單位具有較高的代表性；如果是抽樣調查則應該嚴格遵循隨機原則，這一問題將在抽樣推斷技術一章中詳細闡述。

本章小結

　　（1）數據採集是按照預定的統計任務，運用科學的方法，有組織、有計劃地向客觀實際採集數據資料的過程。數據分為品質數據和數量數據。按數據採集的組織形式不同，可分為統計報表和專門調查；按數據採集對象包括的範圍不同，可分為全面調查和非全面調查；按數據採集的時間是否連續，可分為連續調查和非連續調查；按採集數據的方法不同，可分為直接調查、憑證調查、派員調查和問卷調查。

　　（2）數據採集的基本方法，包括數據的直接來源和間接來源。數據直接來源有直接觀察法、報告法、訪問法、問卷法和文獻法。統計數據的間接來源有查閱公開出版物、向政府統計機構和其他機構諮詢、上網查詢等。

　　（3）數據採集的組織方式有統計報表、普查、抽樣調查、重點調查和典型調查。統計報表是政府統計機構或其他組織機構，按統一規定，自上向下布置，自下向上逐級提供統計數據的方式；普查是專門組織的一次性全面調查；抽樣調查是按隨機原則從總體中抽取一部分單位進行觀察，並要從數量上推斷總體的調查方式；重點調查是在調查總體中選擇少數重點單位進行專門調查的方式；典型調查是從調查總體中有意識選擇若干有代表性的單位進行專門調查的方式。

　　（4）統計調查方案是保證數據採集工作有計劃、有組織、有系統進行，而制訂的完整計劃。其內容包括確定調查的目的、確定調查對象和調查單位、確定調查項目和調查表、確定調查時間和調查期限、確定調查的組織實施計劃等。

　　（5）統計調查的誤差有登記性誤差和代表性誤差。登記性誤差從理論上講是可以消除的，代表性誤差不能消除，但可以事先計算並加以控制。

案例分析

對在校學生娛樂和消費情況的問卷調查

　　隨著時代的發展，進入21世紀後，大學生的生活變得越來越豐富多彩。他們不再像他們的學長們那樣在校園裡過著寢室—教室—食堂「三點一線」的生活。日益多彩的文化生活充實著他們的閒暇時光。但不可否認的是，課餘生活增多的同時，花費也遠遠高過了10年前的學生們。如何均衡安排娛樂和消費是我們要考慮的問題。某高職學院會計系結合學習統計

基礎課程的情況,組織學生研究這個問題。他們以本校學生為對象,進行問卷設計,組織調查研究,學習撰寫調查報告。

為研究某一特定問題進行調查的較好形式之一就是問卷調查,調查的內容是如何合理安排娛樂和消費,研究對象是本校的部分學生。

調查問卷如下:

學生日常娛樂與消費情況的調查問卷

親愛的同學:

您好!我們是本校2015級的學生,結合我們對統計基礎課程相關知識的學習,就同學們在娛樂和消費方面的情況進行一次問卷調查,一方面促進我們提高統計調查和寫作能力,另一方面也將調查結果反饋給同學們,以幫助大家均衡安排娛樂和消費。請您給予大力支持,實事求是地回答下列問題,在您認為恰當的選項上劃「√」即可。

1. 您每個月的生活費支出是(　　)
   A. 500 元以下　　　　　　　B. 500～800 元
   C. 800～1,200 元　　　　　D. 1,200 元以上
2. 您每週在校外用餐的次數是(　　)
   A. 從不　　　　　　　　　　B. 1～2 次
   C. 3～4 次　　　　　　　　D. 每天
3. 您是否熱衷於課外娛樂活動?(　　)
   A. 非常喜歡　　　　　　　　B. 一般
   C. 不很熱衷　　　　　　　　D. 完全沒有興趣
4. 您喜歡參與哪種形式的活動?(　　)
   A. 讀書閱覽　　　　　　　　B. 電影、KTV
   C. 網吧　　　　　　　　　　D. 泡吧、跳舞
5. 您能接受哪種價位的娛樂活動?(　　)
   A. 50 元以內　　　　　　　B. 50～100 元
   C. 100～200 元　　　　　　D. 200 元以上

謝謝合作!

2018 年 3 月 12 日

本次問卷調查計劃調查研究 630 人,若問卷回收率為 70%,有效率為 90%,則:

$$調查數量 = \frac{630}{70\% \times 90\%} = 1,000(人)$$

即本次問卷調查需要發放 1,000 份問卷,才能滿足需要。

對回收的問卷要認真進行匯總,並計算相關指標。對於探索規律,這是以後統計整理和分析的章節要學習的內容。

問題思考

1. 什麼是數據採集?數據採集的來源有哪兩個方面?
2. 什麼是專門調查?它包括哪些調查方式?
3. 統計調查的數據採集方法主要有哪些?
4. 為什麼要制訂統計調查方案?調查方案包括哪些內容?
5. 什麼是普查?普查的組織方式有哪些?
6. 談談你對統計誤差的認識,它們如何控制?

項目三 數據整理

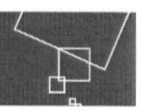

本章教學要點概覽

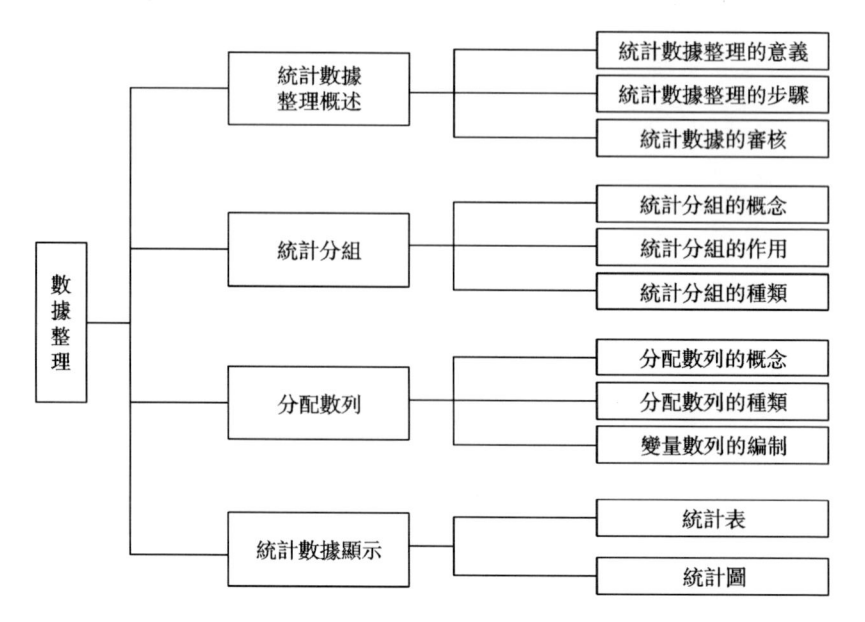

```
                        ┌─ 統計數據整理概述 ─┬─ 統計數據整理的意義
                        │                    ├─ 統計數據整理的步驟
                        │                    └─ 統計數據的審核
                        │
                        ├─ 統計分組 ─────────┬─ 統計分組的概念
        數據整理 ───────┤                    ├─ 統計分組的作用
                        │                    └─ 統計分組的種類
                        │
                        ├─ 分配數列 ─────────┬─ 分配數列的概念
                        │                    ├─ 分配數列的種類
                        │                    └─ 變量數列的編制
                        │
                        └─ 統計數據顯示 ─────┬─ 統計表
                                             └─ 統計圖
```

【情境導入】

案例1 奧運會比賽的電視直播中,比賽開始前,電視上首先打出按照出場順序排列的參賽運動員名單。隨著比賽的進行,該名單始終保持成績最好的運動員排在首位。

隨著比賽的進行,名單排列順序不斷按照比賽成績的高低被改變,始終保持領先者在前排列。這樣的變換過程就是統計數據不斷整理的過程。

案例2 學習委員拿到本班統計基礎課程的考試成績後,怎樣處理才能很方便地使大家知道:最好和最差的成績是多少分?這門課的合格率是多少?

分析：學習委員拿到成績的原始資料後，對成績按照由高到低的順序排列，然後進行簡單的分組和計算，這樣就能使大家很快、很便利地看到以上問題的答案，這就是統計資料的整理過程。

本章教學內容提示

本章是介紹統計工作的第三階段：統計整理，即對統計數據加工整理的有關內容。學習目標是要將統計調查得到的大量數據進行加工、匯總，使之條理化、系統化，能夠反應總體現象綜合數量特徵。

任務一　統計數據整理概述

一、統計數據整理的意義

(一) 統計數據整理的概念

統計數據整理簡稱統計整理。它是根據統計研究的目的和任務，將統計調查得到的大量的原始數據資料進行分組和匯總，使之條理化、系統化，得到能說明總體數量特徵的綜合資料的工作過程。

統計數據的整理有兩種：一種是對原始數據資料進行整理；另一種是對已經加工的現成數據資料(次級資料)進行再整理。前者稱為匯總整理，後者稱為綜合整理。綜合整理是根據統計研究的任務和要求，對已有的匯總數據資料作進一步的加工、調整、補充，將反應現象不同側面的有關數據資料整理成範圍口徑一致、互相配套和互相銜接的，並能滿足統計研究要求的數據資料。匯總整理是綜合整理的基礎，這裡主要講述以原始數據資料為對象的匯總整理。

(二) 統計數據整理的意義

(1) 統計數據整理是實現從單位到總體，從標誌到指標的重要環節和手段。通過整理，把反應各總體單位特徵的標誌匯總成指標，實現對總體的基本認識。

(2) 統計數據整理實現了統計的數量化特徵。通過統計整理，不但把調查的數量標誌匯總成了指標，而且把調查的非數量化內容，即品質標誌的表現數量化，如性別男、女用 1、0 表示。為統計分析的科學性奠定基礎。

(3) 統計數據整理是從感性認識上升到理性認識的過渡階段，也是對現象個體量的認識到總體量認識的連接點，它在整個統計工作中起著承前啓後的作用。

二、統計數據整理的步驟

統計數據的整理是一項十分複雜而細緻的工作，必須有組織、有計劃地採用科學的方法進行，通常包括以下幾個步驟：

(一) 統計整理方案設計

統計整理方案又稱統計匯總方案，它將明確規定統計分組的方法和設置匯總的統計指

標,並對統計數據整理工作作出統一的安排和布置。

統計整理方案包括確定:① 統一的分組方法;② 統一的匯總內容;③ 統一的工作程序安排;④ 整理結果的統一表達方式;等等。

(二) 統計數據資料的審核

統計數據資料的審核主要是審核原始數據資料的準確性、完整性、及時性。

(三) 統計分組

統計分組指採用科學的方法,對審核後的原始數據資料進行分組。

(四) 統計匯總

統計匯總是對統計分組後的數據資料進行匯總和計算,得出各組指標和綜合指標。

(五) 編製分配數列

通過編製分配數列確定統計數據分佈特徵。

(六) 統計數據的顯示

編製統計表,繪製統計圖,從而使統計數據的表現條理化和系統化。

三、統計數據的審核

對統計數據資料的審核是保證統計數據整理質量的重要手段,它包括對數據資料的完整性、及時性和準確性的審核,審核的主要內容有:

(一) 完整性審核

完整性審核主要審核所有的調查單位是否有遺漏,調查的項目和各項指標是否填寫齊全。

(二) 及時性審核

審核數據資料的及時性,是要檢查數據資料是否按規定的時間及時報送。因為任何單位的資料不能及時取得,勢必影響整個統計工作的過程,影響統計研究的時效性。

(三) 準確性審核

資料的準確性也稱為正確性,是審核的重點和關鍵。對資料正確性的審核一般從三個方面入手:一是邏輯檢查,主要是審核原始數據資料的內容是否合理,被調查的項目之間有無矛盾的地方,如在人口調查表中,「與戶主關係」填「父女」,而在「性別」一欄卻填「男」,這其中必有一欄填錯;二是計算檢查,主要是通過計算表中的各項數字有無差錯,各項指標的計算方法、計算口徑、計算範圍、計量單位等是否正確;三是對比檢查,包括有關項目之間的對比,表與表之間的對比,會計、統計、業務三種核算有關資料之間的對比,匯總資料與實際情況之間的對比等。

通過以上檢查,如發現有缺報、缺份和缺項,應及時催報、補報,如發現不正確之處,應按有關規定予以處理和訂正。若有人為的虛報、瞞報,應按《中華人民共和國統計法》的相關規定,交有關部門處理。

四、統計數據的匯總

(一) 匯總的組織形式

1. 逐級匯總

逐級匯總也稱分級匯總。它是按照一定的統計管理體制,自下而上地對統計數據資料進

行匯總的組織形式。中國定期的統計報表和一些專門調查就採用這種匯總形式。例如，對某市某月工業企業增加值進行統計匯總，其逐級匯總的程序是：首先是基層工業企業增加值的匯總，其次是區工業企業增加值的匯總，最後是全市工業企業增加值的匯總。逐級匯總的優點是既能夠滿足基層部門所需的統計數據資料，又便於各級審查原始數據資料，及時發現差錯並加以糾正。其缺點是匯總所需的時間較長，經過多層匯總發生差錯的可能性較大。

2. 集中匯總

集中匯總又稱超級匯總。它是將調查的全部統計數據資料集中到組織統計調查的最高一級機關，進行一次性直接匯總的組織形式。如快速普查就常常採用這種形式。集中匯總的優點是既可減少逐級匯總報送資料的時間，能較快得出匯總的結果；又便於直接採用電子計算機匯總，降低人為因素的影響，使匯總的結果更加準確；同時還可減少基層單位逐級匯總的工作量。其缺點是匯總的數據資料不能滿足各地區、各部門和各級統計機構的需要，並且在發現上報資料有錯誤時，不能就地審查糾正。

3. 綜合匯總

由於單獨使用以上兩種方法都各有不足，因此常將兩種結合起來使用，形成綜合匯總形式。對於基層管理部門需要的部分資料進行逐級匯總，同時將全部原始資料集中到最高一級統計調查機關進行集中匯總。例如，中國第五次人口普查就是對其中幾個主要的指標採用逐級匯總以滿足各級政府需要，而全部資料最後由國家統計局進行全面的匯總。

(二) 匯總技術

統計數據的匯總技術主要有兩種，即手工匯總和計算機匯總。

1. 手工匯總

手工匯總就是採用手工操作的方法，借助於算盤或小型計算器進行的匯總，主要適用於較小的基層單位使用，其具體做法有以下幾種：

(1) 劃記法：也稱點線法，就是用點、線或劃「正」字等方法進行分組和計數。該方法的優點是簡便易行，缺點是只能匯總出總體單位數，而無法匯總標誌值，而且當單位數太多時，其效率不高。

(2) 過錄法：就是根據統計匯總表中分組的要求，將原始數據資料過錄到預先制定的表格上，並計算出總體單位數和標誌值的合計數，最後再將匯總結果登記到統計表上。該方法的優點是匯總的內容多，既可匯總總體單位數，又可匯總標誌值，而且便於核對。缺點是費時費力，工作量大。

(3) 折疊法：就是將所有的調查表中需要匯總的項目，依次全部折在一條線上，然後用算盤和計算器加總，直接填入統計表中。該方法的優點是可以匯總總體單位數和標誌值，簡便易行，不需要另外設計整理表，而且可以省去劃記與過錄手續，因此，這種方法為廣大統計人員所樂於採用。缺點是如果在匯總後發現錯誤，無法從匯總中查找原因。

(4) 卡片法：它是利用特製的摘錄卡作為分組的計算工具，在調查資料多，分組細的情況下，採用卡片法進行匯總比上述三種方法簡便，能保證匯總的準確性和時效性，但如果調查資料不多，不宜採用卡片法。

2. 計算機匯總

計算機匯總速度快，精確度高，是整理統計數據資料和累積統計信息的理想工具。將計

算機技術與現代通信設備系統聯合起來，建立計算機網絡系統，是中國統計工作現代化的重要標誌。

電子計算機匯總大體可分為六個步驟：①編程序；②編碼；③數據錄入；④邏輯檢查；⑤製表打印；⑥建立數據庫。

任務二　　統計分組

一、統計分組的概念

（一）統計分組的涵義

統計分組就是根據統計研究的目的和任務，按照一定的標誌將總體劃分為若干個性質不同部分的一種統計方法。統計分組的目的就是要使組內各單位之間的差異盡可能小，組與組之間的差異盡可能大，從而將大量無序的數據變為有序的、層次分明的、能夠顯示總體數量特徵的數據資料。

統計分組要處理好「分」與「合」的關係，它就總體而言是「分」，是把一個總體劃分為性質不同的各個部分；就個體而言是「合」，是把同質或相近的單位合併起來成為一個部分。統計分組的這種「分」與「合」的雙重意義，對於認識總體特徵和進行總體的結構性分析都是非常必要的，它是保證統計分析全面性的重要依據。

統計分組是分析認識問題的一種方法，具有普遍的方法論意義。也就是說，除統計之外的許多學科也大量應用分組法，而這些分組法都符合統計分組的基本原理，或者說就是統計分組在這些學科的應用，但是，只有統計學才專門研究分組法的原理和方法。

（二）統計分組的原則

統計分組是對總體各單位的分類，是整理統計資料的方法，也是統計分析的基礎。因此，除了在內容各方面必須反應各單位、各組之間的性質差異外，還要在方法上保證資料的完整性和真實性，這是對統計分組的最基本的要求。為此，統計分組在方法上必須符合兩個原則：

1. 窮盡性原則

窮盡性原則也叫不遺漏原則，即統計分組必須保證總體的每一個單位都能歸入其中的一個組，各個組的單位數之和等於總體單位總量，總體的指標必須是各個單位相應標誌的綜合。違背了這一原則，就會損害統計資料的完整性，從而也就損害了統計資料的真實性。

按照窮盡性原則分組，需要重點注意的是分組的範圍，它必須包括總體各單位在分組標誌上的全部表現。即按品質標誌分組時，組數是品質標誌的全部類型；按變量分組時，最大組的上限應大於最大標誌值，最小組的下限應小於最小標誌值。

2. 互斥性原則

互斥性原則也叫不重複原則，即統計分組必須保證總體的每一個單位只能屬於其中的一個組，不能出現重複統計的現象，否則，就必然會影響統計資料的真實性。

在具體的分組過程中，為了保證各組之間不重複，按品質標誌分組要重點注意對各組範

圍、特徵、性質的界定,對於性質上較為複雜的單位要做出明確、統一的處理規定。在按變量分組時,重點要注意相鄰組之間重疊組限上的單位歸屬問題。統計的一般處理方法是:重疊組限上的單位歸入下限組,或者叫「上限不在內」原則(具體實例見本章任務三)。同時還要注意,這種處理方法僅就一般問題而言,對於某些特殊問題,則需要做特殊處理。另外,統計上的這種一般處理與稅法等其他學科的一般性處理也有所不同。

二、統計分組的作用

統計在認識社會經濟現象的特徵時,必須把總體數量特徵與總體的結構、比例關係結合起來,才能全面、完整地揭示總體的數量特徵,要實現這個目的,就需要進行統計分組。統計分組的作用有以下三個方面:

(一)劃分社會經濟現象的類型

運用統計分組可以將複雜的社會經濟現象劃分成若干性質不同的類型,從這些不同類型的社會經濟現象中,可以反應出不同的特徵,以揭示其本質和規律性。這種分組也稱為類型分組。例如中國的工業企業可劃分為國有企業、集體企業、股份制企業、私營企業、外資企業等經濟類型。

(二)揭示社會經濟現象的內部結構

對於社會經濟現象總體,按一定的標誌進行分組,就可以研究總體的內部結構,而各部分所占比重的變化,則可反應總體的性質、特點和發展變化規律。這種分組稱為結構分組。例如,某省「十二五」期間國內生產總值構成變化情況如表3-1所示。

表3-1　　　　　2011—2015年某省國內生產總值構成變化情況　　　　　(%)

年份	國內生產總值	第一產業	第二產業	第三產業
2011	100.0	20.5	49.4	30.1
2012	100.0	19.2	50.1	30.7
2013	100.0	18.7	49.5	31.8
2014	100.0	17.8	49.3	31.9
2015	100.0	17.4	50.4	32.2

從上表可以看出該省國民經濟內部三次產業的構成及其變化情況,反應近幾年中國產業結構的調整過程。

(三)揭示現象之間的依存關係

社會經濟現象不是孤立的,現象之間廣泛存在著相互聯繫、相互依存、相互制約的依存關係,如自動化程度與勞動生產率之間、商品價格與市場供給量之間、商品銷售額與流通費用率之間等,都在一定程度上存在相互依存的關係。如施肥量與平均畝產之間的關係見表3-2所示。

表 3-2　　　　　　　　　某農作物施肥量與平均畝產的關係

每畝化肥施用量(千克)	平均畝產(千克)
10	300
13	350
16	420
19	610
25	550

從上表可以看出，施肥多則畝產高，當然，到一定的極限後也會減少，由此可見它們之間的依存關係。

三、統計分組標誌的選擇

統計分組的關鍵是正確選擇分組標誌和劃分各組的界限。分組標誌的選擇是否恰當將直接關係統計分組是否正確，關係能否實現統計研究的目的和任務。任何社會經濟現象都有很多標誌，要從許多標誌中選擇反應總體性質特徵的標誌，必須遵循以下的原則：

(一) 根據研究的目的和任務選擇分組標誌

總體單位有許多標誌，究竟選擇什麼標誌作為分組標誌，需要根據統計研究的目的和任務來決定。例如，在對某高等職業學院在校學生這一總體的研究中，每一個在校學生都是總體單位，學生有年齡、民族、性別、身高、學習成績等許許多多的標誌。如果要瞭解學生的學習情況，只能選擇學習成績作為分組標誌，而不能選擇其他的標誌。

(二) 選擇能反應現象本質的標誌作為分組標誌

在統計總體中，各單位具有許許多多的標誌，有些是主要的能反應事物本質特徵的標誌，有些則是次要的標誌，例如，要研究企業經濟效益的好壞，可供選擇的標誌很多，諸如工業產值、利稅額、勞動生產率、資金利用率、人均利稅額等，但更能綜合反應企業經濟效益好壞的標誌則是人均利稅額等。

(三) 根據現象所處的歷史條件和經濟條件選擇分組標誌

社會經濟現象是不斷發展變化的，條件變化了，事物的特徵就會發生變化，與此對應的最能反應本質特徵的標誌也將隨之變化。例如，研究企業規模，在以手工操作為主的條件下，可選擇職工人數作為分組標誌，而在現代化大生產條件下，則需要選擇以設備為基礎的工業產品生產能力或固定資產原值等標誌來進行分組。

四、統計分組的種類

根據統計研究的目的和任務，以及統計對象的特點不同，統計分組的方法有以下幾個基本類型：

(一) 按使用的分組標誌的特徵不同，分為品質標誌分組和數量標誌分組

(1) 按品質標誌分組，即是按照事物屬性的特徵來分組，有比較簡單的，如人口總體按「性別」分為男、女兩組(2007年中國人口數及其構成如表3-3所示)，民族按56個民族來分

組,這些組在性質上的差異比較明確和穩定;也有複雜的,如工業企業按產品形態和行業分組,人口按行業和職工分組,這些組的界限不易進行明確的劃分。

表 3 – 3　　　　　　　　　　2010 年中國人口數及其構成

按性別分組	人數(萬人)	比重(%)
男	68,685	51.27
女	65,287	48.73
合計	133,972	100.00

(2) 按數量標誌分組,即是按照反應事物差異的數量標誌為分組的依據。例如,人口總體按「年齡」分組;工業企業總體按「產品產量」分組;居民按「收入水準」分組等。按數量標誌分組並非單純確定各組的數量界限,而應通過數量差異區分各組的不同類型和性質,任何經濟現象的質和量都是不可分割的,質規定著量,一定的量表現著一定的質。某班學生統計學基礎期末考試情況分組見表 3 – 4。

表 3 – 4　　　　　　　　　　某班學生統計學基礎期末考試情況

考試成績(分)	學生數(人)	比重(%)
60 以下	4	8
60 ~ 70	7	14
70 ~ 80	14	28
80 ~ 90	19	38
90 ~ 100	6	12
合計	50	100

(二) 按照採用分組標誌的多少不同,分為簡單分組和複合分組

1. 簡單分組

簡單分組是對研究總體按一個標誌進行的分組。例如,將一個學校的學生按性別分組或按成績分組就是簡單分組,如表 3 – 3 同表 3 – 4。簡單分組操作容易,在現象總體結構簡單的條件下,一般採用簡單分組。

有時只憑一個標誌進行一次分組是不夠的,必須從不同的角度運用多個分組標誌進行多方面的分組才能達到統計分組的目的,此時,有必要對總體同時選擇兩個或兩個以上的標誌進行多次簡單分組,這種多次簡單分組稱為平行分組或平行分組體系。例如,為了瞭解運動員的自然構成,可以按照性別、年齡、身高、體重等標誌進行多次分組。

(1) 按性別分組:男、女。

(2) 按身高分組(厘米):150 以下、150 ~ 160、160 ~ 170、170 ~ 180、180 以上。

(3) 按年齡分組(歲):8 以下、8 ~ 12、12 ~ 14、14 ~ 16、16 ~ 18、18 ~ 25、25 以上。

(4) 按體重分組(千克):40 以下、40 ~ 50、50 ~ 60、60 ~ 70、70 ~ 80、80 以上。

平行分組的特點是每次分組只能固定一個因素對差異的影響,而不能固定其他因素對差異的影響。

2. 複合分組

複合分組是對被研究對象兩個或兩個以上的標誌進行的重疊分組。例如,工業企業先按企業的規模大小分組,再按所有制形式分組,結果形成了雙層重疊的組別,如表3-5所示。

表3-5　　　　　　工業企業按規模和所有制形式進行複合分組

按規模大小分組	按所有制形式分組
大型企業	公有經濟
	私有經濟
	其他經濟
中型企業	公有經濟
	私有經濟
	其他經濟
小型企業	公有經濟
	私有經濟
	其他經濟

這種劃分的結果就是形成了幾層重疊的組別,這樣可以全面、深入、系統地分析和認識問題。需要注意的是不宜使用過多標誌進行過細的分組。

任務三　　分配數列

一、分配數列的概念和種類

(一) 分配數列概念

分配數列是在統計分組後,總體的所有單位按組歸並排列,形成的總體單位在各組間的分佈。分配數列的實質是把總體的全部單位按某標誌所分的組進行次數分配所形成的數列,又稱次數分佈數列。

分配數列一般有兩個構成要素:一個是統計分組後的各組;另一個是總體單位在各組的分配次數,又叫頻數。各組次數占總次數之比稱比重,又叫頻率。因為比重能表明各組標誌值對總體的相對作用強度,所以也常把比重列入分配數列中。分配數列是統計整理的重要形式,它可以反應總體中所有單位在各組間的分佈狀態和分佈特徵。

(二) 分配數列的種類

根據分組標誌特徵不同,分配數列可分為品質分配數列和變量分配數列兩種。

1. 品質分配數列

按品質標誌分組後所形成的分配數列稱為品質分配數列,簡稱品質數列,它由各組的名稱和相應的單位數組成。如表3-6所示。

表3-6　　　　　　　　　某企業某產品的質量情況分組

按質量分組	產量(件)	比重(%)
合格品	1,300	91.5
不合格品	120	8.5
合計	1,420	100.0

2. 變量分配數列

按數量標誌分組後所形成的分配數列叫變量分配數列,簡稱變量數列。它也包括兩個要素:一個是各組的具體數值,即變量值;另一個是分配在各組的總體單位數,即次數或頻數,如表3-7所示。

表3-7　　　　　　　　　某企業工人的日產量情況分組

日產量(件)	工人數(人)	比重(%)
55	200	20
65	300	30
75	400	40
85	100	10
合計	1,000	100

二、變量數列的編製

變量數列是按變量值大小順序排列而形成的分配數列。由於變量分為離散型變量和連續型變量,前者只能取整數,可以一一列舉;後者可以取小數,不能一一列舉。因此,在統計工作中,我們根據變量值的變動範圍不同,將變量數列分為單項式變量數列和組距式變量數列兩種。

(一)單項式變量數列

單項式變量數列又稱單項數列,它是用一個變量值代表一組而編製的變量數列,如表3-8所示。

表3-8　　　　　　　　　某工廠工人看管機器臺數情況分組

工人看管機器臺數(臺)	工人數(人)	比重(%)
5	14	7
6	24	12

表3-8(續)

工人看管機器臺數(臺)	工人數(人)	比重(%)
7	46	23
8	68	34
9	32	16
10	16	8
合計	200	100

單項數列一般適用於離散型變量,並且在變量值變動範圍較小的情況下採用。

(二) 組距式變量數列

組距式變量數列簡稱組距數列,就是用變量值變動的一定範圍(或組距)代表一個組而編製的變量數列,如表3-9、表3-10所示。

表3-9　　　　　某工廠工人看管機器臺數情況分組

工人看管機器臺數(臺)	工人數(人)	比重(%)
5～6	38	19
7～8	114	57
9～10	48	24
合計	200	100

表3-10　　　　　某單位職工工資收入資料

月工資(元)	職工人數(人)
800以下	100
800～1,000	360
1,000～1,200	840
1,200～1,400	750
1,400～1,600	370
1,600～1,800	150
1,800以上	30
合計	2,600

連續型變量的變量值不能一一列舉,因此,只能編製組距數列,如表3-10所示。

離散型變量既能編製單項數列,也能編製組距數列。如相同的資料,按表3-8分組是單項數列,按表3-9分組則是組距數列。

為了更好地編製和應用組距數列,應掌握以下一些基本概念:

046

1. 組限

組限是劃分各組之間界限的變量值。其中，各個組的最大值稱為上限，各個組的最小值稱為下限。

在表3－9中，上限分別為800、1,000、1,200、1,400、1,600、1,800，最後一組無上限，下限分別為800、1,000、1,200、1,400、1,600、1,800，第一組無下限。

2. 組距

組距是各個組變量值的變動範圍，即各組的上限與下限之差。

$$組距 = 上限 - 下限 \tag{3.1}$$

3. 等距數列與異距數列

如果數列各個組的組距相等，稱為等距數列；各個組中只要有一個組的組距不等，我們稱為異距數列。

4. 閉口組與開口組

閉口組是既有下限，又有上限的組；開口組是缺上限或缺下限的組。

在表3－9中，第一個組800以下，缺下限，是下開口組最後一個組1,800以上，缺上限，是上開口組這兩個組是開口組，其餘各組是閉口組。

5. 組中值

組中值是指每組各變量值的中間值，在一定條件下，組中值常用來代表每組各變量值的一般水準（平均數）。計算公式為：

$$閉口組的組中值 = \frac{上限 + 下限}{2}$$

開口組的組中值：

$$第一組組中值 = 上限 - \frac{相鄰組距}{2}$$

$$最末組組中值 = 下限 + \frac{相鄰組距}{2} \tag{3.2}$$

表3－9中各組的組中值分別為：

$$第一組組中值 = 800 - \frac{1,000 - 800}{2} = 700$$

第二組到第六組組中值分別為：900、1,100、1,300、1,500、1,700

$$最末組組中值 = 1,800 + \frac{1,800 - 1,600}{2} = 1,900$$

6. 全距

全距是反應全部變量值的變動範圍。即：

$$全距 = 最大變量值 - 最小變量值 \tag{3.3}$$

（三）變量數列的編製

變量數列的編製應視原始資料的情況而定，根據前面所講述的內容，首先確定是編製單項數列，還是編製組距數列。組距數列編製的一般步驟如下：

（1）將原始資料的數值按大小順序排列。

（2）確定組數或組距。組數的多少與組距的大小呈反比，組距越小，組數越多。為計算方便，組距宜採用 5、10 的整數倍。

（3）確定組限和組限的表示方法。

正確劃分組限是統計分組的又一個關鍵，也是編製變量數列的關鍵。

①根據變量值的分佈情況來確定。若變量分佈比較均勻，則使用等距數列；若變量值分佈不均勻，則使用異距數列。當變量值有極值時，應設置開口組。

②按窮盡性原則的要求，第一組下限應小於最小變量值，最末組的上限應大於最大變量值。

③在劃分連續型變量時，相鄰組的組限必須重疊，並遵循「上限不在內」原則，這樣才不至於出現總體單位的遺漏或重複。

④劃分離散型變量的組限時，相鄰的組限可以間斷（不重疊），因為變量值只能用整數表示。但在統計實務中，為了統一和方便，避免組距和組中值計算的麻煩，對離散型變量也常採用重疊分組。

【例3.1】某高等職業學院會計系 2017 級某班共有 50 人，統計基礎期末考試成績資料如下：

63 82 75 60 90 96 68 76 82 84 42 86 65 72 75 77 94 65
75 81 88 87 76 79 72 78 63 97 52 76 74 78 80 88 95 76
70 68 66 52 87 74 80 68 70 69 96 76 89 36

要求編製組距數列。

具體步驟：

（1）將 50 名學生成績從低到高排列：

36 42 52 52 60 63 65 65 66 68 68 68 69 70 70 72 72
74 74 75 75 75 76 76 76 77 78 78 79 80 80 81 82
82 84 86 87 87 88 88 89 90 94 95 96 96 97

（2）確定組數，組距和組限

全距 = 97 − 36 = 61 分

組數和組距確定主要考慮兩點：

一是把 60 分以下和 60 分以上的學生區分開來，所以首先以 60 分為限；

二是注意學生分數相對集中於 70 ~ 90 分之間。

組限確定也主要考慮兩點：

一是組限值取 10 的倍數；

二是注意個別不及格學生分數很低，所以採用開口式組距數列。

（3）編製組距數列

鑒於以上綜合考慮，其組距為 10，則組數為 5 組。其具體分組如表 3 − 11 所示。

表 3 – 11　　　　　　　　某班學生統計學基礎期末考試情況

考試成績(分)	學生人數(人)	比重(%)
60 以下	4	8
60 ~ 70	10	20
70 ~ 80	18	36
80 ~ 90	12	24
90 ~ 100	6	12
合計	50	100

三、次數分佈

(一) 次數分佈的概念

將統計數據按其分組標誌進行分組的過程,實際就是次數分佈的過程。次數分佈是變量值按其分組標誌分佈在各組內的次數。被分佈在各組的總體單位數稱為次數或頻數,各組次數與總次數的比值稱為頻率或比重。因此,分配數列也叫次數分佈數列。

(二) 次數分佈的基本類型

性質不同的現象呈現不同的次數分佈,大致可以歸納為三種類型:

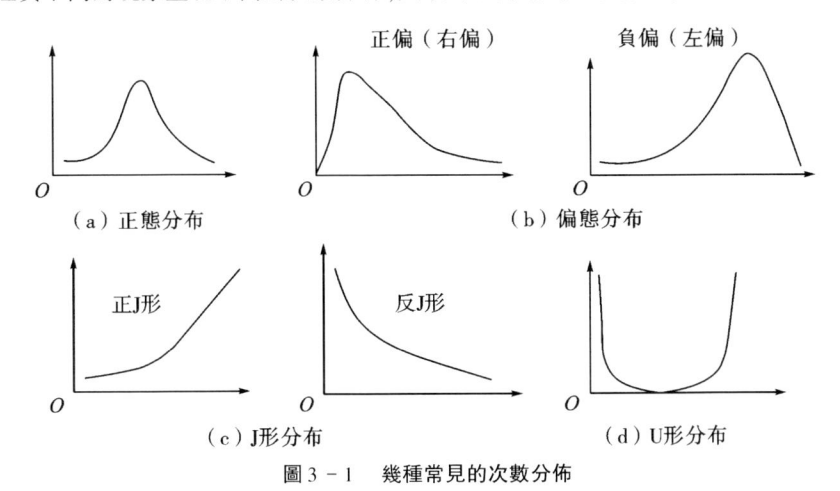

（a）正態分布　　　　（b）偏態分布

正偏（右偏）　　　負偏（左偏）

正J形　　　　　反J形

（c）J形分布　　　　（d）U形分布

圖 3 – 1　幾種常見的次數分佈

1. 鐘形分佈

鐘形分佈的特徵是「兩頭小,中間大」,即愈靠近變量值中點,分佈次數愈多;愈遠離變量值中點,次數分佈愈少,形態如鐘。如圖 3 – 1(a)(b) 所示,按是否對稱分佈有兩種類型:

(1) 正態分佈。正態分佈是左右對稱的,也稱為對稱分佈,如居民收入屬於正態分佈。

(2) 偏態分佈。偏態分佈是非對稱分佈,包括向右傾斜的右偏分佈和向左傾斜的左偏分佈。

2. J形分佈

J形分佈的特徵是「一邊小,一邊大」。即次數隨變量值的變化大多數集中在某一端的分佈,其次數分佈曲線形如J字。如圖3-1(c)所示,有兩種類型:

(1) 正J形分佈。表現為次數隨變量值增大而增多,大部分變量值集中分佈在右邊,如商品供應量隨市場價格上升而增多。

(2) 反J形分佈。表現為次數隨變量值增大而減少,大部分變量值集中分佈在左邊,如商品需求量隨市場價格上升而減少。

3. U形分佈

U形分佈的特徵是「兩頭大,中間小」,其次數分佈曲線形如U字,如圖3-1(d)所示,如隨年齡變化的人口死亡率的次數分佈呈U形分佈。

(三) 次數分佈的描述

通過對總體進行分組、歸類和整理後,所形成的次數分佈數列,可以初步顯示出總體次數分佈的一些特徵和規律。如果用圖形來表示這一總體次數分佈的結果,會更加形象和直觀。常用的顯示總體次數分佈的圖形有直方圖、折線圖、莖葉圖等,具體內容將在下一節中講述。

任務四 統計數據顯示

一、統計表

(一) 統計表的概念和作用

1. 統計表的概念

統計表是由縱橫交錯的線條繪製的一種表現統計數據資料的表格。廣義的統計表是指在統計工作中所使用的一切表格;狹義的統計表主要是指在統計匯總與整理過程中使用的表格。

2. 統計表的作用

統計表在實際運用中非常廣泛,其主要作用表現在:

(1) 統計表能清晰地表達統計數據資料的內容,使其更加條理化;

(2) 採用統計表敘述統計資料比用其他方式表述更加簡單易懂,使人一目了然;

(3) 統計表便於比較各項目之間的關係,而且便於計算和分析;

(4) 利用統計表易於檢查數字資料的完整性和正確性。

(5) 便於統計數據資料的累積。

(二) 統計表的構成

(1) 從形式上看:統計表由總標題、橫行標題、縱欄標題和數字資料四部分所組成。如表3-12所示。

總標題

表3-12　　2017年某市工業企業增加值資料

按經濟成分分組	企業數（個）	增加值（億元）
國有經濟	891	197.41
集體經濟	1 169	137.64
私有經濟	793	37.92
其他經濟	3 754	743.17
合　計	6 607	1 116.14

（橫行標題｜縱欄標題｜數字資料｜主詞｜賓詞）

總標題是統計表的名稱，它簡明扼要地說明全表的內容，一般位於表的上端中央。

橫行標題是各橫行的名稱，一般在表的左邊，用以列示總體或各組的名稱。

縱欄標題是各縱欄的名稱，一般在表的上方，用以說明總體各組的各項數字資料名稱。

數字資料是統計指標的數值，一般位於表的右下方，列在各橫行標題和縱欄標題的交叉處。

（2）從內容上看：統計表包括主詞和賓詞兩部分。

主詞就是統計表所要說明的總體或總體單位或各組的名稱，通常列在統計表的左邊。

賓詞是用來說明主詞的各種指標，包括指標的名稱和指標數值，通常列在統計表的右邊，見表3-12。

統計表還應註明時間和空間限制，列有必要的計量單位，如果全表的計量單位一致，一般列在表的右上方，如不一致，要列在縱欄標題。為了閱讀方便，統計表各欄可以編號。

（三）統計表的種類

統計表按主詞是否分組或分組的程度不同可分為簡單表、分組表、複合表。

（1）簡單表。簡單表是主詞未經任何分組的統計表，其主詞欄僅羅列總體單位的名稱或按時間先後順序排列。例如，統計表主詞按時間先後順序排列的簡單表，見表3-13。

表3-13　　　　　　　某企業2011—2015年銷售情況表

年份	銷售收入（萬元）
2011	5,000
2012	5,500
2013	6,500
2014	7,600
2015	9,000

又如，主詞由研究總體單位清單組成的一覽表，見表3-14。

表 3－14　　　　某地區 12 個企業勞動生產率和固定資產利用效益情況表

企業	經濟類型	職工人數（人）	固定資產原值（萬元）	產值（萬元）	人均固定資產（萬元）	人均產值（萬元）
1	國有	540	4,059	963.9	85.0	178.5
2	國有	500	3,060	864.0	72.0	172.8
3	國有	480	3,840	844.0	80.0	176.0
4	集體	420	3,036	621.6	80.0	148.0
5	其他	400	2,880	518.4	72.0	129.6
6	集體	360	2,700	445.5	75.0	123.8
7	其他	360	1,980	277.2	55.0	77.0
8	國有	350	2,380	368.9	68.0	105.4
9	集體	340	2,201	309.4	65.0	91.0
10	集體	250	1,060	192.0	64.0	76.8
11	其他	240	1,440	165.6	60.0	69.0
12	其他	200	1,160	110.2	58.0	55.1

（2）分組表。分組表是主詞按一個標誌進行分組的統計表。可以利用分組表來揭示現象的不同類型，反應總體的內部構成，分析現象之間的依存關係，如表 3－15 所示。

表 3－15　　　　某地區工業企業按固定資產原值分組的
勞動生產率和固定資產利用效益表

按固定資產原值分組（萬元）	企業數（個）	職工人數 人數（人）	職工人數 比重（％）	人均產值（萬元）	每百元固定資產產值（元）
200 以下	4	1,050	23.7	70.9	121
200～350	5	1,875	42.1	121.0	167
350～500	3	1,520	34.2	175.8	222
合計	12	4,445	100.0	128.0	170

（3）複合表。複合表是主詞按兩個或兩個以上的標誌進行複合分組的統計表。在一定的統計分析任務要求下，複合表可以把更多的標誌組合起來，更深入地分析社會經濟現象的特徵和規律性。表 3－16 是將表 3－15 資料重新分組，是將經濟類型和固定資產原值兩個標誌重疊起來進行複合分組。

表 3-16　　　　　　　　某地區工業企業按經濟類型和固定資產
原值分組的勞動生產率和固定資產利用效益表

按經濟類型和 固定資產原值分組 （萬元）	企業數 （個）	人均固定資產 （百元）	每百元固定 資產產值 （元）	人均產值 （百元）
國有	4	77.1	211.0	162.7
200～350	1	68.0	155.0	105.4
350～500	3	79.1	222.0	175.8
集體	4	72.0	158.9	114.5
200 以下	1	64.0	120.0	76.8
200～350	3	73.8	166.4	122.9
其他	4	62.2	143.6	89.3
200 以下	3	57.3	120.7	69.1
200～350	1	72.0	180.0	129.6
合計	12	71.5	179.0	128.0

在這裡的表3-14、表3-15、表3-16都是按同一個原始資料設計的，請注意簡單表、分組表和複合表之間的關係，特別是指標計算上的聯繫。

（四）統計表的設計

統計表的編製無論是主詞的內容，還是賓詞的配置都要目的明確，內容鮮明，使讀者能從表中看出研究現象的具體內容和情況，因此，在編製統計表時，首先要強調的要求是：簡明、緊湊、重點突出，避免過分繁瑣。要達到這個要求，在具體編製中，對統計表的設計應注意下面幾點：

（1）統計表的各種標題，特別是總標題的表達應該十分簡明、確切，概括地反應出統計表的基本內容。總標題還應該標明資料所屬的時間和空間。

（2）統計表中主詞各行和賓詞各欄，一般應按照先局部後整體的原則排列，即先列各個項目，後列總計。當沒有必要列出所有項目時，可以先列總計，而後列出其中一部分重要項目。

（3）統計表中必須註明數字資料的計量單位，當全表只有一種計量單位時，可以把它寫在表頭的右上方（如會計有關的表格），如果表中需要分別註明不同單位時，一般放在縱欄的標題上。

（4）表中數字應該填寫整齊，對準位數。當數字為0為或數字可以忽略不計時，要寫上0；當缺乏某項資料時用符號「…」表示；不應有數字時用符號「—」表示。

（5）統計表一般採用的是「開口」式，在表的左右兩端不封口。統計表的上下線要加粗，稱為上基線和下基線。

（6）統計表中如果欄數較多，習慣上對主詞各欄採用甲、乙、丙……次序編欄；對賓詞欄別採用1、2、3……次序編欄，若各欄統計指標之間有一定的計算關係，還可以用等式表示。

（7）對於需要特殊說明的統計資料，應在表下加註說明。編製完畢後，經有關人員審核，最後由填表人和單位負責人簽名蓋章，並加蓋公章，以示負責。

要編製實用、美觀的統計表，關鍵在於實踐，通過經常觀摩、動手繪製，才能熟練掌握。

二、統計圖

(一) 統計圖的概念和作用

統計圖是採用幾何圖形、事物的具體形象以及地圖等形式來繪製的,用以反應現象數量特徵和數量關係的各種圖形。利用統計圖來表現和分析統計數據的方法叫統計圖示法,它具有直觀、形象、鮮明和具體的特點,在現實生活中被廣泛使用。它的作用主要有:

(1) 統計圖是統計分析的一種重要工具。利用統計圖可以將複雜現象的數量特徵和數量關係,清晰而簡明地顯示出來。

(2) 統計圖是進行科學管理的一種有效手段。在日常的生產經營管理工作中,通過統計圖可以及時瞭解生產經營狀況和工作進度,掌握計劃執行的情況,科學有效地指揮生產經營。

(3) 統計圖是對群眾進行宣傳教育的良好形式。在宣傳教育工作中,利用統計圖直觀、形象、生動和通俗易懂的特點,進行形式教育,宣傳經濟建設成就,能夠取得良好的效果。

(二) 統計圖的種類

統計圖有很多類型,一般按其形式可分為幾何圖、象形圖和統計地圖。

1. 幾何圖

幾何圖是利用點、線、面、體來表現統計數據的圖形。具體有條形圖、線形圖、圓形圖、散點圖等。如圖3－2是某企業產品產量隨時間變化的散點圖。散點圖有助於確定兩個變量之間是否有某種關係,可用於動態分析和相關分析。

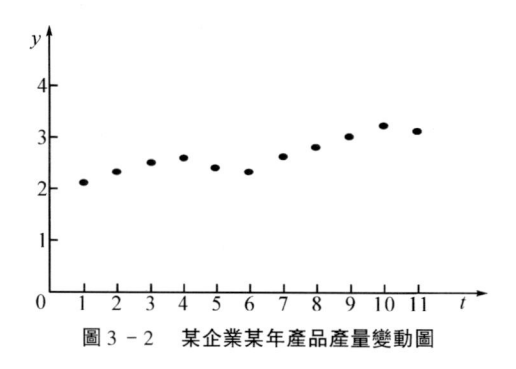

圖3－2　某企業某年產品產量變動圖

2. 象形圖

象形圖是以事物的實物形象來表現統計數據的內容,以圖形的大小、多少來表明數值多少的統計圖形。如圖3－3,具體生動地反應了某地區的電腦銷售量。

3. 統計地圖

統計地圖是指在地圖上利用點、線、形、色等顯示統計數據在空間上的分佈狀況的圖形。如圖3－4,用不同的顏色顯示中國人口分佈的稠密程度。

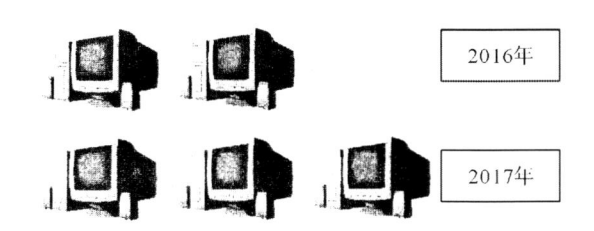

（每一圖案代表10萬臺）

圖3-3　某地區電腦年銷售量

圖3-4　中國人口密度分佈圖

★知識連結

洛倫茨曲線與基尼系數

　　20世紀初義大利經濟學家基尼，根據洛倫茨曲線找出了判斷分配平等程度的指標，即基尼系數或稱洛倫茨系數。基尼系數為0，表示收入分配完全平等；系數為1，表示收入分配絕對不平等。該系數可在0和1之間取任何值。聯合國有關組織規定：基尼系數若低於0.2表示收入絕對平均；0.2～0.3表示比較平均；0.3～0.4表示相對合理；0.4～0.5表示收入差距較大；0.6以上表示收入差距懸殊。2008年中國基尼系數已接近0.5，收入分配的不平等已經引起社會高度關注。

（三）統計圖的繪製原則

　　統計圖是說明和領會統計數據的一個簡單而有效的方式，它給人以形象、生動的效果。為提高圖示的效果，繪製統計圖應遵循以下基本原則：

　　（1）圖示的內容要簡明扼要。一張統計圖不宜過於繁雜，力求簡明易懂。圖示的標題、數字單位以及文字說明，都應簡要清晰，一目了然，便於交流。

　　（2）圖示的形式要生動鮮明。統計圖有各種各樣的表現形式，要根據圖示資料的性質選

擇圖形。在如實反應客觀情況的前提下，可以美化、裝飾，採用醒目的線條或形象，書寫工整、大方，以提高圖形的表達效果。

（3）圖形的設計要科學。圖形要根據精確的統計數據進行精密繪製，避免由於繪製粗糙而發生差錯。防止在表現方法上造成錯覺，要做到圖示準確、數據分明、表現真實。

三、統計數據顯示的實例

【例3.2】某高等職業學院會計系某班共有50人，統計基礎期末考試成績資料，通過統計整理，編製分配數列如表3－11，能夠初步顯示對統計數據的整理。但在進行統計分析時，有時需要觀察某一數值以下或某一數值以上的次數或頻率之和，因此還需要計算累計次數或累計頻率。累計次數或累計頻率的編製方法有向上累計和向下累計兩種，以表3－11資料編製表3－17累計次數及累計頻率表。

表3－17　　　　某班學生統計基礎期末考試的累計次數及累計頻率

考試成績（分）	人數（人）	比重（％）	向上累計 人數（人）	向上累計 比重（％）	向下累計 人數（人）	向下累計 比重（％）
60以下	4	8	4	8	50	100
60～70	10	20	14	28	46	92
70～80	18	36	32	64	36	72
80～90	12	24	44	88	18	36
90～100	6	12	50	100	6	12
合計	50	100	—	—	—	—

向上累計次數及頻率，是由變量值小的組向變量值大的組累計，此時每組的累計次數或累計頻率表示該組上限以下的次數或頻率之和。在表3－17中第三組「70～80」向上累計次數及頻率分別為32和64%，表示該班學生統計基礎期末考試在80分以下的有32人，占全班人數的64%。

向下累計次數及頻率，是由變量值大的組向變量值小的組累計，此時每組的累計次數或累計頻率表示該組下限以上的次數或頻率之和。在表3－17中第三組「70～80」向下累計次數及頻率分別為36和72%，表示該班學生統計基礎期末考試在70分以上的有36人，占全班人數的72%。

統計數據除了使用表示法外，還常使用圖示法。常用的有直方圖、折線圖和莖葉圖。

（1）直方圖（Histogram），是用矩形的寬度和高度來表示頻數分佈的圖形。在平面直角坐標系中，通常用橫軸表示數據分組，縱軸表示頻數或頻率。這樣，各組與相應的頻數就形成了一個矩形，即直方圖。比如，根據表3－17中的頻數分佈繪成的直方圖，如圖3－5所示。

從直方圖可以直觀地看出某班學生統計基礎期末考試在不同分數區間人數的分佈狀況。

對於等距分組的數據，我們可以用矩形的高度直接表示頻數的分佈。如果是不等距分組

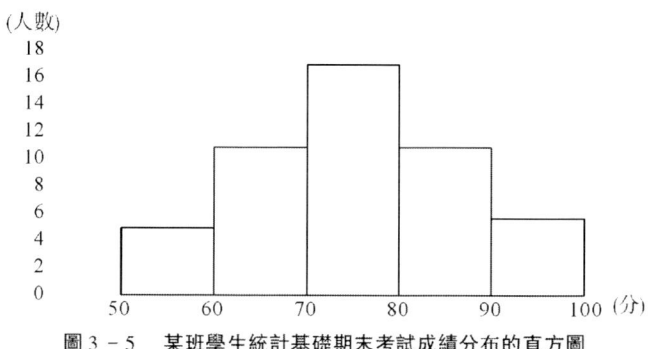

項目三 數據整理

圖3-5 某班學生統計基礎期末考試成績分布的直方圖

數據,用矩形的高度來表示各組頻數的分佈就不再適用。這時,如果我們不是用矩形的高度而是用矩形的面積來表示各組的頻數分佈,即根據頻數密度來繪製直方圖,就可以準確地表示各組數據分佈的特徵。實際上,無論是等距分組數據還是不等距分組數據,用頻數密度來表示各組的頻數分佈更為合適,因為這樣可使直方圖下的總面積等於1。比如在等距分組中,矩形的高度與各組的頻數成比例,如果取矩形的寬度(各組組距)為一個單位,高度表示比例(頻率),則直方圖下的總面積等於1。在直方圖中,實際上是用矩形的面積來表示各組的頻數分佈。

(2) 折線圖(Frequency Polygon),它是在直方圖的基礎上,把直方圖頂部的中點(組中值)用直線連接起來,再把原來的直方圖抹掉就是折線圖。需要注意,折線圖的兩個終點要與橫軸相交,具體的做法是將第一個矩形的頂部中點通過豎邊中點(該組頻數一半的位置)連接到橫軸,最後一個矩形頂部中點與其豎邊中點連接到橫軸。這樣才會使折線圖下所圍成的面積與直方圖的面積相等,從而使二者所表示的頻數分佈一致,如圖3-6所示。

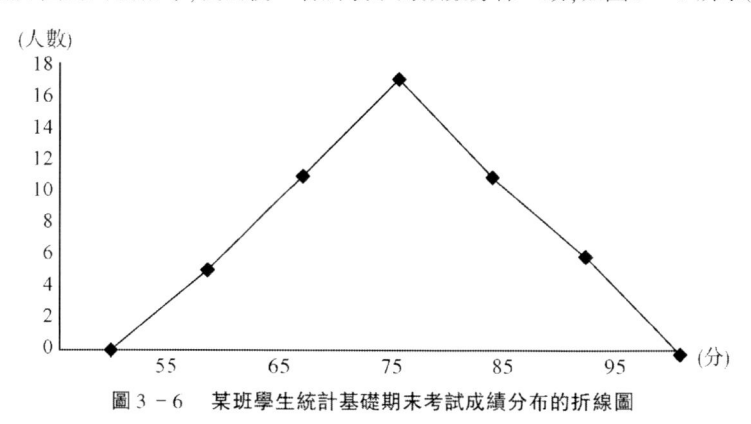

圖3-6 某班學生統計基礎期末考試成績分布的折線圖

當對數據所分的組數很多時,組距會越來越小,這時所繪製的折線圖就會越來越光滑,逐漸形成一條平滑的曲線,這就是頻數分佈曲線。統計曲線在統計學中有著十分廣泛的應用,是描述各種統計量和分佈規律的有效方法。

(3) 莖葉圖(Stem and Leaf Display),是一種既能給出數據的分佈狀況,又能給出每一

個原始數值示意圖形。它能較好地解決直方圖雖然可從總體上看出一組數據的分佈狀況，但沒有給出具體的數值的問題。莖葉圖由「莖」和「葉」兩部分構成，其圖形是由數字組成的示意圖。通過莖葉圖，可以看出數據的分佈形狀及數據的離散狀況，比如，分佈是否對稱，數據是否集中，是否有極端值等。

繪製莖葉圖的關鍵是設計好樹莖，通常是以該組數據的前幾位數值作為樹莖，最後一位數為葉。樹莖一經確定，樹葉就自然地長在相應的樹莖上了。我們以表3-17的數據來繪製莖葉圖，如圖3-7所示。

樹莖	樹葉	數據個數
3	6	1
4	2	1
5	2 2	2
6	0 3 4 5 5 6 8 8 9	10
7	0 0 2 2 4 4 5 5 5 6 6 6 6 7 8 8 9	18
8	0 0 1 2 4 6 7 7 8 8 9	12
9	0 4 5 6 6 7	6

圖3-7　某班學生統計基礎期末考試成績分佈的莖葉圖

用莖葉圖可以直觀、形象、全面地反應出總體數據的次數分佈狀況，但是製作不是很方便，尤其是總體的數據量比較大時更為不便，所以，在統計實際工作中運用不是太多。

對於上述資料，我們還可以用箱線圖來顯示。箱線圖是由一個箱子和兩條線段組成。其繪製的方法是：首先找出五個特徵值，即數據的最大值、最小值、中位數和兩個四分位數（中位數是將數據排序後處在中間位置的變量值，四分位數是處在數據25%和75%位置上的兩個值，分別稱為上、下四分位值）；其次連接兩個四分位數畫出箱子；最後將兩個極值點與箱子用線段相連接。上例中最大值為97、最小值為36、中位數為76、上四分位數為68、下四分位數為85，依據這五個特徵值繪製箱線圖如圖3-8所示。

最小值　　下四分位數　中位數　上四分位數　最大值

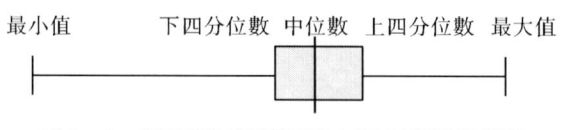

圖3-8　某班學生統計基礎期末考試成績的箱線圖

通過箱線圖的形狀，也可以看出數據分佈的特徵。該例呈左偏分佈，且存在極小值。

本章小結

本章研究統計整理的意義、步驟和內容，包括統計整理的概述、統計分組、分配數列和統計數據的顯示四個方面的內容。具體包括：

1. 統計整理的概述

主要包括：① 統計整理的意義；② 統計整理的內容；③ 統計資料的審核；④ 統計資料的匯總。較為系統地講述了統計整理的意義、作用、內容，資料的審核方法和資料的匯總方法。

2. 統計分組

主要包括:① 統計分組的意義;② 分組標誌的選擇;③ 統計分組的種類。系統講述了統計分組的概述、作用或任務;如何選擇分組標誌,在若干個標誌中怎樣確定分組標誌,並且隨著條件變化分組標誌應如何變化;如何進行品質分組和變量分組;如何進行簡單分組和複合分組。

問題思考

1. 什麼是統計整理?有何意義?
2. 統計整理的步驟有哪些?
3. 什麼是統計分組?有何作用?
4. 如何正確選擇分組標誌?
5. 統計表由哪幾個部分組成?製作時應注意哪些問題?
6. 什麼是統計圖?有哪些類型?

項目四　綜合指標分析

本章教學要點概覽

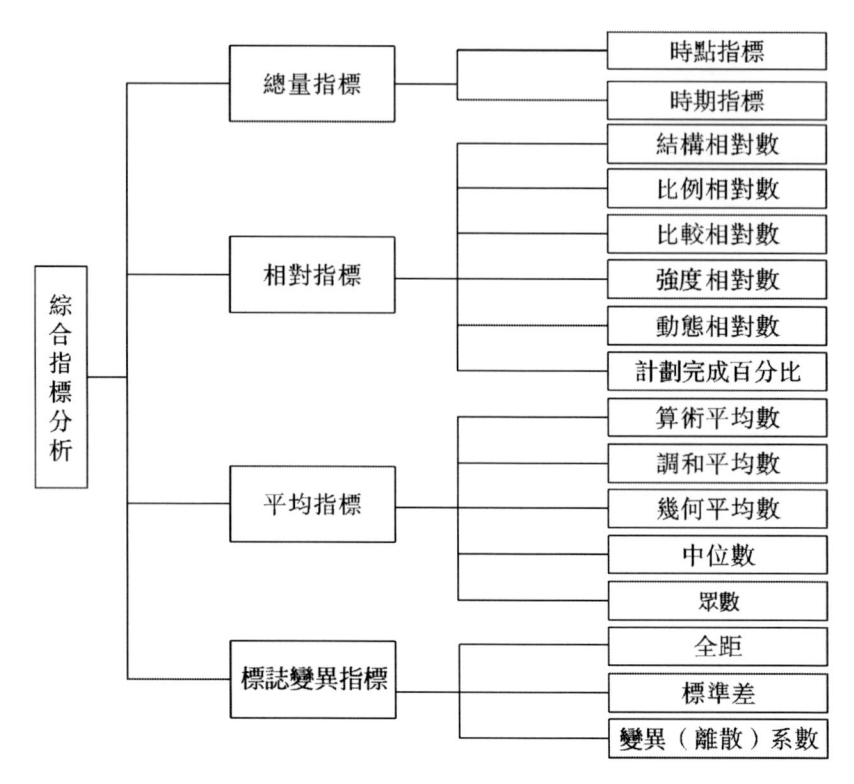

```
                            ┌── 時點指標
                 ┌─ 總量指標 ─┤
                 │           └── 時期指標
                 │
                 │           ┌── 結構相對數
                 │           ├── 比例相對數
                 │           ├── 比較相對數
                 ├─ 相對指標 ─┼── 強度相對數
  綜合指標分析 ──┤           ├── 動態相對數
                 │           └── 計劃完成百分比
                 │
                 │           ┌── 算術平均數
                 │           ├── 調和平均數
                 ├─ 平均指標 ─┼── 幾何平均數
                 │           ├── 中位數
                 │           └── 眾數
                 │
                 │           ┌── 全距
                 └─ 標誌變異指標 ┼── 標準差
                                 └── 變異（離散）系數
```

【情境導入】

總體的特徵可以通過各種數據表現出來，這些數據可以是總量指標、相對指標和平均指標。所以分析統計數據，反應總體數量特徵必須學會統計相關指標的計算和分析。

案例　2018年2月某電視機廠對某品牌平板電視機讓利700元，如果消費者要知道該品牌電視機的價格的折扣率，則還需要哪些數據呢？

分析:要計算價格的折扣率,則還需要知道參加活動的平板電視機報價,商品價格不同,折扣率不同。該平板電視機的價格為 3,080 元,最終成交價格 2,380 元,價格折扣率為 77.27%。從這個實例中我們可以知道,要反應廠商對商品的讓利幅度,僅有總量指標是不夠的。

本章教學內容提示

　　本章是介紹統計工作的第四階段:統計分析,即對統計數據進行分析的有關內容。通過統計整理已經將數據分佈狀況和特徵初步呈現,並對數據的變化規律有了一個大致的直觀瞭解,而統計數據分析是要計算各種綜合指標,進一步描述總體數據分佈變化的規律,從而對數據分佈的規律有更深的認識。

任務一　總量指標

一、總量指標的涵義、作用和計量單位

(一) 總量指標的涵義及作用

　　總量指標是以絕對數形式來反應現象在一定時間、地點和條件下的總規模、總水準的綜合指標,又稱為統計絕對數。它是數據外延規模的絕對量數值,表明現象大小、多少的總量。總量指標一般是在統計調查和統計整理過程中直接得到的,也有一些是根據已知的有關數據通過各種方法間接推算出來的。它的特點是其數值大小隨著所研究總體範圍的大小而呈同方向變化,即數值大小隨總體外延範圍的大小而增減,是說明總體範圍大小的絕對數量。

　　2017 年全年國內生產總值 827,122 億元;全年糧食產量 61,791 萬噸,比上年增加 166 萬噸;全年全社會固定資產投資 641,238 億元,全年社會消費品零售總額 366,262 億元;年末全國內地總人口 139,008 萬人,比上年末增加 737 萬人。

　　總量指標是統計的基礎數據,在實際統計工作中應用廣泛。其作用主要有:

　　(1) 總量指標是從數量上認識事物的起點。例如,我們要認識一個國家或地區的基本狀況,首先必須知道在一定時期,這個國家或地區的人口數、土地面積、糧食產量、國內生產總值等,這些指標都是總量指標。

　　(2) 總量指標是制定方針政策、編製計劃、實行科學管理的重要依據。例如,國家要制定有關貨幣發行量、存貸款利率、固定資產投資規模等金融和財政政策時,必須要掌握貨幣流通量、居民儲蓄存款餘額、全社會固定資產投資總額等一系列總量指標。

　　(3) 總量指標是計算相對指標和平均指標的基礎。相對指標和平均指標一般是由兩個有關係的總量指標對比計算出來的,是總量指標的派生指標。總量指標的質量是否有保證,其計算是否科學、合理,會直接影響相對指標和平均指標的準確性。

(二) 總量指標的計量單位

　　總量指標是客觀存在的,是具有一定內容的數值,因此它具有相應的計量單位。總量指

標的計量單位一般分為實物單位、價值單位和勞動量單位三種。

1. 實物單位

實物單位是根據事物的自然屬性和特點度量其數值的計量單位,反應社會經濟現象的使用價值。常用的有:

(1) 自然單位。它是按照被研究現象的自然狀態來度量其數量的一種計量單位,如汽車按「輛」、輪船按「艘」、牲畜按「頭」計量等。

(2) 度量衡單位。它是按統一的度量衡制度規定的單位來計量事物數量的一種計量單位。如在計量事物重量時以「千克」、「噸」為單位計量,計量長度時以「米」、「千米」為單位計量等。

(3) 雙重單位或複合單位。它是指將兩個或兩個以上的單位結合使用形成的一種計量單位。雙重單位如電機用「千瓦/臺」表示;複合單位如貨運量以「噸千米」表示(它是貨運量與運輸距離的乘積);客運量按「人次」計量等。

(4) 標準實物單位。它是按統一折算的標準來度量被研究現象數量的一種計量單位,目的是解決使用價值有差異的同類事物的加總問題。如某拖拉機廠生產 100 輛 15 馬力(1 馬力 = 735.499 瓦)的拖拉機、200 輛 90 馬力的拖拉機,不能簡單說它生產了 300 輛拖拉機,一般常以 15 馬力為標準實物單位。其折算公式為:

標準實物量 = 實物量 × 折合系數

即以 15 馬力為標準進行折合,該拖拉機廠的產量為:

標準實物量 = 100 × 15 ÷ 15 + 200 × 90 ÷ 15 = 1,300(臺)

另外,對各種不同發熱量的煤常以 7,000 大卡/千克為標準單位折合為標準煤。

2. 貨幣單位

貨幣單位是以貨幣作為價值尺度計量社會物質財富或勞動成果的一種計量單位。常用的有元、千元、萬元、億元等。由於貨幣單位作為價值尺度具有較強的綜合能力,因此被廣泛地應用於社會經濟統計中,如財政收入總額、國內生產總值、社會商品零售額、利稅總額等。

3. 勞動量單位

勞動量單位是以勞動時間來表示的一種計量單位,也是一種複合單位,一般用工時、工日表示。一個工人做一小時工,稱為一個工時,8 個工時等於一個工日。這種單位在工業企業的會計核算中應用較多。

二、總量指標的種類

總量指標按照不同的標準劃分,有不同的分類。一般從三個角度劃分:

(一) 總量指標按其所反應的內容不同分類

1. 總體單位總量

總體單位總量簡稱單位總量,是指總體中單位的總個數,通常用 N 來表示。它是用來反應總體本身規模大小的,也稱「總體總量」。當調查某省高校學生的基本信息時,該省高校總個數就是總體單位總量,而該省高校的學生總數、男女生比例、專業分佈、就業率等就是標誌總量。

表 4 - 1　　　　　　　　　　　某車間工人日產量資料

日產量(件)變量值(x)	工人數(人)頻數(f)	各組工人人數比重(%)頻率($\frac{f}{\sum f}$)	日產量 × 工人數(件)變量值總量($x \cdot f$)

表4-1(續)

日產量(件)變量值(x)	工人數(人)頻數(f)	各組工人人數比重(%)頻率($\frac{f}{\sum f}$)	日產量 × 工人數(件)變量值總量($x \cdot f$)
12	10	6.25	62.50
13	20	12.50	250.00
14	30	18.75	562.50
15	40	25.00	1,000.00
16	30	18.75	562.50
17	20	12.50	250.00
18	10	6.25	62.50
合計	160	100.00	2,750.00

2. 總體標誌總量

總體標誌總量簡稱標誌總量,是指總體中各單位某一數量標誌值的總和。如上例,當該省高校總個數這個總體單位總量出現後,那麼反應該總體各單位的其他數量標誌值的總和都是總體標誌總量。若以某車間為總體,總體單位總量和總體標誌總量的計算如表4-1所示。

該車間的總體單位總量為160人,總體標誌總量為2,750件。這二者都是通過統計整理匯總得到的兩個總量指標。應當注意的是:一個總體一經確定,其總體的單位數(頻數)就固定了,即總體單位總量是唯一的。而一個總體內各單位可以有許多不同的統計變量,任何一個變量的各變量值之和都能形成該變量的標誌總量。因此,一個總體內標誌總量不是唯一的,可以有許多個,如生產工人日產量總和是一個標誌總量,工人的工資總額也是一個標誌總量等。

(二) 總量指標按其所反應時間狀況不同分類

總量指標按其所反應的時間狀況不同,可分為時期指標和時點指標。

1. 時期指標

時期指標是反應現象在一段時期內發展過程的總和,比如一定時期的物資銷售額、產品產量、國內生產總值等。其特點如下:

(1) 時期指標可以累計相加。累加的結果表示更長一段時間內事物發展過程的總數量。例如,一年的產量是本年度四個季度的產量之和,一年的銷售量是十二個月的銷售量之和等。

(2) 時期指標數值的大小與計算時期的長短有直接的關係。例如,全年的產量肯定要比本年度任何一個季度的產量都要大,一季度的產量也比本季度任何一個月份的產量要大。

(3) 時期指標的數值是連續登記、累積的結果,一般是通過經常性調查取得。

2. 時點指標

時點指標是反應現象在某一時刻上的總量,比如人口數、商品的庫存額、企業數、固定資

產原值等。其特點如下：

(1) 各時點指標不能累計相加，累加結果無實際意義。例如，不能將某校全年各月初或各月末的學生人數相加，來作為本年度該校的全部學生人數以反應其規模。

(2) 時點指標數值的大小與時間間隔長短沒有直接關係。例如，某企業某種物資的庫存量年末數不一定大於本年第一季度末的數字，而第一季度末的數字也不一定大於當季第一個月末的數字。

(3) 時點指標的數值是間斷計數的，因為不必要或者不可能對每一時點（瞬間）的數量進行登記，通常是通過一次性調查來完成的。

對於時期指標與時點指標概念的區別應從其特點入手，進行分析研究。

(三) 總量指標按其計量單位不同分類

總量指標按其計量單位不同，分為實物指標、價值指標和勞動量指標。

1. 實物指標

實物指標是以實物單位計量的總量指標，用於反應現象使用價值的總量。其最大特點就是能直接反應產品的使用價值或現象的具體內容，具體表明事物的規模和水準。它的局限性在於其綜合性較差，不能綜合反應多種不同類事物的總規模、總水準。例如，我們就不能用一個實物指標來反應中國某年所有的工業產品總產量。

2. 價值指標

價值指標是以貨幣單位計量的總量指標，用來反應現象的價值總量，如工農業總產值、商品銷售額、工資總額、產品總成本等。價值指標的最大特點在於它代表一定的社會必要勞動量，因此具有最廣泛的綜合性和概括能力，對不同產品的產值，不同商品的銷售額等都是可以相加的。價值指標也有它的局限性，即該指標脫離了物質內容，比較抽象。因此，在實際工作中，價值指標應該和實物指標結合起來使用，才能比較全面地認識問題。

3. 勞動量指標

勞動量指標是以勞動量單位計量的總量指標。它是將生產各種產品所消耗的勞動量相加得到的勞動消耗總量，即總工時或總工日，可用來綜合反應企業生產各種不同產品的工作總量。

任務二　相對指標

一、相對指標的涵義、作用和表現形式

(一) 相對指標的涵義及作用

相對指標又稱統計相對數或相對數，是用兩個有聯繫的統計指標數值之比，來反應現象間的聯繫和對比關係。如統計工作中常用的計劃完成程度、結構、比例等都是相對指標。如2017年中國總人口中，男性占51.27%，女性占48.73%，人口出生率為12.43‰，死亡率為7.11‰，自然增長率為5.32‰，總人口性別比105.20∶100，戶籍人口城鎮化率為42.35%，全

國農民工人均月收入 3485 元,以上指標都屬於相對指標。

相對指標是統計分析中廣泛應用的一個重要指標。其主要作用為:

(1)相對指標能夠表明現象的相對水準、普遍程度以及比例關係等。例如國民經濟發展速度、投入與產出的比例關係、產業結構等都可以應用相對指標加以反應和研究。

(2)相對指標能比總量指標更清楚地反應事物之間的對比關係,為深入分析事物的性質提供依據。如對於工作的好壞、程度的大小、進度的快慢等類問題,只有利用相對指標才能做出清楚說明。

(3)相對指標能夠為不能直接對比分析的總量指標提供可以比較的基礎。相對指標是將現象從具體差異中抽象出來,使一些不能直接對比的總量指標找到可比的基礎,從而準確判斷事物之間的差別程度。例如,比較兩個營業額不同商店的流通費用節約情況,僅以費用額支出多少進行評價難以說明問題。因為流通費用的大小直接受營業額多少的影響,而採用相對指標——流通費用率對比,則可以做出正確判斷。

(二)相對指標的表現形式

相對指標能表明社會經濟現象和發展過程的數量對比關係。其基本計算公式為:

$$相對指標 = \frac{比數}{基數}$$

相對指標的表現形式有無名數和有名數兩種:

1. 無名數

無名數是一種抽象化的數值,也是相對指標最常見的表現形式,多以系數、倍數、成數、百分數、千分數表示。

(1)系數和倍數。系數和倍數是將基數抽象化為 1 而計算出來的統計相對數;當對比的兩個數相差不多時,用系數表示;當比數較基數大很多時,用倍數表示。

(2)成數。成數是將基數抽象化為 10 而計算出來的相對指標。一成就是 1/10。

(3)百分數。百分數是將基數抽象化為 100 而計算出來的相對指標。百分數是相對指標中最常用的一種表現形式,如計劃完成相對數為 110%,企業所得稅率 25% 等。在對比分析時,有時要用到百分點,百分點是指兩個以百分數表示的相對指標進行對比時,1 個百分點是指差距為 1%。

(4)千分數。千分數是將基數抽象化為 1,000 而計算出來的相對指標。它適應於比數較基數小很多的情況,如人口出生率、死亡率等。

2. 有名數

有名數是相對指標的另一種表現形式,主要用來表現強度相對指標的數值。它是將相對指標中的分子、分母指標數值的計量單位同時使用以表明事物的密度、強度和普遍程度。由於是用雙重計量單位表示,因此又叫復名數,如人口密度為人/平方千米,人均國內生產總值為元/人等。

☆ 知識連結

「百分數」與「百分點」

百分數是用 100 做分母的分數，在數學中用「%」來表示，在文字表述中用「百分之幾」表述。運用百分數要注意概念的準確，如「比過去增長 20%」，即過去為 100，現在是「120」；「比過去降低 20%」，即過去是 100，現在是「80」；「降低到原來的 20%」，即過去是 100，現在是「20」。

百分點是指不同時期以百分數形式表示的相對指標的變動幅度。例如，某地國內生產總值中，第三產業的比重由 2016 年的 39.4% 下降到 2017 年的 39.1%。我們可以說：2017 年第三產業占國內生產總值的比重同比下降了 0.3 個百分點 (不能說下降了 0.3%)。

二、統計相對數的種類及計算方法

統計相對數按其研究的目的和對比標準不同，可分為計劃完成相對指標、結構相對指標、比例相對指標、比較相對指標、強度相對指標和動態相對指標六種。現分別說明如下：

（一）計劃完成相對指標

計劃完成相對指標又稱計劃完成程度指標，簡稱計劃完成「%」。它是將同一時期實際完成數與計劃任務數對比，用以反應計劃完成情況的綜合指標。一般以百分數表示。其基本公式是：

$$計劃完成相對指標 = \frac{實際完成數}{計劃任務數} \times 100\% \tag{4.1}$$

由於計劃指標的表現形式有三種：絕對數、相對數和平均數，所以上述基本公式的應用有三種情況。

1. 根據絕對數計算計劃完成相對數。

（1）計劃完成程度的計算。這種情況是實際完成數與計劃任務數屬於同一時期，而且時期長度相等。其公式是：

$$計劃完成程度 = \frac{實際完成數}{計劃規定數} \times 100\% \tag{4.2}$$

【例 4.1】2017 年某企業總產出計劃 4,000 萬元，實際完成 4,100 萬元，則：

總產出計劃完成程度 $= \frac{4,100}{4,000} \times 100\% = 102.5\%$

超額完成計劃 (%) $= 102.5\% - 100\% = 2.5\%$

絕對差額 $= 4,100 - 4,000 = 100$ (萬元)

計算表明 2017 年該企業實際總產出超過計劃 2.5%，從而使總產出絕對值比計劃增加了 100 萬元。

（2）計劃執行進度的檢查。這種情況是實際完成數與計劃任務數的時期長度不相等，實際完成數是分階段統計的。其公式是：

$$計劃執行進度 = \frac{期初至報告期止累計完成數}{計劃期總數} \times 100\% \tag{4.3}$$

【例 4.2】2017 年某商場全年銷售計劃為 2,000 萬元，假如截至第三季度末實際完成

1,480萬元。則：

$$計劃完成進度 = \frac{1,480}{2,000} \times 100\% = 74\%$$

計劃完成進度不能以100%為完成計劃的標準,而應該與時間進度一致。比如,1~6月累計應完成全年計劃的50%,1~9月累計應完成全年計劃的75%等。

計算結果表明:前三季度未完成計劃進度,第四季度必須搞好促銷工作,才能夠完成全年的銷售計劃。

2. 根據相對數計算計劃完成相對數

在經濟管理中,有許多計劃任務是用相對數表示的,如計劃成本降低率、勞動生產率提高率等。對這些計劃任務完成程度的考核有兩種方法:

(1)對比法。它是用實際與計劃對比來考核計劃完成程度。這種形式的計算,一般適用於考核各種社會經濟現象的增長率、降低率的計劃完成情況。它們不能直接對比,總是在原來基礎上的提高或降低。因此,在計算時,計劃數和實際數都是要把增長百分數前添上「+」號,降低百分數前添上「-」號,然後在此基礎上加100%(或1),才能加以對比。

【例4.3】某企業2017年規定總產出比上年提高8%,實際執行結果是比上年提高12%。則：

$$該企業總產出計劃完成\% = \frac{1+12\%}{1+8\%} = \frac{112\%}{108\%} = 103.7\%$$

計算結果表明,該企業總產出實際比計劃超額3.7%,即103.7% - 100% = 3.7%。

【例4.4】某企業2017年生產某產品,計劃單位成本要降低8%,實際降低了9%,則:

$$產品單位成本計劃完成\% = \frac{1-9\%}{1-8\%} = \frac{91\%}{92\%} = 98.91\%$$

計算結果表明,該產品單位成本計劃超額完成1.09%(成本節約了1.09%),即98.91% - 100% = -1.09%。

(2)差額法。直接用實際數與計劃數相減,來說明計劃完成的情況。如上面兩個例子用差額法計算則為:12% - 8% = 4%,計算結果表明該企業總產出實際比計劃多提高4個百分點;9% - 8% = 1%。計算結果表明,該產品單位成本實際比計劃多降低1個百分點。

上面兩個方法的計算結果不同,說明的問題也不同。前者說明的是計劃完成程度,後者只是檢查和評價是否完成計劃。

3. 根據平均數計算計劃完成相對數

$$計劃完成相對指標 = \frac{實際平均水準}{計劃平均水準} \times 100\% \tag{4.4}$$

【例4.5】某企業生產A產品計劃每個工人平均日產量為50件,實際每人日均產量為60件。則：

$$勞動生產率計劃完成\% = \frac{60}{50} = 120\%$$

計算結果表明超額20%完成計劃。

對計劃完成程度的評價是大於100%,還是小於100%為超額完成計劃,要根據計劃指

標的性質和內容決定。反應工作成果的指標是以最低限額提出的,如產品產量、商品銷售額等,它們的計劃完成相對指標等於或大於100%,表示完成或超額完成計劃;反應人、財、物耗費的指標是以最高限額提出的,如生產成本、商品流通費用水準等,當計劃完成相對指標小於100%時,是節約成本費用,為超額完成計劃。

4. 中長期計劃完成情況檢查

中長期計劃完成情況的檢查,是指對國民經濟5年計劃或更長期計劃完成程度的考核。由於國民經濟計劃是以5年計劃下達,因此主要對5年計劃完成程度進行考核。5年計劃指標有兩種規定,所以考核計劃執行情況就有兩種方法,即水準法和累計法。

(1) 水準法。水準法的計劃只規定計劃期最後一年應達到的水準,如產品產量、商品零售額等指標就是用水準法規定的。計算公式為:

$$計劃完成\% = \frac{計劃期最後一年實際達到的水準}{計劃期最後一年應達到的水準} \times 100\% \tag{4.5}$$

【例4.6】「十二五」期間,某企業計劃規定最末一年(2015年)甲產品產量應達到3,000萬噸,而實際達到了3,500萬噸。則:

$$甲產品產量計劃完成\% = \frac{3,500}{3,000} \times 100\% = 116.7\%$$

計算結果表明:該企業甲產品產量超額16.7%完成計劃。

在超額完成計劃時,還要計算提前完成任務時間。

水準法規定:只要連續一年(可跨年度)的時間實際完成數達到計劃規定的任務,以後時間即為提前完成計劃時間。如上例,假設該企業從2014年4月份到2015年3月份連續一年的時間實際產量已達到3,000萬噸,則認為到這一時間止已完成計劃,2015年4月到2015年底的9個月時間就是提前完成計劃的時間。

(2) 累計法。累計法的計劃是規定計劃期累計應完成的工作總量或應達到的總水準,如基建投資額、植樹造林面積等指標都是用累計法規定的。計算公式為:

$$計劃完成\% = \frac{計劃期累計實際完成工作總量}{計劃期累計應完成工作總量} \times 100\% \tag{4.6}$$

【例4.7】某地區「十二五」計劃規定基建投資應完成520億元,5年內實際累計完成540億元。則:

$$基建投資額計劃完成\% = \frac{540}{520} \times 100\% = 103.8\%$$

計算結果表明該地區超額3.8%完成基建投資計劃。

累計法也要計算提前完成計劃的時間,它是用計劃期全部時間減自計劃執行之日起累計實際數量達到計劃任務止的時間,剩餘的時間即為提前完成計劃時間。如上例,若2015年8月底基建投資累計達到520億元,則提前4個月完成「十二五」的基建投資計劃。

(二) 結構相對指標

結構相對指標是在統計分組基礎上,將總體區分為不同性質的各部分,以部分數值與總體全部數值對比求得的比重或比率,來反應總體內部組成狀況的綜合指標,一般用百分數表示。其計算公式為:

項目四　綜合指標分析

$$結構相對指標 = \frac{總體部分數值}{總體全部數值} \times 100\% \quad (4.7)$$

結構相對指標的特點有：① 只有在統計分組基礎上，才能計算結構相對指標；② 分子、分母指標必須為同一總體的總量指標，而且同一總體各結構相對指標之和必須為100%或1；③ 由於是總體的部分數值與全部數值之比，因此分子、分母不能互換位置。

結構相對數在統計分析中應用廣泛，常用來反應總體各組成部分的構成及其變動，以認識事物的規律性，如產品的合格率、廢品率；學生的出勤率、及格率；累積額占國民收入的比重等。

【例4.8】通過表4－2的資料說明某地區產業結構及變動情況。

表4－2　　　　　　　　某地區產業結構及變動表

項目	2016年 總值(億元)	2016年 比重(%)	2017年 總值(億元)	2017年 比重(%)
國內生產總值(GDP)	536.49	100.0	593.64	100.0
第一產業	63.19	11.8	70.42	11.9
第二產業	240.28	44.8	270.35	45.5
第三產業	233.02	43.4	252.87	42.6

從上表可以看出，該地區第二產業和第三產業所占比重較大，2017年與2016年比較，第一產業基本持平，第二產業的增長快於第一產業。

☆知識連結

恩格爾定律與恩格爾係數

19世紀德國統計學家恩格爾根據統計資料對消費結構的變化進行研究，得出了一個規律：一個家庭收入越少，家庭收入(支出)中用於購買食物所占比例就越大；收入增加，這個比例呈下降趨勢。

$$恩格爾係數 = \frac{食物支出金額}{總支出金額}$$

恩格爾係數是表示國民生活水準高低的一個指標。一個國家越窮，恩格爾係數越大；隨著國家的富裕，恩格爾係數呈下降趨勢。

聯合國糧農組織提出的標準是恩格爾係數在59%以上為貧困，50%～59%為溫飽，40%～50%為小康，30%～40%為富裕，低於30%為最富裕。中國城鎮和農村居民家庭恩格爾係數已由1978年的57.5%和67.7%分別下降到2008年的37.1%和36.7%。

（三）比例相對指標

比例相對指標是以總體內部一部分數值與另一部分數值之比，來反應總體內部各個組成部分之間數量對比關係的綜合指標。計算公式為：

$$比例相對指標 = \frac{總體中某一部分數值}{總體中另一部分數值} \quad (4.8)$$

比例相對指標通常用比的形式表示，如第六次人口普查(2010年)中國男女比例為105.2：100；有時還用百分數、倍數表示。如上例男性為女性的1.05倍或105.20%。

比例相對指標的特點是：① 統計分組是前提；② 要求分子、分母的數值是同一時間、同一總體的部分數值；③ 分子、分母可以互換位置。

在反應社會經濟現象中有許多比例關係，如人口的性別比、累積與消費的比例、農輕重的比例、三次產業的比例等。對一些重大的比例關係，還可以用連比形式。

【例4.9】某市2017年第一、二、三產業GDP分別為376.3億元、496.2億元、687.5億元，那麼該市2017年第一、二、三產業GDP的比例相對指標是：

第一、二、三產業GDP的比例關係為：376.3：496.2：687.5 = 1：1.32：1.83

（四）比較相對指標

比較相對指標反應同一時期（時點）同類現象在不同地區、部門、單位之間的對比，用來表明同類事物在不同空間條件下數量對比關係的綜合指標。一般可以用百分數、系數或倍數表示。計算公式為：

$$\text{比較相對指標} = \frac{\text{某空間條件下的某類指標數值}}{\text{另一空間條件下的同類指標數值}} \tag{4.9}$$

比較相對指標的特點是：① 用來對比的指標可以是總量指標，也可以是相對指標或平均指標，但要求分子、分母在指標所屬的時間、類型、計算方法、計量單位上要有可比性；② 分子、分母可以互換位置，以哪個數值作為比較的基數，應根據研究的目的而定。

【例4.10】甲、乙兩個公司屬於同一類型企業。2017年甲公司的市場佔有率是18%，乙公司的市場佔有率是28%。試比較兩個公司的市場佔有率。

則比較相對指標 = 28% ÷ 18% = 1.56

或者表示為：

比較相對指標 = 18% ÷ 28% = 64%

計算表明：乙公司的市佔有率是甲公司的1.56倍，或者甲公司的市佔有率是乙公司的64%。

（五）強度相對指標

強度相對指標是兩個性質不同，而又有密切聯繫的總體總量指標之比，用來反應兩個有聯繫的不同事物在數量對比上的強度、密度和普遍程度。可以用有名數表示，如人／平方千米，千克／人等。當分子、分母為同一計量單位時，也可以用百分數或千分數表示，如商品流通費用率，人口出生率等。計算公式為：

$$\text{強度相對指標} = \frac{\text{某一現象數值}}{\text{另一有聯繫但性質不同的現象數值}} \tag{4.10}$$

強度相對指標的特點是：① 對比的兩個總量不屬於同一總體，但必須要有聯繫；② 常用有名數表示，也是唯一使用有名數的相對指標，有時也使用百分數或千分數；③ 分子、分母可以互換，並且有正指標和逆指標之分，分別從正、反兩個方向說明現象的密度和普遍程度；④ 有些強度相對指標有「平均」的涵義，但不是平均指標。

強度相對指標應用非常廣泛，常用的有人口密度、人口自然增長率、人均國內生產總值、人均某產品產量、資金利稅率、商品流通費用率、商業網點密度等。

【例4.11】某產糧縣在2017年糧食產量為226萬噸，年末人數為113萬人。則：

$$2017\text{年該縣人均糧食產量} = \frac{226\text{ 萬噸}}{113\text{ 萬人}} = \frac{226,000\text{ 萬千克}}{113\text{ 萬人}} = 2,000\text{ 千克／人}$$

平均每人分攤的主要產品產量,是反應一個國家或地區經濟實力強弱程度的指標。指標數值愈大,表明一個國家(或地區)的經濟力量愈強。

強度相對指標分子、分母可以互換,並且有正指標和逆指標之分。

【例4.12】某城市人口為500,000人,有各種零售商場、商店共2,000個。則:

$$該城市零售商業網密度的正指標 = \frac{2,000 個}{500,000 人} = 4(個/千人)$$

這個強度相對指標說明該城市每千人有4個零售商店為他們服務。指標數值愈大,表示零售商店密度大,它是從正方向說明零售商業網密度的,是正指標。

如果把分子、分母互換一下,則:

$$該城市零售商業網密度的逆指標 = \frac{500,000 人}{2,000 個} = 250(人/個)$$

這個強度相對指標說明該城市每個零售商店要為250人服務。指標數值愈大,表明零售商店密度愈小,它是從反方向來說明零售商業網密度的,是逆指標。

(六) 動態相對指標

動態相對指標是指同類現象在不同時間上的指標數值對比,用以反應現象在時間上的發展變化程度,也稱發展速度。一般用百分數表示。計算公式為:

$$動態相對指標 = \frac{報告期指標數值}{基期指標數值} \times 100\% \tag{4.11}$$

所謂報告期就是所要研究的時期;基期是用來作為比較基礎的時期。通常報告期時間在後,基期時間在前。

動態相對指標的特點是:① 對比的分子、分母屬於同一總體、同類指標;② 分子、分母不能互換位置。

【例4.13】某商場2016年電動自行車的銷售量為500輛,2017年為700輛。則:

$$動態相對指標 = \frac{700}{500} \times 100\% = 140\%$$

計算結果表明,該商場電動自行車銷售量2017年對2016年相對的發展速度為140%。
動態相對指標在經濟分析中應用很廣,將在後面相關章節中進一步介紹。

三、計算和運用統計相對指標應注意的問題

(一) 正確選擇對比的基數

在計算和應用相對指標時,首先要選擇好基數。因為基數是計算相對指標的依據和標準,基數選擇不當,就會失去相對指標的作用。選擇基數必須根據統計研究目的,結合研究對象的性質、特點和現象之間的關係加以確定。

(二) 要保持兩個對比指標的可比性

相對指標既然是兩個有聯繫的指標之比,因此對比指標的可比性是計算相對指標的前提條件。這種可比性是指兩個指標所包括的內容、範圍和計算方法等相互適應,彼此協調。

(三) 相對指標要與總量指標結合應用

相對指標是將現象總體的絕對水準抽象化,以揭示現象之間的相互聯繫和對比關係。但它只能反應現象之間相對程度的不同,不能反應現象之間絕對量上的差別。要深刻而全面地

對社會經濟現象和發展變化做出正確的評價,就必須將相對指標與總量指標結合起來運用。

(四)各種相對指標要結合運用

一種相對指標只能反應某種現象的一方面的數量關係,對於複雜的社會經濟現象,需要把各種相對指標結合起來進行分析,才能夠全面深入地說明被研究現象的特徵及其發展規律。

任務三　平均指標

一、平均指標的涵義和作用

(一)平均指標的涵義

平均指標也稱為統計平均數或平均數,是反應同類現象在一定時間、地點條件下某一數量標誌的標誌值所達到一般水準的綜合指標。它能夠表明數據分佈狀況的綜合數量特徵,是同質總體內各單位變量值差異抽象化的結果,其實質是變量的集中值或中心值,可以把這些集中值或中心值稱為變量的代表值。例如某班學生統計考試的平均分數為78分,這就表明該班學生統計課考試的一般水準是78分,它是該班學生考試分數的代表值,由全班學生考試分數差異抽象化的結果。由此,在理解平均指標時要注意把握三個特點:

(1)平均指標是現象一般水準的代表值。

(2)平均指標是由總體各單位標誌值的具體差異抽象化的結果。

(3)平均指標反應了總體變量值的集中趨勢。

需要注意的是,平均指標分為兩類:一類是反應同一時間同類現象的一般水準,稱為靜態平均數,也稱為一般平均數;另一類是反應不同時間同類現象的一般水準,稱為動態平均數,也稱為序時平均數。本節只討論靜態平均數,動態平均數的內容將在第五章時間數列分析中介紹。

(二)平均指標的作用

平均指標在統計研究中運用廣泛,其主要作用是:

(1)平均指標便於不同空間同類現象水準的對比分析。對比不同空間同類現象水準的高低,必須利用平均指標。例如,要比較兩個班統計學考試成績的優劣,只有用平均分數進行比較。

(2)利用平均指標可以分析現象之間的依存關係。要反應現象之間相互依存的數量表現,也常常運用平均指標。例如,在反應農作物的施肥量與產量之間、費用水準與商品流轉規模之間的依存關係時,都要使用平均指標。

(3)平均指標常用於推斷或計算其他指標。有些統計指標的計算是離不開平均指標的。例如,在第8章抽樣推斷技術中,必須要用樣本平均指標推斷總體平均指標。

二、平均指標的計算方法

由於可以採用不同的途徑尋找各變量值的代表值,就有了計算平均指標的不同方法。常

用的平均指標計算方法有兩類：一是根據總體標誌值計算的，如算術平均數、調和平均數、幾何平均數等，稱為數值平均數；另一類是根據標誌值所處的位置決定的，如中位數、眾數等，稱為位置平均數。

(一) 算術平均數

算術平均數是計算平均指標最基本的方法，它是同質總體內總體標誌總量與總體單位總量之比。由於在計算時所有變量值均參加了計算，因此，算術平均數反應全面，能夠代表所有的變量值。應該注意的是算術平均數對極端值很靈敏，容易受兩側極端數值的影響。

算術平均數的基本計算公式為：

$$算術平均數 = \frac{總體標誌總量}{總體單位總量} \tag{4.12}$$

在運用算術平均數時，要注意與強度相對數的區別。我們在相對數中所介紹的某些強度相對數，如人均國民收入、人均糧食(鋼)產量等，雖含有平均的涵義，但與算術平均數存在本質的區別。

由算術平均數基本公式可以知道，算術平均數非常強調總體標誌總量和總體單位總量必須同屬於同一總體這一前提，並要求在計算的內容、口徑等方面保持絕對一致。即每個總體單位都是標誌總量的承擔者，而標誌總量是所屬的每個總體單位的標誌值的總和。但是，強度相對數中的分子與分母是兩個總體的總量指標，不存在這種一一對應關係。由此，可以將它們的區別歸納為三點：

(1) 它們反應現象的內容不同。算術平均數是說明某一現象的一般水準；強度相對數說明事物的強度、密度和普遍程度。

(2) 它們的分子、分母所屬總體關係不同。算術平均數的分子、分母必須屬於同一總體；強度相對數的分子、分母沒有這種要求，不管它是否屬於同一總體，都可以得到強度相對數。

(3) 它們的分子、分母數值的匯總關係不同。算術平均數的分子(總體標誌總量)是由分母(總體單位總量)的標誌值匯總而得，也就是說分子、分母要一一對應；而強度相對數則不需要這樣的匯總關係，這是算術平均數與強度相對數區別的關鍵之處。

算術平均數在實際計算時，根據掌握的數據不同，通常採用不同的計算方法。

1. 簡單算術平均數

利用統計調查搜集的原始數據，直接計算算術平均數時，叫簡單算術平均數。採用公式如下：

$$\bar{x} = \frac{x_1 + x_2 + x_3 + \cdots + x_n}{n} = \frac{\sum x}{n} \tag{4.13}$$

式中：$\bar{x}$ 表示算術平均數；x 表示變量值；n 表示總頻數；$\sum$ 表示加總符號。

【例4.14】某公司銷售科有5名業務人員，某月的銷售提成分別是6,200元、6,800元、7,100元、7,600元、9,000元。

則，可以用簡單算術平均數計算平均銷售提成為：

$$\bar{x} = \frac{\sum x}{n} = \frac{6,200 + 6,800 + 7,100 + 7,600 + 9,000}{5} = 7,340(元)$$

2. 加權算術平均數

統計調查收集的數據在經過分組整理後計算算術平均數,叫加權算術平均數。常常要利用頻數分佈表,其計算是變量總值與總頻數之比。具體公式如下:

$$\bar{x} = \frac{x_1 f_1 + x_2 f_2 + x_3 f_3 + \cdots + x_n f_n}{f_1 + f_2 + f_3 + \cdots + f_n} = \frac{\sum xf}{\sum f} \tag{4.14}$$

式中:$\bar{x}$ 表示算術平均數;x 表示各組變量值;f 表示各組變量值出現的次數,即頻數;$\sum$ 表示加總符號。

【例 4.15】某車間共有 50 個工人,日產量資料整理如表 4－3 所示。

根據資料,代入公式(4.14)可以計算該車間 50 名工人的平均日產量為:

$$\bar{x} = \frac{\sum xf}{\sum f} = \frac{850}{50} = 17(件)$$

表 4－3　　　　　　　某車間 50 名工人日產量算術平均數計算表

日產量(件) x	工人人數(人) f	xf
10	2	20
15	8	120
16	25	400
20	10	200
22	5	110
合計	50	850

由計算公式 $\bar{x} = \dfrac{\sum xf}{\sum f}$ 可以看到,在分組數據計算算術平均數時,其數值的大小受兩個因素的影響:一個是受各組變量值 x 的影響;另一個是受各組變量出現的次數,即頻數 f 的影響。當各組變量值 x 不變時,各組變量值出現的次數 f 對於算術平均數 $\bar{x}$ 的大小起著權衡輕重的作用,算術平均數 $\bar{x}$ 總是趨向於出現次數最多的那個變量值。在上例中,平均日產量 17 件趨向於工人人數最多,即頻數最大的那一個變量值 16 件。因此,頻數 f 又稱為權數,這種計算算術平均數的方法,叫加權平均法。用這種方法計算的算術平均數,就叫加權算術平均數。

需要注意的是,權數不僅可以用絕對數,即頻數 f 表示,也可以用相對數,即頻率或比重 $\dfrac{f}{\sum f}$ 表示。如將上面加權算術平均數公式變換一下,則可以得到按頻率或比重 $\dfrac{f}{\sum f}$ 作為權數的加權算術平均數公式:

$$\bar{x} = \frac{\sum xf}{\sum f} = \sum \left(x \cdot \frac{f}{\sum f} \right) \tag{4.15}$$

仍用表 4－3 中的資料,用頻率 $\dfrac{f}{\sum f}$ 作權數,來計算加權算術平均值,見表 4－4。

項目四　綜合指標分析

表 4-4　　　　　　　某車間 50 名工人日產量算術平均數計算表

日產量(件) x	工人人數(人) f	人數比重(%) $\dfrac{f}{\sum f}$	$x \cdot \dfrac{f}{\sum f}$
10	2	4	0.4
15	8	16	2.4
16	25	50	8.0
20	10	20	4.0
22	5	10	2.2
合計	50	100	17.0

根據資料,計算算術平均數為:

$$\bar{x} = \sum \left(x \cdot \dfrac{f}{\sum f} \right) = 17(件)$$

用頻率 $\dfrac{f}{\sum f}$ 作權數,比用頻數 f 作權數,更能直觀地表明權數對平均數的影響。即權數對平均數發生作用,實質在頻率 $\dfrac{f}{\sum f}$ 的變化,若在一個變量數列中,各組頻數均增加一倍,頻率仍不變,平均數也不變。

上面所介紹的都是用單項變量數列來計算加權算術平均數的方法。如果我們掌握的是組距數列的資料,則計算加權算術平均數的方法是:先計算各組的組中值,用組中值代表變量值 x,然後根據要求,用頻數 (f) 或頻率 $\left(\dfrac{f}{\sum f} \right)$ 作為權數,代入公式,則可得加權算術平均數。組距數列計算加權算術平均數的關鍵是確定各組的代表值,即組中值。組中值的確定在第三章任務三中已經介紹,這裡就不再贅述。

【例 4.16】某車間有工人 50 人,每人每月工資收入情況如表 4-5 所示。

表 4-5　　　　　　　某車間 50 名工人工資加權算術平均數計算表

月工資收入 (元)	組中值 x	工人數(人) f	比重(%) $\dfrac{f}{\sum f}$	$x \cdot f$	$x \cdot \dfrac{f}{\sum f}$
800 以下	750	2	4	1,500	30
800 ~ 900	850	6	12	5,100	102
900 ~ 1,000	950	14	28	13,300	266
1,000 ~ 1,100	1,050	18	36	18,900	378
1,100 ~ 1,200	1,150	8	16	9,200	184
1,200 以上	1,250	2	4	2,500	50
合計	—	50	100	50,500	1,010

根據資料,分別代入公式(4.14)和(4.15)計算工人的平均工資為：

$$\bar{x} = \frac{\sum xf}{\sum f} = \frac{50,500}{50} = 1,010(元)$$

$$\bar{x} = \sum \left(x \cdot \frac{f}{\sum f}\right) = 1,010(元)$$

綜上所述,加權算術平均數的計算中,應當以各組的組平均數乘以相應的頻數計算各組的變量值總量。在組距數列中,由於缺乏組平均數資料,是以各組的組中值作為組平均數的代表值來計算各組的變量值總量。作這樣變通處理是假定各組變量值在組內的分佈是完全均勻的,因此,其計算結果只能是一個近似值。另外,簡單算術平均數與加權算術平均數之間並沒有根本區別,因為一個變量值乘上一個頻數(權數)與多次加總這個變量值,意義是完全相同的。

3. 算術平均數的數學性質

(1)算術平均數與總體單位數的乘積等於總體各單位標誌值的總和。

簡單算術平均數：$n\bar{x} = \sum x$

加權算術平均數：$\sum f \cdot \bar{x} = \sum xf$

(2)如果對每一變量加或減任意數值 A,則算術平均數也要增加或減少那個 A 值。

簡單算術平均數：$\dfrac{\sum (x \pm A)}{n} = \bar{x} \pm A$

加權算術平均數：$\dfrac{\sum (x \pm A)f}{\sum f} = \bar{x} \pm A$

(3)如果各個變量值乘以或除以任意數值 A,則算術平均數也要乘以或除以那個 A 值。

簡單算術平均數：$\dfrac{\sum Ax}{n} = A\bar{x}$

加權算術平均數：$\dfrac{\sum Afx}{\sum f} = A\bar{x}$

(除以 A,實際就是乘以 $1/A$。)

(4)各變量值與算術平均數的離差之和等於零。

簡單算術平均數：$\sum (x - \bar{x}) = 0$

加權算術平均數：$\sum (x - \bar{x})f = 0$

(5)各個變量值與算術平均數離差平方和取得最小值。

簡單算術平均數：$\sum (x - \bar{x})^2 = $ 最小值

加權算術平均數：$\sum (x - \bar{x})^2 f = $ 最小值

(二)調和平均數

調和平均數是標誌值倒數的算術平均數的倒數,又稱為倒數平均數。直接計算調和平均

數沒有意義,只有在實際統計工作中,由於資料的限制,不能直接計算算術平均數時,採用調和平均數的形式間接計算算術平均數,其計算結果與算術平均數完全相同。因此,我們把對調和平均數形式的應用,看成是算術平均數的變形形式,二者沒有本質的區別。

比如已知銷售價格和銷售額,要求計算平均價格;已知各種職工工資水準和各種職工所發放的工資額,要求計算平均工資等。這些情形都不能直接計算算術平均數,就要採用調和平均數的方法進行計算。

調和平均數也有簡單調和平均數和加權調和平均數兩種。

1. 簡單調和平均數

簡單調和平均數適用於未分組資料或資料已分組,但各組標誌總量均相等的情況。其計算公式為:

$$\overline{x_H} = \frac{1+1+1+\cdots+1}{\frac{1}{x_1}+\frac{1}{x_2}+\frac{1}{x_3}+\cdots+\frac{1}{x_n}} = \frac{n}{\sum \frac{1}{x}} \tag{4.16}$$

式中:

$\overline{x_H}$ 代表調和平均數;n 代表標誌總量;x 代表標誌值。

【例4.17】假如某超市出售三種蘋果,每千克的單價分別為 0.5 元、0.8 元、1 元,若各買 1 元的蘋果,試問平均單價是多少?

按照公式要求,標誌總量應是總金額,即 1 + 1 + 1 = 3 元,而單位總量是購買的總千克數為: $\frac{1}{0.5} + \frac{1}{0.8} + \frac{1}{1.0} = 4.25$(千克),則蘋果的單價為:$\frac{3}{4.25} = 0.71$(元/千克)。

(思考:若各買 1 千克時,單價是多少?提示:算術平均法計算。)

2. 加權調和平均數

加權調和平均數適用於資料已分組,且各組標誌總量不相等的情況。

在實際應用中要特別注意什麼情況下使用加權算術平均數,什麼情況下使用加權調和平均數。

【例4.18】某種農產品在三個不同地區的單位價格及銷售量資料如表 4-6 所示。

表 4-6　　　　　　　　　某農產品價格及銷售額資料

地區	價格(元/千克)	銷售量(千克)
甲	10	21,000
乙	12	18,000
丙	8	20,000
合計	—	59,000

要求計算該種商品的平均價格。見表 4-7。

表4-7　　　　　　　　　　　算術平均數計算表

地區	銷售價格(元／千克) x	銷售量(千克) f	銷售額(元) $x \cdot f$
甲	10	21,000	210,000
乙	12	18,000	216,000
丙	8	20,000	160,000
合計	—	59,000	586,000

根據資料，代入公式(4.15)計算：

平均價格 $\bar{x} = \dfrac{\sum xf}{\sum f} = \dfrac{586,000}{59,000} = 9.9$(元／千克)

上例中，每千克農產品是總體單位，銷售量是總體單位數 f，銷售量合計是總體單位總量 $\sum f$；價格是該商品的變量，三個地區的具體價格是變量值 x，銷售額的合計數是總體標誌總量 $\sum xf$。

在統計的實際工作中，若各地區的商品價格 x 和銷售額 xf(設為 m)已知，而銷售量 f 未知，則平均價格的計算就不能直接用算術平均數計算，要先計算出總體單位總量($\sum f$)，然後，仍用總體標誌總量($\sum xf$)與總體單位總量進行對比，而求得平均數，這實際上是算術平均數進行了變形。

【例4.19】某種農產品在三個不同地區的單位價格及銷售額資料如表4-8所示。

表4-8　　　　　　　某農產品價格及銷售額資料

地區	銷售價格(元／千克)	銷售額(元)
甲	10	210,000
乙	12	216,000
丙	8	160,000
合計	—	586,000

試計算三個地區該種農產品的平均價格。見表4-9。

表4-9　　　　　　　　　　　調和平均數計算表

地區	銷售價格(元／千克) x	銷售額(元) $m(xf)$	銷售量(千克) $f = \dfrac{m}{x}$
甲	10	210,000	21,000
乙	12	216,000	18,000
丙	8	160,000	20,000
合計	—	586,000	59,000

項目四　綜合指標分析

$\sum m$ 是標誌總量，因為 $m = xf$，所以 $\frac{m}{x} = f$，是各組單位數，$\sum \frac{m}{x}$ 就是總體總量。

加權調和平均數的公式為：

$$\overline{x}_H = \frac{m_1 + m_2 + m_3 + \cdots + m_n}{\frac{m_1}{x_1} + \frac{m_2}{x_2} + \frac{m_3}{x_3} + \cdots + \frac{m_n}{x_n}} = \frac{\sum m}{\sum \frac{m}{x}} \qquad (4.17)$$

根據表4－9資料，該商品平均價格

$$\overline{x}_H = \frac{\sum m}{\sum \frac{m}{x}} = \frac{586,000}{59,000} = 9.9(元／千克)$$

調和平均數有以下特點：

（1）調和平均數由於是根據所有變量值計算的，所以易受極端值的影響。當數列中呈明顯偏態時，調和平均數的代表性也會受到影響。

（2）分母為0時無意義。因此，當數列中有一數據值為0，則調和平均數無法計算。

（3）加權調和平均數一般作為加權算術平均數的變形形式使用。因為，在社會經濟生活作為變量值倒數的算術平均數的倒數，所表現的數量關係並不多見，此計算也沒有多大的實際意義。

（三）幾何平均數

幾何平均數是 n 個變量值的連乘積的 n 次方根。當社會經濟現象的總量等於各個具體變量值連乘積，並且其變量值連乘的積有明確的內涵和直觀的解釋時，其平均數宜採用幾何平均數的形式來計算。因此，它是計算平均數的另一種形式，主要應用場合一般有以下幾種：一是連續生產的產品合格率；二是連續銷售的本利率；三是連續儲蓄的本息率；四是連續比較（環比）的發展速度。可以說，幾何平均數通常在計算平均比率和平均速度時使用。

幾何平均數的計算公式是：

$$\overline{x}_G = \sqrt[n]{x_1 \cdot x_2 \cdot x_3 \cdots x_n} = \sqrt[n]{\prod x} \qquad (4.18)$$

式中：

$\overline{x}_G$ ——幾何平均數

x ——各個變量值

n ——變量值的個數

$\prod$ ——連乘符號

【例4.20】某企業生產某一種產品，要經過鑄造、金屬加工、電鍍三道工序，鑄造車間的產品合格率為90％，金屬加工車間的產品合格率為98％，電鍍車間的產品合格率為85％，全廠產品平均合格率應為多少？

類似這種問題，就要採用幾何平均法計算平均數。因為三道工序產品合格率連乘積 90％×98％×85％ = 74.97％，是該產品從投產到產出成品的總合格率，乘積的結果有明確的意義，這符合計算幾何平均數的條件。

因此，平均合格率為：

$$\overline{x}_G = \sqrt[n]{\Pi x} = \sqrt[3]{90\% \times 98\% \times 85\%} = 90.8\%$$

注意:在知道三個連續工序的產品廢品率,要求計算平均廢品率時,不能夠直接計算,一定要把廢品率推算為合格率,通過求出平均合格率後得出平均廢品率。

幾何平均數的計算中,由於要開高次方根,通常可用對數法或使用計算器來計算結果。

如果含有幾何級數的變量值形成的變量數列,需要用加權幾何平均的公式:

$$\overline{x}_G = \sqrt[f_1+f_2+\cdots+f_n]{x_1^{f_1} \cdot x_2^{f_2} \cdot x_3^{f_3} \cdots x_n^{f_n}} \tag{4.19}$$

【例4.21】某人在銀行存入一筆錢,其利息按複利計算,前6年利率為5%,後4年利率為6%,求這筆存款的年平均利率。

首先必須將利息率還原為本息率,即前 6 年是 1.05,後 4 年是 1.06。則:

$$年平均利率 = \sqrt[f_1+f_2+\cdots+f_n]{x_1^{f_1} \cdot x_2^{f_2} \cdot x_3^{f_3} \cdots x_n^{f_n}} - 1$$

$$= \sqrt[6+4]{1.05^6 \times 1.06^4} - 1 = 1.053,9 - 1 = 0.053,9 = 5.39\%$$

計算結果表明:該筆存款 10 年的年平均利率為 5.39%。

(四)眾數

眾數(Mode)也是一種平均數,可以縮寫為 Mo。它是被研究總體中出現次數最多的那個變量值。眾數最適宜總體單位的變量值分佈集中的情況,尤其在變量數列有極值,甚至極值很大的情況,採用眾數作為代表值效果更好。眾數的實質是一種位置平均數,不受極值的影響。在正態分佈和一般偏態分佈中,分佈最高點所對應的橫坐標上的數值即是眾數。眾數可能不存在或不唯一。例如,在圖 4-1 和圖 4-2 中各有一個眾數,圖 4-3 中有兩個眾數,圖 4-4 中無眾數。

需要說明的是,平均數的代表值只有一個,而眾數則可能有兩個或兩個以上。在一個總體中有兩個眾數的稱為復眾數。

確定眾數必須對資料進行整理(統計分組),即要根據變量數列來確定。

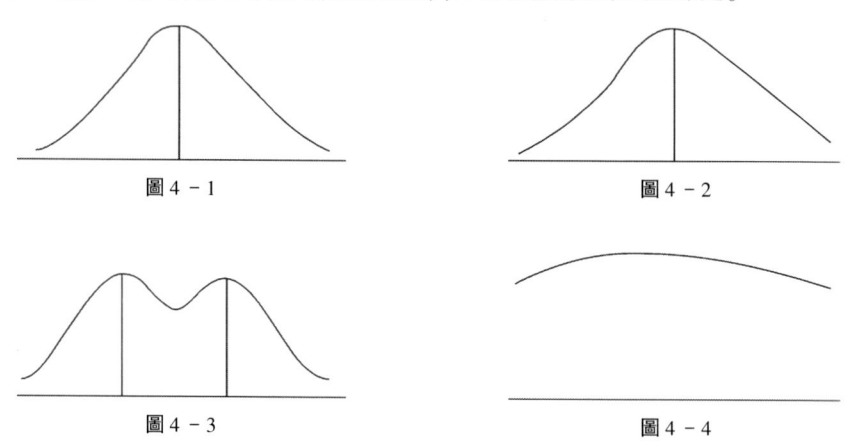

圖 4-1

圖 4-2

圖 4-3

圖 4-4

1. 根據單項數列確定眾數

單項數列確定眾數不需要計算,可以直接通過觀察尋找。在統計分組後,頻數最大(出現次數最多)的那個變量值就是眾數。

【例4.22】某村200戶家庭按兒童數分組如表4-10所示,確定該村每個家庭兒童數的平均水準。

表4-10　　　　　　　某村農民家庭兒童數資料

家庭按兒童數分組(個／戶)	家庭數(戶)
0	15
1	25
2	120
3	32
4	8
合計	200

從表中可以看出,該村中兒童數為2個的家庭數最多(120戶),所以$M_O = 2$(個),即眾數是2個。也可以說,該村每個家庭兒童數的平均水準是2個。

2. 根據組距數列確定眾數

由組距數列求眾數,一般分為兩步,現以【例4.23】說明如何確定眾數。

【例4.23】某商場有200名營業員,隨機抽取一天的銷售額資料如表4-11,試確定該商場營業員日銷售額的平均水準。

表4-11　　　　　　　某商場營業員的一天銷售額資料

按日銷售額分組(元)	營業員人數(人)
2,000 ~ 4,000	5
4,000 ~ 6,000	35(f_{m-1})
(L)6,000 ~ 8,000(U)	120(f_m)
8,000 ~ 10,000	38(f_{m+1})
10,000 以上	2
合計	200

第一步:確定眾數組。

在表中次數最多的是120,所以日銷售額6,000 ~ 8,000元組是眾數組。

第二步:用插補法確定眾數的近似值。

下限公式:$$M_O = L + \frac{f_m - f_{m-1}}{(f_m - f_{m-1}) + (f_m - f_{m+1})} \times i \qquad (4.20)$$

上限公式:$$M_O = U - \frac{f_m - f_{m+1}}{(f_m - f_{m-1}) + (f_m - f_{m+1})} \times i \qquad (4.21)$$

式中:M_O為眾數;L為眾數所在組下限;U為眾數所在組上限;f_m為眾數組次數;f_{m-1}為眾數組下一組次數;f_{m+1}為眾數組上一組次數;i為眾數所在組組距。

根據表4-11資料代入公式(4.20)和(4.21),求得眾數:

$$M_O = 6,000 + \frac{120 - 35}{(120 - 35) + (120 - 38)} \times 2,000 = 7,017.96(元)$$

或：$M_O = 8,000 - \frac{120 - 38}{(120 - 35) + (120 - 38)} \times 2,000 = 7,017.96(元)$

可見，下限公式與上限公式的計算結果相同。在計算眾數時，選其中之一即可。由於是按比例方法推算，該眾數只能是近似值。這種平均數在市場調查中被普遍應用。

應該注意的是，眾數的計算有一定條件，即必須針對大量現象，而且具有明顯的集中趨勢，否則計算眾數是沒有實際意義的。當次數分佈呈偏態分佈時，用眾數反應現象的一般水準較其他平均數具有更大的代表性，而且眾數只與次數的分配情況有關，不受極值大小的影響，這與算術平均數相比則具有較高的代表性。同樣，眾數也存在三點不足：一是對變量值變化的影響小，眾數缺少敏感性；二是在一個數列中出現不止一個眾數時，就分散了對現象的代表性；三是當現象沒有顯著集中趨勢，就找不出用眾數表現的平均數。

（五）中位數

中位數（Median）也是一種位置平均數，可以縮寫為（Me）。它是將某一變量的全部數值，按大小順序排列後，處於中央位置的那一個變量值。實際上中位數把全部數據分為兩半，一半數值比它小，一半數值比它大。中位數是由數值的位置確定的，因此，其結果不受極值的影響，但中位數缺乏敏感性，不能反應大多數數值的變化。

中位數在實際計算時，根據掌握的數據不同，要採用不同的計算方法。

1. 由未分組數據確定中位數

對未分組資料確定中位數，首先要確定它在數列中的位置，然後才能確定中位數。根據未分組資料確定中位數的過程是：將一組未分組資料按照從大到小（或從小到大）的順序排列，那麼位居中點位置上的那個變量值就是中位數。

在計算中位數時，關鍵是要確定中位數的位置。中點位置用下列公式確定：

$$中點位置 = \frac{n + 1}{2}$$

式中：n 為各變量值個數之和。如果 n 為奇數，中位數就是中點位置的變量值。

【例4.24】某班組有9名工人生產某種產品，某日產量分別為：15、10、20、16、17、18、17、19、15 件。試確定工人日產量的中位數。

① 日產量排序：10、15、15、16、17、17、18、19、20

② 確定中點位置 $= \frac{9 + 1}{2} = 5$

③ 確定中位數：即第五位工人的日產量17件是中位數。

如果 n 為偶數，中位數則應取中點位置相鄰的兩個變量值的平均值為中位數。

【例4.25】某班組有8名工人生產某種產品，某日產量分別為：15、10、20、16、18、18、19、15 件。試確定工人日產量的中位數。

① 日產量排序：10、15、15、16、18、18、19、20

② 確定中點位置 $= \frac{8 + 1}{2} = 4.5$

③ 確定中位數：即第四位和第五位工人之間為中位數位置。第四位工人的日產量是16

件,第五位工人的日產量是 18 件,則:

$$中位數(Me) = \frac{16+18}{2} = 17(件)$$

2. 由分組數據確定中位數

在統計實務中,數據往往很多,常常是先進行數據整理,編製分配數列表,再計算中位數。

(1) 在單項式數列中,先計算各組的累計次數,然後根據中點位置的計算公式確定中位數所在的組,該組的變量值就是中位數。

$$中點位置 = \frac{\sum f}{2}$$

【例4.26】某車間50個工人日產量數據整理如表4-12所示,計算該車間工人日產量的中位數。

表4-12　　某車間50個工人日產量的分配數列表

日產量(件) x	工人人數(人) f	累計次數
13	4	4
14	14	18
15	22	40
16	8	48
17	2	50
合計	50	—

中點位置 $= \frac{50}{2} = 25$,中位數是第25位工人日產量,根據累計次數表,第三組的累計次數40包含25,則中位數在第三組,第三組的工人日產量15件即是中位數。

(2) 在組距式數列中,確定中位數也要先計算累計次數和確定中位數的位置,然後確定中位數所在的組,但這時的中位數所在的組對應著一個變動區間,可用比例推算中位數的近似值。比例推算中位數的計算公式可用上限公式或下限公式。計算步驟如下:

① 計算累計次數,然後用 $\frac{\sum f}{2}$ 計算中點位置,並確定中位數所在組。

② 代入公式,計算中位數的近似值。

計算中位數也有上限公式和下限公式兩種方法計算。

下限公式: $Me = L + (\frac{\sum f}{2} - S_{m-1}) \times \frac{i}{f_m}$ （4.22）

上限公式: $Me = U - (\frac{\sum f}{2} - S_{m+1}) \times \frac{i}{f_m}$ （4.23）

式中:Me 為中位數;L 為中位數所在組的下限;U 為中位數所在組的上限;f_m 為中位數所

在組的次數；i為中位數所在組的組距；$\sum f$為總次數；S_{m-1}為向上累計至中位數所在組前一組的次數；S_{m+1}為向下累計至中位數所在組後一組的次數。

【例4.27】某班學生統計基礎期末考試成績整理後編製的分配數列表如表4－13所示，試計算該班學生考試成績的中位數。

表4－13　　　　　　某班學生統計基礎期末考試分配數列表

考試成績(分)	人數(人)	向上次數累計	向下次數累計
60以下	4	4	50
60～70	10	14	46
70～80	18	32	36
80～90	12	44	18
90～100	6	50	6
合計	50	—	—

在本例中，中點位置$\frac{\sum f}{2}=\frac{50}{2}=25$，說明在中點位置向上或向下累計到包含25的位置。最後，找出包括中點位置的累計次數所對應的組，該組即為中位數所在組，是70～80分。

最後代入公式(4.22)或(4.23)計算中位數的近似值。

由表4－13資料可知：$L=70, U=80, f_m=18, i=10, \sum f=50, S_{m-1}=14, S_{m+1}=18$。

則，由下限公式計算：

$$Me = 70 + (\frac{50}{2}-14) \times \frac{10}{18} = 76.11(分)$$

由上限公式計算：

$$Me = 80 - (\frac{50}{2}-18) \times \frac{10}{18} = 76.11(分)$$

可見，採用上限公式和下限公式計算中位數的結果是一致的，因此，選其中任何一個公式計算均可。

(六)應用平均數應注意的問題

(1)平均數只能在同質總體中才能計算。這是計算平均數的必要前提和基本原則。馬克思在《資本論》中曾經指出：「平均量始終只是同種的許多不同的個別量的平均數」。因為只有同質總體中，總體各單位才具有共同的特徵，從而才能計算它們的平均數來反應其一般水準。如果把不同的事物混合在一起計算平均數，這樣會將事物的根本差別掩蓋起來，非但不能說明事物的性質及其規律性，反而會歪曲事實的真相。

(2）用組平均數補充說明總平均數。如表 4－14 所示。

表 4－14　　　　　　　　甲、乙兩企業組平均工資和總平均工資

按工人性質分組	甲企業				乙企業			
	工人數（人）	比重（％）	工資總額（元）	平均工資（元）	工人數（人）	比重（％）	工資總額（元）	平均工資（元）
正式工	2,340	90	3,378,960	1,444	1,260	78	1,965,600	1,560
合同工	260	10	230,400	900	640	22	614,400	960
合計	2,600	100	3,609,360	1,388	1,900	100	2,580,000	1,358

從上表可以看到，甲企業的總平均工資是 1,390 元，乙企業的總平均工資是 1,122 元，甲企業高於乙企業。但從分組資料看：正式工平均工資，甲企業 1,444 元，乙企業 1,560 元；合同工平均工資，甲企業 900 元，乙企業 960 元。兩組工人的平均工資都是乙企業高於甲企業。為什麼會出現這種現象呢？原因是各種工人數在總體中所占的比重有差別，從而使總平均數掩蓋了各組工人由於結構的不同所導致的組平均水準的不同，因此，需要計算組平均數以補充說明總平均數。

（3）用分配數列和典型個體補充說明總平均數。總平均數是總體各單位數量差異抽象化的數值。由於總體各單位在數量上存在著差異，在研究總平均數時，就必須結合總體各單位的次數分佈特徵，對總平均數進行補充說明。又由於平均數只能說明現象的一般水準，而不能反應現象的具體差異，因此，從平均數上是不能反應出先進和後進的情況的。為了總結先進經驗，幫助後進，帶動中間，促進共同發展，在運用平均數時，應與個別先進或落後個體的數值相結合，來補充說明平均數。

任務四　標誌變異指標

一、標誌變異指標的意義和作用

（一）標誌變異指標的意義

在統計分析和研究中，我們經常用到一個重要指標，就是標誌變異指標，簡稱變異指標，又稱為標誌變動度。平均指標是反應現象集中趨勢的指標，是變量重要數量特徵的一個方面，但僅僅掌握對集中趨勢的度量，只能夠對變量分佈的中心位置進行描述，這是不全面的。為此，我們還需要瞭解變量數列圍繞中心位置分佈情況所表現出來的另一個方面的重要數量特徵——離中趨勢，即離散狀況，它是由變異指標反應的。

變異指標就是反應變量的離散狀況，即離散範圍和離散程度的指標，它們是變量數量特徵的另一個方面。要進一步描述變量分佈的數量特徵，就需要計算變量的離中趨勢（變異指標），它是與集中趨勢（平均指標）相輔相成，是共同反應變量分佈規律性的一對對立統一的數量代表值。二者的異同表現在：

(1) 相同點——兩者都是代表值。

平均指標代表現象的一般水準;變異指標代表現象的差異水準。

(2) 不同點——兩者對變量值差異的處理不同。

平均指標是將差異抽象化,使人看不到差異;變異指標是要反應差異,使人瞭解差異的大小。

(二) 標誌變異指標的作用

(1) 標誌變異指標可以用來測定平均指標代表性的高低。平均指標是一個代表值,其代表性的高低由各變量值之間差異的大小決定。變量值之間的差別越大,標誌變異指標就越大,平均數的代表性越低;反之,變量值之間的差別越小,標誌變異指標就越小,平均指標的代表性越高。

【例4.28】某車間有甲、乙兩個班組,每個班組都是5個工人,某月的獎金資料如下:

甲班組:680、690、700、710、720, $\bar{x} = 700(元)$

乙班組:500、600、700、800、900, $\bar{x} = 700(元)$

兩個班組工人的平均獎金都是700元,但兩班組工人獎金水準的差異程度是不同的。如以平均獎金700元去詢問甲班組工人,他們會同意,說明700元能代表他們的獎金水準;如以平均獎金700元去詢問乙班組工人,他們會有較大的異議,說明700元不能代表他們的獎金水準。所以,變量值差異的大小能直接決定平均數代表性的高低。

(2) 標誌變異指標可以衡量總體現象發展過程的均衡性和穩定性。從上一個例子可以看到,甲班組工人的獎金分配比較均衡,是因為變量值之間的差異小。因此,可以說標誌變異指標越小,現象的發展就越均衡和穩定。

(3) 標誌變異指標在抽樣調查中有重要作用。標誌變異指標的大小與抽樣方式的選擇和抽樣數目的確定都有密切的聯繫。這個問題將在第八章抽樣推斷技術中介紹。

二、標誌變異指標的計算和應用

(一) 極差

極差也稱為全距,是變量數列中最大值與最小值之差。它能反應變量的離散程度,是最簡單的標誌變異指標,用公式可表示為:

$$全距(R) = 最大變量值 - 最小變量值 \quad (4.24)$$

對組距數列計算極差,可用下式近似計算:

$$全距(R) = 最高值組上限值 - 最低值組下限值 \quad (4.25)$$

式中,R 表示極差。

如前例,有甲、乙兩個班組,每個班組5個工人,某月的獎金資料如下:

甲班組:680、690、700、710、720, $\bar{x} = 700$, $R = 720 - 680 = 40(元)$

乙班組:500、600、700、800、900, $\bar{x} = 700$, $R = 900 - 500 = 400(元)$

用極差來評價變量值的離散程度是:極差值越小,說明變量值離散程度較小,變量值較集中,平均數的代表性較大;反之,極差值越大,說明變量值離散程度較大,變量值較分散,平均數代表性較小。

應用極差來反應標誌變異程度，其計算較簡便，能夠較快地直接作出判斷，但它只考慮了最大值與最小值之差，主要反應變量的離散範圍。由於沒有聯繫變量數列中其他數值的差異情況，不能較好地表現離散程度，只能粗略反應離散狀況。鑒於它對極端數值反應靈敏，在誤差監測與控制中有重要應用。

(二) 標準差和方差

方差和標準差是在統計實務中最重要，也是最常用的對現象離散程度的度量方法，二者關係緊密。

1. 標準差

離差有正有負，為了避免相互抵消，在計算離差後，採用了數學平方的方法消除離差中出現的負號。但是，對於擴大了離差的倍數需要還原，所以在求出離差平方的平均數後需要開方，這樣計算的就是標準差。實際上標準差是方差的算術平方根，習慣上用字母「σ」表示。因此，標準差也叫均方差，標準差的計量單位與變量值的計量單位相同。

計算公式為：

簡單式標準差：$\sigma = \sqrt{\dfrac{1}{n}\sum_{i=1}^{n}(x_i - \bar{x})^2}$ (4.28)

加權式標準差：$\sigma = \sqrt{\dfrac{1}{\sum f}\sum_{i=1}^{n}(x_i - \bar{x})^2 \cdot f}$ (4.29)

式中符號的意義與方差相同。

在計算標準差時，根據原始數據計算，對離差平方之和採用簡單平均法，即簡單式；根據分組數據計算，對離差平方之和採用加權平均法，即加權式。

現仍以前面甲、乙兩個班組的例子來說明簡單式標準差的計算方法。見表4-15和表4-14。

表4-15　　　　　　　　甲班組月獎金標準差計算表

月獎金(元) x	離差$(x - \bar{x})$ ($\bar{x} = 700$元)	離差平方 $(x_i - \bar{x})^2$
680	-20	400
690	-10	100
700	0	0
710	10	100
720	20	400
合計	—	1,000

代入公式(4.28)，則：

$$\sigma_{甲} = \sqrt{\dfrac{\sum_{i=1}^{n}(x_i - \bar{x})^2}{n}} = \sqrt{\dfrac{1,000}{5}} = 14.14(元)$$

表 4 - 16　　　　　　　　　　乙組月獎金標準差計算表

月獎金(元) x	離差$(x - \bar{x})$ ($\bar{x} = 700$ 元)	離差平方 $(x_i - \bar{x})^2$
500	-200	40,000
600	-100	10,000
700	0	0
800	100	10,000
900	200	40,000
合計	—	100,000

代入公式(4.28),則:

$$\sigma_乙 = \sqrt{\frac{\sum_{i=1}^{n}(x_i - \bar{x})^2}{n}} = \sqrt{\frac{100,000}{5}} = 141.4(元)$$

計算結果表明,乙班組標準差比甲班組標準差大,所以乙班組變量值的離散程度比甲班組大,即甲班組變量分佈範圍比乙班組集中,甲班組平均數代表性大。

在計算加權式標準差時,分為單項式數列和組距式數列兩種情況,它們的差別只有一點:單項式數列可以直接計算;組距式數列要先計算組中值,以組中值作為各組的代表值進行計算。下面以組距式數列為例說明:

【例4.29】某車間 100 名工人月獎金分組資料如表 4 - 17 所示,試計算月獎金的標準差。

表 4 - 17　　　　　　某車間 100 名工人月獎金的標準差計算表

月獎金 (元)	工人數 (人)f_i	組中值 x	xf	$x - \bar{x}$	$(x - \bar{x})^2$	$(x - \bar{x})^2 \cdot f_i$
150~250	20	200	4,000	-110	12,100	242,000
250~350	50	300	15,000	-10	100	5,000
350~450	30	400	12,000	90	8,100	243,000
合計	100	—	31,000	—	—	490,000

① 計算組中值。以組中值為各組的變量值 x。

② 計算算術平均數。$\bar{x} = \dfrac{\sum xf_i}{\sum f_i} = \dfrac{31,000}{100} = 310(元)$

③ 計算月獎金的標準差。$\sigma = \sqrt{\dfrac{\sum_{i=1}^{n}(x_i - \bar{x})^2 \cdot f_i}{\sum f_i}} = \sqrt{\dfrac{490,000}{100}} = 70(元)$

2. 方差

方差是各變量值與其算術平均數的離差的平方的平均數。習慣上用「σ^2」表示。方差的計算過程是：

① 用各個變量值減去其算術平均數，得出離差，即 $x - \bar{x}$。

② 計算離差平方值之和，即 $\sum (x - \bar{x})^2$

因為離差有正離差和負離差之分，而且正離差之和等於負離差之和，正負離差相抵消後等於 0，即 $\sum (x - \bar{x}) = 0$。為了避免正負離差抵消，可取離差的平方值求和 $\sum (x - \bar{x})^2$。

③ 離差平方值之和除以項數 n 或總次數 $\sum f$，則求得方差。

計算公式為：

簡單式方差：$\sigma^2 = \dfrac{1}{n} \sum\limits_{i=1}^{n} (x_i - \bar{x})^2$ (4.26)

加權式方差：$\sigma^2 = \dfrac{1}{\sum f} \sum\limits_{i=1}^{n} (x_i - \bar{x})^2 \cdot f$ (4.27)

式中：σ^2 為方差；$(x_i - \bar{x})$ 為離差；f 為各項次數；n 或 $\sum f$ 為總次數。

(三) 標準差系數

全距、方差、標準差都有與平均數相同的計量單位，也與各單位標誌值的計量單位相同，它們代表相同的實物量，是反應總體各單位標誌值差異的絕對量指標。其數值的大小，要受變量值本身絕對量水準高低的影響。若研究的總體不相同，或計量單位不相同，或平均數不相同，它們變異指標的絕對數是不可以直接比較的。為此，需要計算變異指標的相對數，即離散系數。

離散系數有幾種，最常使用的是標準差系數，它是利用反應某種現象變量分佈狀況的標準差除以平均數來表明每單位平均數的離散程度，用百分數表示。標準差系數習慣上用字母「V_σ」表示。計算公式為：

$$V_\sigma = \dfrac{\sigma}{\bar{x}} \times 100\%$$ (4.30)

【例 4.30】某地糧食平均畝產 600 千克，標準差為 60 千克；某企業工人的月平均工資是 1,500 元，標準差為 120 元。問哪個平均數的代表性大？

單從標準差來看，糧食平均畝產的標準差小於企業工人的月平均工資的標準差，若以此得出結論：某地糧食平均畝產 600 千克的代表性大，這是錯誤的。因為，兩個平均數屬於不同總體，而且計量單位不同，最主要的是平均數也不同，所以單憑標準差是不能判定兩個平均數代表性的大小，而應該計算標準差系數來進行判斷。

糧食畝產的標準差系數：$V_\sigma = \dfrac{\sigma}{\bar{x}} \times 100\% = \dfrac{60}{600} \times 100\% = 10\%$

某企業工人工資的標準差系數：$V_\sigma = \dfrac{\sigma}{\bar{x}} \times 100\% = \dfrac{120}{1,500} \times 100\% = 8\%$

計算結果表明：由於某企業工人工資的標準差系數小於糧食畝產，所以某企業工人月平均工資的離散程度小，其平均工資 1,500 元的代表性大。

本章小結

綜合指標分析是統計分析的基本方法,利用綜合指標進行分析的方法就是綜合指標分析法。綜合指標是通過對數據採集獲得的原始數據進行整理、匯總、計算後得到的,常用的綜合指標有總量指標、相對指標、平均指標和標誌變異指標等。具體包括:

1. 總量指標

總量指標是反應社會經濟現象發展的總規模、總水準的綜合指標。按反應內容不同分為總體單位總量和總體標誌總量;按反應時間狀況不同分為時期指標和時點指標。特別注意時期指標和時點指標的區別。

2. 相對指標

相對指標是由兩個相互聯繫的統計指標對比計算得到的反應社會經濟現象之間數量聯繫程度的綜合指標。按研究的目的和任務不同,對比基礎不同,相對指標有計劃完成相對指標、結構相對指標、比例相對指標、比較相對指標、強度相對指標和動態相對指標。相對指標的表現形式有無名數和有名數兩種,有名數主要用來表現強度相對指標的數值。六種相對指標中,重點和難點在計劃完成相對指標。

3. 平均指標

平均指標是表明同類現象在一定時間、地點條件下所達到一般水準的綜合指標。平均指標有算術平均數、調和平均數、幾何平均數、中位數和眾數,前三種是數值平均數,後兩種是位置平均數。算術平均數,特別是加權算術平均數的計算和應用是學習的重點和難點。

4. 標誌變異指標

標誌變異指標是反應總體各單位標誌值差別和離散狀態的綜合指標。它與平均指標關係緊密,相輔相成,常用它來反應平均指標代表性的大小。標誌變異指標主要有全距、標準差和離散系數。

案例分析

平均指標與變異指標結合運用,全面認識和評價總體

將平均指標與變異指標結合運用,既能說明總體的一般水準,又能說明總體內部的差異程度。在對企業分析中,常將兩個指標結合,來對兩個總體平均數代表性大小的比較,以及生產均衡性的分析。

例如,在勞動競賽中,某車間兩個班組都是5個工人,並且生產同一種產品。某月兩個班組工人產品產量資料如下表:

項目四　綜合指標分析

表4-18　　　　　　　　　某車間某月兩個班組工人產量資料表

工人編號	1	2	3	4	5	合計	平均產量
甲組(件)	300	250	200	150	100	1,000	200
乙組(件)	208	205	202	200	185	1,000	200

經過計算,兩個班組工人的平均產量都是200件／人。就勞動生產率來看,兩個班組完全相同,但現在只能評一個先進班組,可結合計算產量的變異指標進行比較。

常用的變異指標是標準差,其計算公式為:

$$\sigma = \sqrt{\frac{1}{n}\sum_{i=1}^{n}(x_i - \bar{x})^2}$$

甲班組工人產量的標準差為:

$$\sigma = \sqrt{\frac{(300-200)^2 + (250-200)^2 + (200-200)^2 + (150-200)^2 + (100-200)^2}{5}}$$

$= 70.71$(件)

乙班組工人產量的標準差為:

$$\sigma = \sqrt{\frac{(208-200)^2 + (205-200)^2 + (202-200)^2 + (200-200)^2 + (185-200)^2}{5}}$$

$= 7.97$(件)

計算結果表明:在勞動生產率相同的前提下,乙班組工人產量的標準差小於甲班組。即乙班組工人勞動生產率的穩定性好於甲班組,應評乙班組為先進班組。

生產的均衡性是指企業、車間或班組能按月、按旬、按日完成生產任務,或一年之內各月、一月之內各旬、一旬之內各日均衡完成生產任務,無前鬆後緊或前緊後鬆等不良現象,以保證生產的節奏性和秩序性,保證設備、勞動力充分利用,保證產品質量。運用平均指標和變異指標的結合,可分析生產的均衡性。

問題思考

1. 什麼是總量指標?有何作用?
2. 舉例說明總體單位總量和總體標誌值總量。
3. 什麼是時期指標和時點指標?二者有何區別?
4. 什麼是相對指標?有哪些表現形式?
5. 什麼是計劃完成相對指標?如何評價計劃完成情況?
6. 如何區別算術平均數與強度相對指標?
7. 什麼是加權算術平均數?如何理解權數的意義?
8. 什麼是標誌變異指標?主要有哪幾種?

項目五 時間數列分析

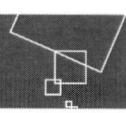

本章教學要點概覽

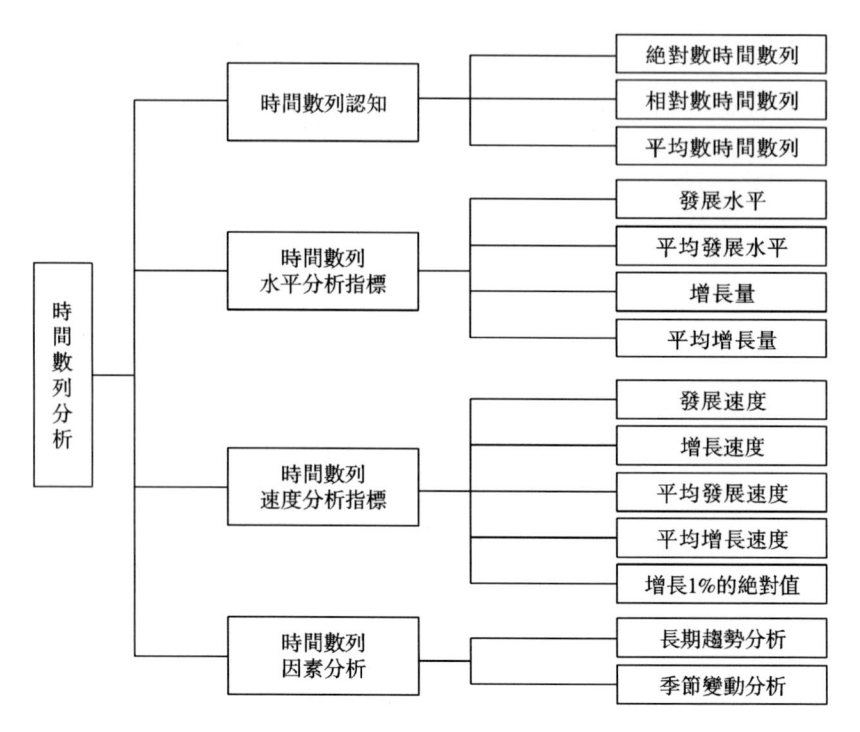

```
                                        ┌─ 絕對數時間數列
                    ┌─ 時間數列認知 ─────┼─ 相對數時間數列
                    │                   └─ 平均數時間數列
                    │
                    │                   ┌─ 發展水平
                    │   時間數列         ├─ 平均發展水平
                    ├─ 水平分析指標 ─────┤
  時                │                   ├─ 增長量
  間                │                   └─ 平均增長量
  數 ────────────── ┤
  列                │                   ┌─ 發展速度
  分                │   時間數列         ├─ 增長速度
  析                ├─ 速度分析指標 ─────┼─ 平均發展速度
                    │                   ├─ 平均增長速度
                    │                   └─ 增長1%的絕對值
                    │
                    │   時間數列         ┌─ 長期趨勢分析
                    └─ 因素分析    ─────┤
                                        └─ 季節變動分析
```

【情境導入】

2007—2016 年中國人口數據

年份	歷年總人口 （萬人）	男性人口 （萬人）	女性人口 （萬人）	城鎮人口 （萬人）	鄉村人口 （萬人）
2007	132129	68048	64081	60633	71496
2008	132802	68357	64445	62403	70399

表(續)

年份	歷年總人口（萬人）	男性人口（萬人）	女性人口（萬人）	城鎮人口（萬人）	鄉村人口（萬人）
2009	133450	68647	64803	64512	68938
2010	134091	68748	65343	66978	67113
2011	134735	69068	65667	69079	65656
2012	135404	69395	66009	71182	64222
2013	136072	69728	66344	73111	62961
2014	136782	70079	66703	74916	61866
2015	137462	70414	67048	77116	60346
2016	138271	70815	67456	79298	58973

資料來源：國家統計數據網.

分析：時間數列分析是一種廣泛應用的數量分析方法，它主要用於描述和探索現象發展變化的數量規律性。本章主要討論時間數列分析方法在社會經濟領域中的一些應用，具體包括時間數列中各指標的對比分析和時間數列的構成分析兩方面內容。

本章教學內容提示

　　靜止是相對的，運動是絕對的，社會經濟現象也不例外，它們時時都處在發展變化過程中。本章學習目標在於使學生通過時間數列來認識現象的發展變化，並預測未來。

　　時間數列分析是一種廣泛應用的數量分析方法，它主要用於描述和探索現象發展變化的數量規律性。本章主要討論時間數列分析方法在社會經濟領域中的一些應用，具體包括時間數列中各指標數值的對比分析和時間數列的構成分析兩方面內容。

任務一　時間數列

一、時間數列的概念

　　為了探索某些現象發展變化的規律性，我們需要不間斷地觀察其活動的數量特徵，來取得被觀察現象在不同時間上的指標數值。

　　時間數列是指同一觀察現象在不同時間的指標數值按照時間先後順序排列而形成的數列。時間數列亦稱為時間序列或動態數列。所謂動態，就是指觀察對象的數量在時間上的發展變化。

【例5.1】 某企業近幾年有關統計資料如表5－1。

表5－1　　　　　　　　　　某企業近幾年有關統計資料

年份	2012年	2013年	2014年	2015年	2016年	2017年
利潤額(萬元)	320	322	315	340	360	342
年初職工人數(人)	405	410	420	422	418	426

時間數列總是以指標數值本身的時間限制要素作為排序單位,反應時間變化與數量的相互對應關係。如表5－1所示,時間數列在形式上由兩部分構成:一是統計資料所屬時間,排列的時間可以是年份、季度、月份或其他任何時間形式;二是現象在不同時間上對應的指標數值。它們是構成時間數列的兩個基本要素。

二、時間數列的作用

時間數列是對各指標數值進行對比分析,考察影響因素,預測現象發展趨勢的基礎。具體表現在:

(1)通過時間數列各時間上指標數值的比較,可以具體地描述現象數量發展變化的過程和狀態。

(2)通過時間數列的指標數值,可以計算一系列動態分析指標,進一步反應現象發展的絕對水準和相對水準。

(3)根據時間數列的指標數值,建立間接計量模型,為統計預測和決策提供依據,以便評價當前,安排未來。

因此,時間數列分析是社會經濟統計的重要分析方法。

三、時間數列的種類

時間數列按其數列中統計指標的表現形式不同,可分為絕對數時間數列、相對數時間數列和平均數時間數列三種。其中,絕對數時間數列是基本數列。

(一)絕對數時間數列

將一系列同類的絕對數(總量指標)按時間先後順序排列而形成的時間數列,稱為絕對數時間數列。它是反應社會經濟現象在各時間達到的絕對水準及其發展變化情況。如果按所反應的社會經濟現象性質來看,可分為時期數列和時點數列。

1. 時期數列

當時間數列中所包含的各時間單位上的絕對數都是反應社會經濟現象在某一段時期內的發展過程時,這種絕對數時間數列就稱為時期數列,例如表5－1所列示的利潤額資料。時期數列中各個絕對數都是時期指標。

時期數列的特點主要有:

(1)時期數列中各個指標數值可以相加,相加後的數值表示現象在更長時期內發展過程的總量。

(2)時期數列中每個指標數值的大小與時期的長短有直接關係。「時期」是指時間數列

中每個指標數值所屬的時間長度。一般來講,時間愈長,指標數值愈大;反之,指標數值愈小(指標數值出現負數除外)。也就是說時期指標是具有時間長度的。

(3) 時期數列中的指標數值一般採用連續登記辦法獲得。因為時期數列各指標數值是反應現象在一段時間內發展過程的總量,它就必須對在這段時間內所發生的數量逐一登記後進行累計。

2. 時點數列

當時間數列所包含的各時間單位上的絕對數都是反應社會經濟現象在某一時點上所達到的水準時,這種絕對數時間數列就稱為時點數列。例如表 5-1 所列示的職工人數資料。時點數列中各個指標數值都是時點指標。

時點數列又分為連續時點數列和間斷時點數列,具體見本章任務三平均發展水準的相關內容。

時點數列的特點主要有:

(1) 時點數列中各指標數值不具有可加性。由於時點數值顯示的是社會經濟在某一時點(或時刻)上所處的狀態或水準,因而將各個不同時點上的數值相加,無法說明這個數值是屬於哪一個時間狀態或水準,一般相加無實際意義。

(2) 時點數列每個指標數值只表明現象在某時點的數量,其指標數值的大小與時間間隔的長短無直接關係。如某時點現象的年末數值可能大於月末數值,也可能小於月末數值。即時點指標不具有時間長度。

(3) 時點數列的指標數值一般採用間斷登記辦法獲得。因為時點數列的各指標數值都是反應現象在某一時刻上的數量,只要在某一時點上進行統計,就可以取得該時點的資料,不必連續進行登記。

☆知識連結

> 時期指標也稱為流量,時點指標也稱為存量。流量和存量是國民經濟核算中的兩個非常重要的概念,二者是緊密聯繫的。例如,資產負債都是與一定時點相對應的量,即都是存量。期初的資產存量是國民經濟流量運行的條件,而期末存量又是本期國民經濟流量運行的結果,同時,期末存量又是下期國民經濟運行的條件。

(二) 相對數時間數列

將某一個相對指標在各個時間上的指標數值按時間先後順序排列而形成的時間數列叫相對數時間數列。它反應社會經濟現象之間相互聯繫的發展過程、狀態和趨勢。在相對數時間數列中各指標數值是不能相加的。

【例5.2】某家用電器廠生產的某產品在本市同類企業生產的同種產品中所占比重(即企業生產比重)與市場佔有率資料如表 5-2 所示。

表 5-2　　　　　　　　　某家用電器廠生產、銷售比重

年份	2013 年	2014 年	2015 年	2016 年	2017 年
企業生產比重(%)	22.3	25.5	26.4	26.0	27.1
市場佔有率(%)	32.1	30.2	23.8	18.5	15.2

上述資料表明：

(1)2013—2014 年該廠產品的競爭能力相當強,市場佔有率遠大於生產比率。

(2)2015—2016 年該廠產品的競爭能力迅速下降,市場佔有率已經小於生產比率,說明此時該廠產品在市場雖還能勉強站住腳。但若照此速率下降,兩三年後,該廠產品在市場將無立足之地。

因為相對數有六種,所以相對數時間數列也有六種。

【例5.3】如上例的家用電器廠的其他資料如表 5-3 所示。

表 5-3　　　　　　　　　某家用電器廠其他資料

序號	指標名稱	2014 年	2015 年	2016 年	2017 年	動態數列種類
1	生產計劃完成程度(%)	103	110	106	112	計劃完成程度
2	市場佔有率(%)	30.2	23.8	18.5	15.2	結構
3	生產人員占非生產人員(%)	128	142	140	148	比例
4	甲車間為乙車間產量的(%)	85	88	90	93	比較
5	每千個名職工保健醫生數	3	3	4	5	強度
6	職工人數為上年的(%)	101	104	98	105	動態

在編製相對數時間數列時,要注意百分號、千分號的表示,以及在表中的位置與應用。

(三) 平均數時間數列

將某一個平均指標在各個時間上的指標數值按時間先後順序排列而形成的時間數列叫平均數時間數列。它反應社會經濟現象一般水準的發展趨勢。在平均數時間數列中各個指標數值同相對數時間數列一樣,直接相加沒有經濟意義。

【例5.4】某省歷年職工平均工資排列形成的時間數列即為平均數時間數列,如表5-4。

表 5-4　　　　　　　　　某省歷年職工平均工資資料表

時間	2013 年	2014 年	2015 年	2016 年	2017 年
職工月平均工資(元)	1,250	1,340	1,560	1,820	1,900

綜上所述,時間數列的種類可以用圖 5-1 所示。

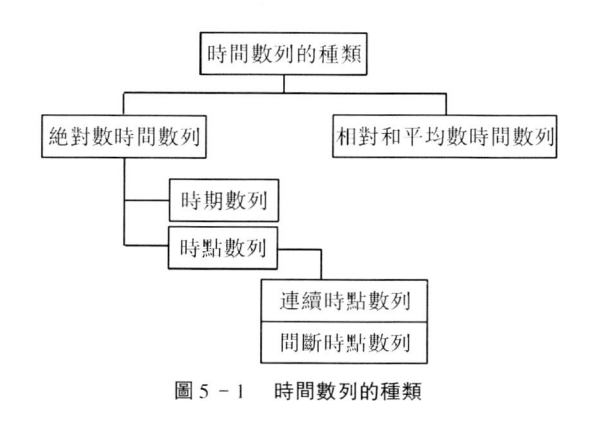

```
時間數列的種類
├── 絕對數時間數列
│   ├── 時期數列
│   └── 時點數列
│       ├── 連續時點數列
│       └── 間斷時點數列
└── 相對和平均數時間數列
```

圖 5-1　時間數列的種類

四、編製時間數列的原則

編製時間數列的重要目的是為了進行動態分析，通過比較同類現象在不同時間上的指標數值，來研究社會經濟現象的發展變化過程或趨勢。因此，保證數列中各指標數值之間的可比性，是編製時間數列應遵循的基本原則。可比性的具體要求是：

（一）時間上要具有可比性

對於時期數列，它的觀察值的大小與包含的時間長短有直接關係，所以同一時期數列，各指標數值所屬的時間長短應當一致，即同為月度、季度或年度資料；對於時點數列，每一個指標數值反應的是現象在某一瞬間上的總量，指標數值的大小與時間間隔長短沒有直接聯繫，理論上時點數列的時點間隔可以不相同，但在實踐過程中，一般要求各時點的間隔盡可能相等，以便準確地研究現象發展變化的動態或趨勢。

（二）總體範圍應該一致

指標數值的大小與被研究現象所屬總體空間範圍有直接關係。例如，研究四川省自改革開放以來的經濟發展情況時，對重慶市劃出成為直轄市前後四川省的各項經濟指標是不能直接進行對比的，必須調整後，同一總體範圍內的各年經濟指標對比方才說明問題。

（三）指標的經濟內容要一致

對於指標名稱相同，而前後時期經濟內容不一致的，不能進行對比，需要作調整。例如，勞動生產率有按國內生產總值計算的勞動生產率和按總產出計算的勞動生產率，兩者不能混淆。又如，國民經濟的兩個核算體系：物質平衡體系（MPS）和國民帳戶體系（SNA）。前者與計劃經濟體制相適應，後者與市場經濟條件下的國家宏觀管理要求相適應，這兩個核算體系的範圍、內容和方法都有差異。新中國建立後一直實行的是 MPS 的核算體系，從 1992 年開始實行新的核算體系，對同一個國民經濟總量指標，在不同的核算體系下，內涵是不一樣的。

（四）計算方法、計算價格和計量單位應一致

對於指標名稱相同，經濟內容一致時，有時因計算方法不一致，各時間的指標數值也不具有可比性。如果某種統計指標的計算方法作了重大改變，利用時間數列進行比較時，要統一計算方法。另外，在計算時所使用的價格種類較多，同類指標的計算價格不同，指標數值的大小也就不一樣。因此，在時間數列中同類指標數值的計算價格要統一，實物指標的計量單

位也要相同,當計量單位作了改變,要注意將其調整成一致。例如,GDP 有三種計算方法:生產法、收入法和支出法;計算價格有兩種:現行價格和不變價格。在編製 GDP 時間數列時,要注意採用同一種計算方法、計算價格和計量單位。

任務二　　時間數列分析指標

編製和運用時間數列的目的是要深刻地揭示社會經濟現象的發展過程和規律,反應現象的發展水準和發展速度。為此,需要計算一系列的指標,進行動態分析。需要計算的指標包括發展水準、平均發展水準、增長量、平均增長量、發展速度、增長速度、平均發展速度、平均增長速度和增長1%的絕對數等。這些動態分析指標我們分為三個部分進行學習,即時間數列的分析指標、平均發展水準和平均速度。

一、發展水準和增長量

(一) 發展水準

在時間數列中,現象在不同時間上對應的指標數值叫發展水準或時間數列水準,它是時間數列的兩個構成要素之一,也是計算其他動態分析數據的基礎。它可以用絕對數表示,也可以用相對數或平均數來表示。

時間數列中第一個指標數值稱為最初水準,最後一個指標數值稱為最末水準,其餘各個指標數值稱為中間水準,這是根據各個指標數值在時間數列中所處的位置不同劃分的。在動態分析中,我們將所研究的那一時期的指標數值稱為報告期水準或計算期水準,而將用來比較的作為基礎時間的指標數值稱為基期水準。在本章用 a 代表時間數列中的各個發展水準,對於給定的時間數列:$a_0, a_1, a_2, \cdots, a_{n-1}, a_n$,則 a_0 為最初水準,a_n 為最末水準,其餘各項 $a_1, a_2, \cdots, a_{n-1}$ 為中間水準。期初、期末、報告期、基期發展水準的概念是相對的,他們要隨研究目的的不同而變化。

發展水準在文字使用上一般用「增加到」、「增加為」、「降低到」、「降低為」來表示。例如,在表 5－4 的資料中,對職工月平均工資的表述為:從 2013 年 1,250 元增加到 2017 年 1,900 元。

(二) 增長量和平均增長量

1. 增長量

增長量是報告期水準與基期水準之差,表明現象報告期水準比基期水準增加或減少的數量。

增長量 = 報告期水準 － 基期水準

如果增長量是正值,表明報告期比基期絕對量增加;如果增長量是負值,表明報告期比基期絕對量減少。因此,增長量也可以叫「增減量」。

【例5.5】某地區2017年糧食產量為578 萬噸,2016年糧食產量為560 萬噸,則2017年與2016年相比,糧食的增長量為:

578 − 560 = 18(萬噸)

增長量表明所觀察的現象發展變化的方向和規模。則該例的糧食增長量說明:糧食產量 2017 年是增長的,增長的規模是 18 萬噸。

由於採用基期的不同,增長量可分為兩種:逐期增長量和累計增長量。

(1) 逐期增長量

逐期增長量是以前期水準作為基期,即:

逐期增長量 = 報告期水準 − 前期水準

它表明相鄰兩個時期每一個報告期比前一個時期增長的絕對數量。公式為:

$$a_1 - a_0, a_2 - a_1, a_3 - a_2, \cdots, a_n - a_{n-1} \tag{5.1}$$

(2) 累計增長量

累計增長量是以固定基期水準作為基期,即:

累計增長量 = 報告期水準 − 固定基期水準

它表明現象在一段時期內報告期比某一固定時期水準總的增加或減少數量。公式為:

$$a_1 - a_0, a_2 - a_0, a_3 - a_0, \cdots, a_n - a_0 \tag{5.2}$$

【例 5.6】根據表 5 − 5 分別計算各年逐期增長量與累計增長量。

表 5 − 5　　　　某地區近幾年糧食產量資料及增長量計算表　　　　單位:萬噸

年份	2012 年	2013 年	2014 年	2015 年	2016 年	2017 年
符號	a_0	a_1	a_2	a_3	a_4	a_5
糧食產量	400	440	500	540	560	578
逐期增長量	—	40	60	40	20	18
累計增長量	—	40	100	140	160	178

上表資料說明了該地區糧食產量每年增長的幅度和累計增長的規模。

(3) 累計增長量與逐期增長量的關係

累計增長量與逐期增長量之間存在一定關係,即累計增長量等於各期逐期增長量之和。以算式表現其關係為:

$$a_n - a_0 = (a_1 - a_0) + (a_2 - a_1) + \cdots + (a_n - a_{n-1}) \tag{5.3}$$

如表 5 − 5 中,2017 年糧食產量較 2012 年增加了 178 萬噸,為 2012—2017 年各年逐期增長量之和。即:

40 + 60 + 40 + 20 + 18 = 178(萬噸)

同時,累計增長量與逐期增長量的關係還表現在:相鄰兩個累計增長量之差,等於相應時期的逐期增長量。即:

$$a_n - a_{n-1} = (a_n - a_0) - (a_{n-1} - a_0) \tag{5.4}$$

即 2017 年的逐期增長量 = 178 − 160 = 18(萬噸)

2. 平均增長量

平均增長量也是一種序時平均數。它是將各個逐期增長量相加以後，除以逐期增長量的個數，反應現象在一定期內各期平均增長的數量。公式為：

$$\text{平均增長量} = \frac{\text{逐期增長量之和}}{\text{逐期增長量個數}} = \frac{\text{累計增長量}}{\text{時間數列項數} - 1} \tag{5.5}$$

根據表 5-5 中的資料，計算 2012—2017 年，該地區每年的平均糧食增長量：

$$\text{年均糧食增長量} = \frac{40 + 60 + 40 + 20 + 18}{5} = \frac{178}{5} = 35.6 (\text{萬噸})$$

計算平均增長量，可以分析社會現象在一段時期內增長的一般水準，作為編製中、長期計劃和進行考核的依據。

二、發展速度與增長速度

(一) 發展速度

發展速度是用報告期水準與基期水準進行對比，所得到的動態相對數，用來反應社會經濟現象發展變化的程度。其計算公式為：

$$\text{發展速度} = \frac{\text{報告期水準}}{\text{基期水準}} \times 100\%$$

例如：根據表 5-5 資料 2017 年糧食產量與 2016 年糧食產量進行對比，所得的發展速度為：

$$\text{發展速度} = \frac{\text{報告期水準}}{\text{基期水準}} \times 100\% = \frac{578}{560} \times 100\% = 103.21\%$$

計算結果表明該地區糧食產量 2017 年比 2016 年發展變化程度為 103.21%，增長了 3.21%。

在計算發展速度中，由於所選擇基期的不同，分為環比發展速度和定基發展速度。

1. 環比發展速度

環比發展速度是以報告期水準與其前一期水準對比所得到的動態相對數。表明現象逐期的發展變動程度。計算公式為：

$$\text{環比發展速度} = \frac{\text{報告期水準}}{\text{前一期水準}}$$

用符號表示為：

$$\frac{a_1}{a_0}, \frac{a_2}{a_1}, \frac{a_3}{a_2}, \cdots, \frac{a_n}{a_{n-1}} \tag{5.6}$$

【例 5.7】由表 5-5 的資料來計算速度指標得表 5-6。

表 5-6　　　　　某地區近幾年糧食產量資料及速度指標計算表　　　　　單位：萬噸

年份	2012 年	2013 年	2014 年	2015 年	2016 年	2017 年
符號	a_0	a_1	a_2	a_3	a_4	a_5
糧食產量	400	440	500	540	560	578

表5-6(續)

年份	2012 年	2013 年	2014 年	2015 年	2016 年	2017 年
環比發展速度(％)	–	110.00	113.64	108.00	103.70	103.21
定基發展速度(％)	100	110.00	125.00	135.00	140.00	144.50
環比增長速度(％)	–	10.00	13.64	8.00	3.70	3.21
定基增長速度(％)	–	10.00	25.00	35.00	40.00	44.50

在表5–6中,2013年、2014年……2017年的環比發展速度,分別為:110.00%、113.64%、108.00%、103.70%、103.21%。

2. 定基發展速度

定基發展速度是用報告期水準與某一固定基期水準(通常為最初水準)對比所得到的動態相對數,用來表明所觀察現象在一段時期內發展的總速度。計算公式為:

$$定基發展速度 = \frac{報告期水準}{固定基期水準}$$

用符號表示為:

$$\frac{a_1}{a_0}, \frac{a_2}{a_0}, \frac{a_3}{a_0}, \cdots, \frac{a_n}{a_0} \tag{5.7}$$

在表5–6中,以2012年為固定基期,各年的定基發展速度分別為:110.00%、125.00%、135.00%、140.00%、144.50%。

3. 兩者之間的關係

二者在數量上存在著依存關係:

$$\frac{a_n}{a_0} = \frac{a_1}{a_0} \times \frac{a_2}{a_1} \times \frac{a_3}{a_2} \times \cdots \times \frac{a_n}{a_{n-1}} \tag{5.8}$$

即定基發展速度等於同時期內各環比發展速度的連乘積。

如表5–6所示,2017的糧食產量年為2012年的144.50%,它等於這一段時期內各年環比發展速度的連乘積。即:

144.50% = 110.00% × 113.64% × 108.00% × 103.70% × 103.21%

$$\frac{a_n}{a_{n-1}} = \frac{a_n}{a_0} \div \frac{a_{n-1}}{a_0} \tag{5.9}$$

即兩個相鄰時期的定基發展速度之商等於相應時期的環比發展速度。

如表5–6所示,2017年的定基發展速度除以2016年的定基發展速度,等於2017年環比發展速度。即:

103.21% = 144.50% ÷ 140.00%

(二) 增長速度

增長速度是用增長量與基期水準對比所得到的相對數。它是扣除了基數後的變動程度,表明現象增長(或下降)的相對程度。計算公式為:

$$增長速度 = \frac{增長量}{基期水準} = \frac{報告期水準 - 基期水準}{基期水準}$$

$$= \frac{報告期水準}{基期水準} - 1 = 發展速度 - 1$$

計算得到的比率有正有負,正值表明所研究現象的增長程度,其發展方向是上升的;負值表明所研究現象的減少程度,其發展方向是下降的。

根據時間數列計算增長速度時,由於選擇期的不同,可以分為環比增長速度和定基增長速度。

1. 環比增長速度

環比增長速度是選擇前一期水準作基期,表明現象逐期增長(或降低)的程度及方向。即:

$$環比增長速度 = \frac{逐期增長量}{前一期水準} = 環比發展速度 - 1(或100\%)$$

以符號表示的算式為:

$$\frac{a_1 - a_0}{a_0}, \frac{a_2 - a_1}{a_1}, \frac{a_3 - a_2}{a_2}, \cdots, \frac{a_n - a_{n-1}}{a_{n-1}}$$

$$或 \frac{a_1}{a_0} - 1, \frac{a_2}{a_1} - 1, \frac{a_3}{a_2} - 1, \cdots, \frac{a_n}{a_{n-1}} - 1 \tag{5.10}$$

如表5-6所示,2012年,2013年……2017年的環比增長速度分別為:10.00%、13.64%、8.00%、3.70%、3.21%。

2. 定基增長速度

定基增長速度是選擇固定基期水準作為基期,表明現象在一個較長時期內總的增長(或減少)的程度及方向,又稱總增長速度。即:

$$定基增長速度 = \frac{累計增長量}{固定基期水準} = 定基發展速度 - 1(或100\%)$$

以符號表示的算式為:

$$\frac{a_1 - a_0}{a_0}, \frac{a_2 - a_0}{a_0}, \frac{a_3 - a_0}{a_0}, \cdots, \frac{a_n - a_0}{a_0}$$

$$或 \frac{a_1}{a_0} - 1, \frac{a_2}{a_0} - 1, \frac{a_3}{a_0} - 1, \cdots, \frac{a_n}{a_0} - 1 \tag{5.11}$$

如表5-6所示,以2012年為固定基期,各年的定基增長速度(即各年與2012年比較的總增長速度)分別為10.00%、25.00%、35.00%、40.00%、44.50%。

需要特別強調的是,兩種增長速度都是發展速度的派生指標,它只反應現象增長(或減少)的相對程度,所以,定基增長速度不等於各環比增長速度的連乘積,相互間不能直接推算,若要由環比增長速度求定基增長速度,必須將環比增長速度加上基數1(或100%)還原為環比發展速度,然後再將各環比發展速度連乘得到定基發展速度,最後將其結果減1(或100%)就是定基增長速度。

如表5-6所示,已知2012年至2017年環比增長速度分別為10.00%、13.64%、8.00%、3.70%、3.21%,在這段時間糧食產量總增長速度為:

$(10\% + 1) \times (13.64\% + 1) \times (8\% + 1) \times (3.7\% + 1) \times (3.21\% + 1) - 1 = 44.5\%$

三、增長 1% 的絕對值

現象的增長量是說明現象的增長的絕對數量,而增長速度是說明現象增長的相對程度。有時速度快,但增長的絕對數量可能很小;有時速度慢,但增長的絕對數量可能較大。為了全面反應現象的發展變化情況,必須計算增長 1% 的絕對值。它實際上是水準分析和速度分析的結合。

增長 1% 的絕對值,可採用以下兩個公式計算:

$$\text{增長 1\% 的絕對值} = \frac{\text{逐期增長量}}{\text{環比增長速度}} \times 1\% \tag{5.12}$$

$$= \frac{\text{前一期水準}}{100} \tag{5.13}$$

這兩個公式,在內容上是一致的。即:

$$\text{增長 1\% 的絕對值} = \frac{\text{逐期增長量}}{\text{環比增長速度}} \times 1\% = \frac{\text{逐期增長量}}{\frac{\text{逐期增長量}}{\text{前一期水準}}} \times \frac{1}{100} = \frac{\text{前一期水準}}{100}$$

【例 5.8】有甲、乙兩個企業 2016 年和 2017 年總產值資料如表 5 – 7。

表 5 – 7　　　　　　　甲、乙兩個企業 2016 年和 2017 年總產值資料

年份	甲企業 總產值(萬元)	甲企業 增長速度(%)	乙企業 總產值(萬元)	乙企業 增長速度(%)
2016 年	4,000	—	100	—
2017 年	4,400	10	130	30

甲企業增長 1% 的絕對值 $= \frac{4,400 - 4,000}{10\%} \times 1\% = 40$(萬元)

或:甲企業增長 1% 的絕對值 $= \frac{4,000}{100} = 40$(萬元)

乙企業增長 1% 的絕對值 $= \frac{130 - 100}{30\%} \times 1\% = 1$(萬元)

或:乙企業增長 1% 的絕對值 $= \frac{100}{100} = 1$(萬元)

從增長速度上看,乙企業比甲企業高,而增長 1% 的絕對值甲廠為 40 萬元,乙企業為 1 萬元,甲企業遠高於乙企業。所以,用增長 1% 的絕對值來分析研究問題,能夠幫助我們看到問題的實質,抓住問題的關鍵和重點,而不是被單純的速度所迷惑。

任務三　平均發展水準

平均發展水準是對時間數列中不同時間上各發展水準計算的平均數,它表明現象在整

個發展過程中發展變動的一般水準,又稱為序時平均數或動態平均數。它與第四章講的一般平均數一樣,都是抽象了現象的數量差異,概括地反應現象的一般水準。但兩者間仍存在差別:序時平均數是根據時間數列計算,將現象在不同時間上的數量差異抽象化,從動態上反應現象的一般水準;一般平均數是根據變量數列計算,將某一數量特徵在總體各單位間的差異抽象化,從靜態上反應現象的一般水準。

由於時間數列中各指標數值性質有不同特點,因此,根據不同的時間數列計算序時平均數時應採用不同的計算方法。

一、由絕對數時間數列計算平均發展水準

(一) 由時期數列計算平均發展水準

由於時期數列的各項指標數值可以相加,所以,由時期數列計算序時平均數可採用簡單算術平均法。其公式為:

$$平均發展水準 = \frac{數列中各項觀察數值之和}{項數}$$

若用字母符號表示,則計算公式為:

$$\bar{a} = \frac{a_1 + a_2 + a_3 + \cdots + a_n}{n} = \frac{\sum a}{n} \tag{5.14}$$

式中:$\bar{a}$ 為時間數列的平均發展水準;$a_1, a_2, \cdots, a_n$ 為時間數列中各期發展水準;n 為時間項數;$\sum a$ 是 $\sum_{i=1}^{n} a$ 的簡單表達式,以後公式相同。

【例5.9】某企業2017年上半年有關資料如表5-8,計算該企業月平均增加值和月平均利稅額。

表5-8　　　　　　　　　時期數列序時平均數計算舉例

月份	1月	2月	3月	4月	5月	6月	合計
月增加值(萬元)	300	300	340	340	3,650	400	2,040
月利稅額(萬元)	40	40	50	60	50	60	300

這是兩個時期數列,應採用簡單算術平均法計算序時平均數。例:

月平均增加值:$\bar{a} = \dfrac{\sum a}{n} = \dfrac{2,040}{6} = 340$(萬元)

月平均利稅額:$\bar{a} = \dfrac{\sum a}{n} = \dfrac{300}{6} = 50$(萬元)

(二) 由時點數列計算平均發展水準

因為時點數列中各項指標不能直接相加,在計算平均發展水準時,是以假定相鄰時點間現象均勻變動為前提。在統計實務中,將「天」作為最小的統計單位,如果知道每天的資料,則認為數據的統計是連續的,所形成的時間數列稱為連續時點數列;如果不是每天的資料,

而是間隔一段時間統計一次獲得數據資料,則形成的時間數列稱為間斷時點數列。我們分別對連續時點數列和間斷時點數列運用不同方法計算。

1. 根據連續時點數列計算平均發展水準

(1) 如果每天的資料都掌握,則用數列中每天的指標數值之和,除以日曆天數,即採用簡單算術平均法計算序時平均數。其公式為:

$$\bar{a} = \frac{\sum a}{n} \tag{5.15}$$

【例5.10】某班學生一週內每天的出勤情況如表5-9,計算一週平均出勤人數。

表5-9　　　　　　　　某班一週內每天出勤人數資料

日期	星期一	星期二	星期三	星期四	星期五
出勤人數(人)	55	56	53	57	54

這是一個連續時點數列,應採用簡單算術平均法計算。則:

$$\bar{a} = \frac{\sum a}{n} = \frac{55+56+53+57+54}{5} = 55 （人）$$

(2) 社會經濟現象在很多時候並不是時時在發生變化,我們不必每天進行統計,只需要在數量發生變化時才記錄一次。此時計算平均發展水準,以數據持續的天數作為權數,採用加權算術平均法。計算公式為:

$$\bar{a} = \frac{\sum af}{\sum f} \tag{5.16}$$

式中:f 為各時點水準持續的天數,即權數。

【例5.11】某企業在2017年6月份職工人數變動資料如表5-10。

表5-10　　　　　　　某企業2017年6月份職工人數變動資料

日期	1~8日	9~15日	16~25日	26~30日
職工人數(人)	500	510	520	516

該企業6月份職工平均人數為:

$$\bar{a} = \frac{\sum af}{\sum f} = \frac{500 \times 8 + 510 \times 7 + 520 \times 10 + 516 \times 5}{8+7+10+5} = \frac{15,350}{30} = 511.7 \approx 512（人）$$

2. 根據間斷時點數列計算平均發展水準

在實際工作中,由於社會經濟現象複雜多變,不可能對各種現象時點的變動隨時進行登記,往往每隔一定時間或週期進行登記,這種間隔一定時間進行記錄所形成的時間數列稱為間斷時點數列。例如人口數、資產存量等,它們一般只統計期初或期末的數字。間斷時點數列分為間隔相等和間隔不相等兩種情況處理。

(1) 由間隔相等的間斷時點數列計算平均發展水準。當掌握時間數列的各個指標數值

是間隔相等的期初或期末資料,在計算序時平均數時有一個前提條件,即假設指標數值在兩個相鄰時點間是均勻變動的。這時的計算步驟是:首先將指標數值的期初數加期末數除以2,即得本期的序時平均數;然後將各段時期的序時平均數相加,除以時期數,則得整個時期的序時平均數。

【例5.12】某企業有關資料如表5－11,求月平均職工人數及月平均固定資產額。

表5－11　　　　　　　　　某企業某年上半年統計資料

月份	1月	2月	3月	4月	5月	6月	7月
月初職工人數(人)	124	126	124	122	126	128	124
月初固定資產額(萬元)	60	60	61	64	64	70	70

根據表5－11中的資料,計算該企業上半年月平均人數,先求各月的職工平均人數。其計算公式如下:

$$\text{平均人數} = \frac{\text{期初人數} + \text{期末人數}}{2}$$

在這裡,可以將上月末人數當作本月初人數,因為上月末與本月初的這兩個時點一般是同一數值。同理,可以將本月末人數當作下月初人數。因此,各月平均人數如下:

$$1\text{月份的平均人數} = \frac{124+126}{2} = 125(\text{人})$$

$$2\text{月份的平均人數} = \frac{126+124}{2} = 125(\text{人})$$

$$3\text{月份的平均人數} = \frac{124+122}{2} = 123(\text{人})$$

$$4\text{月份的平均人數} = \frac{122+126}{2} = 124(\text{人})$$

$$5\text{月份的平均人數} = \frac{126+128}{2} = 127(\text{人})$$

$$6\text{月份的平均人數} = \frac{128+124}{2} = 126(\text{人})$$

將上面6個月的平均人數相加,除以6,則得上半年月平均人數。計算如下:

$$\text{上半年月平均人數} = \frac{125+125+123+124+127+126}{6} = 125(\text{人})$$

若把上面兩個步驟合併,可導出簡捷公式:

$$\bar{a} = \frac{\frac{124+126}{2}+\frac{126+124}{2}+\frac{124+122}{2}+\frac{122+126}{2}+\frac{126+128}{2}+\frac{128+124}{2}}{7-1}$$

$$= \frac{\frac{124}{2}+126+124+122+126+128+\frac{124}{2}}{7-1}$$

用符號代替得：

$$\bar{a} = \frac{\frac{a_1}{2} + a_2 + a_3 + a_4 + a_5 + a_6 + \frac{a_7}{2}}{7 - 1}$$

將上列計算過程概括為下列一般計算公式：

$$\bar{a} = \frac{\frac{a_1}{2} + a_2 + a_3 + \cdots + \frac{a_n}{2}}{n - 1} \tag{5.17}$$

以上公式被稱為「首末折半法」。但必須注意的是該公式只適用於各時點之間間隔相等的情況。

如表 5-11 資料,計算上半年平均各月的固定資產額為：

$$\bar{a} = \frac{\frac{60}{2} + 60 + 61 + 64 + 64 + 70 + \frac{70}{2}}{7 - 1} = 64$$

如果將上式稍加變形,可得：

$$\bar{a} = \frac{\frac{a_0 + a_1}{2} + \frac{a_1 + a_2}{2} + \cdots + \frac{a_{n-1} + a_n}{2}}{n}$$

$$\bar{a} = \frac{\bar{a}_1 + \bar{a}_2 + \bar{a}_3 + \cdots + \bar{a}_n}{n} \tag{5.18}$$

若掌握的是各時段時點的平均數,便可以直接用此公式計算序時平均數。

（2）由間隔不等的間斷時點數列計算序時平均數。時點數列的各指標數值在時點間隔不相等時,要以各時點間隔的時間長度為權數,採用加權平均法計算序時平均數。計算公式為：

$$\bar{a} = \frac{\frac{a_1 + a_2}{2} \times f_1 + \frac{a_2 + a_3}{2} \times f_2 + \cdots + \frac{a_{n-1} + a_n}{2} \times f_{n-1}}{\sum_{i=1}^{n-1} f_i} \tag{5.19}$$

式中：f 為各時點的時隔長度。

【例 5.13】某企業 2017 年有關職工人數資料如表 5-12。

表 5-12　　　　　　　某企業 2017 年職工人數資料

時間	1月1日	4月1日	7月31日	12月31日
職工人數(人)	500	560	580	600

根據公式計算該企業 2017 年的職工平均人數為：

$$\bar{a} = \frac{\frac{500 + 560}{2} \times 3 + \frac{560 + 580}{2} \times 4 + \frac{580 + 600}{2} \times 5}{3 + 4 + 5} \approx 568(人)$$

根據間斷時點數列計算序時平均數,是假定研究現象在相鄰兩個時點之間的變動是均

匀的,實際上各種現象的變動一般是不均勻的,因此,其計算結果只能是近似值。為了使計算結果能盡量反應實際情況,間斷時點數列的間隔不宜過長,以縮小計算誤差。

二、由相對數時間數列計算平均發展水準

相對數時間數列是絕對數時間數列的派生數列,由於相對數時間數列的每一個相對數對比的基礎不同,不能夠直接相加,因此相對數時間數列不能直接計算平均發展水準,必須先計算各相對數分子數列的序時平均數,再計算其分母數列的序時平均數,最後將分子數列的序時平均數與分母數列的序時平均數進行對比,所得的比值就是相對數時間數列的平均發展水準。計算公式如下:

$$相對數時間數列平均發展水準 = \frac{分子數列的序時平均數}{分母數列的序時平均數}$$

用符號表示,則:

$$\bar{c} = \frac{\bar{a}}{\bar{b}} \tag{5.20}$$

式中:$\bar{c}$ 為相對數時間數列的平均發展水準;$\bar{a}$ 為分子數列的序時平均數;$\bar{b}$ 為分母數列的序時平均數。

相對數時間數列的分子數列與分母數列有以下幾種情況:

(一)相對數時間數列的分子和分母都是時期數

若構成相對數時間數列的分子和分母都是時期數,則分別用時期數列的公式,計算其序時平均數。計算公式為:

$$\bar{c} = \frac{\bar{a}}{\bar{b}} = \frac{\frac{\sum a}{n}}{\frac{\sum b}{n}} = \frac{\sum a}{\sum b} \tag{5.21}$$

【例5.14】某企業有關財務資料如表5-13所示,計算該企業月平均成本費用利潤率。

表5-13　　　　　　　　　某企業有關資料

年份	2012年	2013年	2014年	2015年	2016年	2017年	合計
利潤總額(萬元)a	400	400	500	600	500	600	3,000
成本費用總額(萬元)b	3,000	3,000	3,400	3,400	3,600	4,000	20,400

因為:月平均成本費用率 = $\frac{利潤總額}{成本費用總額} \times 100\%$

則,該企業上半年的月平均成本費用率為:

$$\bar{c} = \frac{\bar{a}}{\bar{b}} = \frac{\sum a}{\sum b} = \frac{3,000}{20,400} \times 100\% = 14.7\%$$

在分子數列或分母數列的資料沒有直接告訴的時候,首先要計算分子或分母資料,再代入公式計算。

【例5.15】某企業第一季度各月的計劃產量及計劃完成程度資料如表5－14。

表5－14　　　　　　　　某企業第一季度計劃完成情況

月份	1月	2月	3月
計劃成成程度(%)c	90	110	120
計劃產量(件)b	600	700	720

求第一季度月平均計劃完成程度。

在此，必須注意，不能直接用各月產量計劃完成程度相加，除以3求得。而必須先計算各月實際產量(即計劃產量 × 計劃完成程度)。

1月實際產量 = 600 × 90% = 540(件)
2月實際產量 = 700 × 110% = 770(件)
3月實際產量 = 720 × 120% = 864(件)

代入公式，計算該企業第一季度月平均計劃完成程度。

$$\bar{c} = \frac{\bar{a}}{\bar{b}} = \frac{\sum a}{\sum b} = \frac{540 + 770 + 864}{600 + 700 + 720} = 107.62\%$$

(二) 相對數時間數列中的分子、分母為時點數

如果相對數時間數列中的分子、分母為時點數，並且各時點間隔相等，則分子、分母均採用「首末折半法」。

【例5.16】某企業有關資料如表5－15，求該企業上半年人均佔有固定資產額。

表5－15　　　　　　　　某企業固定資產和職工人數資料

月份	1月	2月	3月	4月	5月	6月	7月
月初固定資產額(萬元)a	60	60	61	64	64	70	70
月初職工人數(人)b	124	126	124	122	126	128	124

因為：人均佔有固定資產額 = $\frac{平均固定資產額}{平均職工人數}$

則，該企業上半年人均佔有固定資產額為：

$$\bar{c} = \frac{\bar{a}}{\bar{b}} = \frac{\dfrac{\dfrac{60}{2} + 60 + 61 + 64 + 64 + 70 + \dfrac{70}{2}}{7 - 1}}{\dfrac{\dfrac{124}{2} + 126 + 124 + 122 + 126 + 128 + \dfrac{124}{2}}{7 - 1}} = 0.512(萬元／人)$$

如果分子、分母的各時點數間隔不相等，則分別採用加權平均法。

【例5.17】某企業2017年工人人數統計資料如表5－16。

表 5－16　　　　　　　某企業 2017 年工人人數統計資料

時間	1月1日	5月1日	7月1日	10月31日	12月31日
固定工	700	700	710	720	740
合同工 a	8	10	12	20	24

求該年合同工占全部工人的平均比重。

因為：合同工的比重 $= \dfrac{合同工}{合同工 + 固定工}$

則，該年合同工占全部工人的平均比重為：

$$\bar{c} = \dfrac{\bar{a}}{\bar{b}} = \dfrac{\dfrac{\frac{8+10}{2}\times 4 + \frac{10+12}{2}\times 2 + \frac{12+20}{2}\times 4 + \frac{20+24}{2}\times 2}{4+2+4+2}}{\dfrac{\frac{708+710}{2}\times 4 + \frac{710+722}{2}\times 2 + \frac{722+740}{2}\times 4 + \frac{740+764}{2}\times 2}{4+2+4+2}} = 1.91\%$$

（三）相對數時間數列中，分子數列是時期數，而分母數列是時點數

如果構成相對數時間數列的分子是時期數，按公式 $\bar{a} = \dfrac{\sum a}{n}$ 計算，其分母是間隔相等的時點數，按「首末折半法」計算。

【例 5.18】某企業 2017 年上半年有關財務資料如表 5－17 所示。

表 5－17　　　　　　某企業 2017 年上半年有關財務資料

月份	1月	2月	3月	4月	5月	6月	7月
月增加值（萬元）a	30	30	34	34	36	40	－
月初職工人數（人）b	124	126	124	122	126	128	124

求上半年全員勞動生產率。

因為：全員勞動生產率 $= \dfrac{月平均增加值}{月平均人數}$

分子的月增加值屬於時期數列，分母的月初職工人數屬於間隔相等的間斷時點數列。即全員勞動生產率是一個時期數與一個時點數的對比。則，上半年全員勞動生產率（人均實現增加值）為：

$$\bar{c} = \dfrac{\bar{a}}{\bar{b}} = \dfrac{\dfrac{30+30+34+34+36+40}{6}}{\dfrac{\frac{124}{2}+126+124+122+126+128+\frac{124}{2}}{7-1}} = 0.272（萬元／人·月）$$

三、平均數時間數列計算平均發展水準

平均數時間數列與相對數時間數列一樣，也不能直接計算序時平均數，必須用構成平均

數的分子數列的序時平均數與其分母數列的序時平均數對比求得。其計算的基本公式如下：

$$\text{平均數時間數列的平均發展水準} = \frac{\text{分子數列的序時平均數}}{\text{分母數列的序時平均數}}$$

用符號表示為：

$$\bar{c} = \frac{\bar{a}}{\bar{b}}$$

其計算方法與相對數時間數列相同，也要注意派生數列 c 與基本數列 a、b 的關係。

【例 5.19】某企業 2017 年某種產品成本資料如表 5－18。

表 5－18　　　　　　　某企業 2017 年某種產品成本資料

時間	一季度	二季度	三季度	四季度	合計
產量(只)b	366	324	382	402	1,474
單位成本(元)c	122.8	136.1	118.5	118.5	123.4

求平均單位成本。

因為：單位成本$(c) = \dfrac{\text{總成本}(a)}{\text{產量}(b)}$

在表 5－18 中，缺少分子數列(a) 的資料，可以利用 $a = bc$ 的關係計算。

根據上表資料，該企業 2017 年某種產品平均單位成本為：

$$\bar{c} = \frac{\bar{a}}{\bar{b}} = \frac{\dfrac{\sum a}{n}}{\dfrac{\sum b}{n}} = \frac{\sum a}{\sum b} = \frac{\sum bc}{\sum b} \quad 則：$$

$$\bar{c} = \frac{366 \times 122.8 + 324 \times 136.1 + 382 \times 118.5 + 402 \times 118.5}{366 + 324 + 382 + 402} = \frac{181,920}{1,474} = 123.42(元)$$

根據平均數時間數列計算序時平均數時，如果數列中各個時期的間隔相等，可用簡單算術平均法計算(見表 5－19)；如果數列中各時期的間隔不等，則以時間間隔的長度為權數，用加權算術平均法計算(見表 5－20)。

【例 5.20】某水泥廠 2017 年各季平均月產量如表 5－19，計算全年平均月產量。

表 5－19　　　　　2017 年某水泥廠各季平均每月產量資料

季度	一季度	二季度	三季度	四季度
平均月產量(萬噸)	230	270	280	260

表 5－19 中，各季水泥產量時期相等，可用簡單算術平均法計算全年平均月產量。

$$\text{全年平均月產量} = \frac{230 + 270 + 280 + 260}{4} = 260(萬噸)$$

【例 5.21】某旅遊區 2017 年遊客人數資料如表 5－20，計算全年平均每月的遊客人次。

表 5 - 20　　　　　　　　2017 年某旅遊區遊客的月平均人數資料

月份	1月	2～3月	4～8月	9～11月	12月
月平均人次（萬人次）	10	13	16	14	10

表 5 - 20 中，遊客月平均人次的時期不等，應採用加權算術平均法計算全年平均每月的遊客人次。

$$全年平均每月遊客人次 = \frac{10 \times 1 + 13 \times 2 + 16 \times 5 + 14 \times 3 + 10 \times 1}{1 + 2 + 5 + 3 + 1} = 14(萬人次)$$

任務四　平均速度

時間數列的速度分析指標除了發展速度和增長速度之外，還包括平均發展速度和平均增長速度。平均發展速度也是序時平均數，它是對時間數列中不同時間單位上環比發展速度的平均，反應現象在較長時期內平均每一期的發展程度。平均增長速度是說明現象在一段時期內平均每年增長的程度，它比平均發展速度能更好地反應現象的發展變化。

平均增長速度不能直接根據環比增長速度或增長量計算，而只有先計算平均發展速度，將其減 1（或 100%）即可。公式為：

$$平均增長速度 = 平均發展速度 - 1(或 100\%) \tag{5.22}$$

平均發展速度的計算不能採用算術平均的方法，而是要採用幾何平均法和方程式法兩種。我們重點掌握幾何平均法的計算。

一、幾何平均法（水準法）

幾何平均法是以各期環比發展速度的連乘積開項數次方求平均發展速度。公式為：

$$\bar{x} = \sqrt[n]{x_1 \cdot x_2 \cdot x_3 \cdots x_n} \tag{5.23}$$

$$= \sqrt[n]{\frac{a_n}{a_0}} \tag{5.24}$$

$$= \sqrt[n]{R} \tag{5.25}$$

式中：$\bar{x}$ 為平均發展速度；$x_1, x_2, \cdots, x_n$ 為各期環比發展速度；a_0 為基期水準；a_n 為報告期水準；R 為總速度；n 為環比發展速度的項數。

平均發展速度是表明現象在一定發展階段內發展變動的一般程度，是總速度 R（定基發展速度 $\frac{a_n}{a_0}$）的平均數，而總速度又是各期環比發展速度的連乘積。因此，計算平均發展速度的三個公式實質是一樣的，在應用中根據已知資料不同選擇使用。

【例 5.22】某企業鋼鐵產量如表 5 - 21，計算 2013—2017 年鋼鐵產量平均發展速度。

表 5－21　　　　　　　　　　　某企業鋼鐵產量資料

年份	2012	2013	2014	2015	2016	2017
鋼產量(萬噸)	200	240	300	340	360	378
環比發展速度(％)	–	120	125	113.33	105.88	105
定基發展速度(％)	100	120	150	170	180	189

$$\bar{x} = \sqrt[5]{120\% \times 125\% \times 113.33\% \times 105.88\% \times 105\%} = 113.58\%$$

或 $\bar{x} = \sqrt[5]{\dfrac{378}{200}} = 113.58\%$

或 $\bar{x} = \sqrt[5]{189} = 113.58\%$

上述三種方法計算結果完全一致,實際應用中可以選擇其一計算。
注意在開高次方根時,有兩種方法:
(1)用計算器直接開方
(2)利用對數計算

如將公式 $\bar{x} = \sqrt[n]{x_1 \cdot x_2 \cdot x_3 \cdots x_n}$ 的等式兩端同時取對數:

$$\lg\bar{x} = \frac{1}{n}(\lg x_1 + \lg x_2 + \lg x_3 + \cdots + \lg x_n)$$

根據計算的結果,查反對數,則可得平均發展速度 $\bar{x}$。

【例5.23】某地區社會商品零售額2012年為1,558.6萬元,2017年增加到2,849.4萬元,從2012年至2017年社會商品零售額的平均增長速度是多少?

$$\text{平均增長速度} = \sqrt[n]{\frac{a_n}{a_0}} - 1 = \sqrt[5]{\frac{2,849.4}{1,558.6}} - 1 = 0.128 \quad 即12.8\%$$

幾何平均法的特點是:從最初水準 a_0 出發,在平均發展速度 $\bar{x}$ 下,經過幾期達到最末水準 a_n。這種方法重點在於考察最末的水準,因此,又叫水準法。

二、方程式法(累計法)

方程式法計算平均發展速度的著眼點是從最初水準 a_0 出發,各期按一個平均發展速度計算發展水準,則計算的各期發展水準累計總和等於各期實際發展水準的總和。

時間數列 $a_0, a_1, a_2, \cdots, a_n$,則各期理論發展水準為:

$$a_1 = a_0\bar{x}, a_2 = a_0\bar{x}^2, \cdots, a_n = a_0\bar{x}^n \tag{5.26}$$

$$則:\sum a_i = a_0\bar{x} + a_0\bar{x}^2 + \cdots + a_0\bar{x}^n \tag{5.27}$$

這就是要建立的代數方程,由此計算平均發展速度的方法稱為方程法,而這種方法重點要考察各期發展水準的累計總和($\sum a_i$),所以又稱為累計法。

解此高次方程,其正根為平均發展速度。但是,要求解這個方程式比較複雜。在統計工作中,往往利用事先編好的查對表進行計算,這裡不作詳細介紹。

任務五　時間數列趨勢分析與預測

一、時間數列變動的因素分析

對時間數列的分析,除了通過水準分析和速度分析計算一系列時間數列的分析指標外,還需要對影響時間數列變化的各種因素進行分析。社會經濟現象的發展通常要受到多種因素的影響,時間數列的分析要求從現象的總變動中分離出不同的影響因素及其影響程度。這些因素是比較複雜的,在實際工作中我們將各種影響因素按不同性質歸納為四類,然後分別測定其變動的程度。

(一) 長期趨勢的變動

在影響時間數列各觀察值變化的諸多因素中,有些是基本因素,即對現象的各個時期都起決定性作用的因素。它能促使時間數列各期發展水準沿著一個方向(上升或下降)持續發展。例如,由於居民生活水準不斷提高,社會商品零售額呈不斷增長趨勢。現象在一個相當長時期內的這種持續發展變動趨勢就是長期趨勢變動,它是時間數列分析首先要研究的變動趨勢。測定和分析現象變動的長期趨勢,主要方法是對時間數列進行修匀。

(二) 季節變動

季節變動是指現象隨著季節更替而產生的週期性波動,它基本上是受自然因素的影響。如防寒衣服的銷售量,不同蔬菜的產量等,都要因季節更替而變化。季節變動是通過計算季節比率來測定的。

(三) 循環變動

循環變動是指現象以若干年為週期而呈現的漲落起伏的變動。由於引起波動的原因不同,使其波動週期的長短、波動的程度也不相同。比如,資本主義國家的週期性經濟危機屬於循環變動。

(四) 不規則變動

不規則變動是由於臨時的偶然因素引起的非趨勢或非週期性的隨機變動。如水災、風災、地震等,這些變動是無法預知和計算的。

時間數列因素分析的基本任務就是採用科學的方法,測定長期趨勢、季節變動、循環變動和不規則變動對某一現象的時間數列影響狀況,為預測現象的未來提供依據。

本節主要討論長期趨勢和季節變動的分析方法。

二、長期趨勢的分析

長期趨勢是時間數列的主要構成要素,它是指事物由於受某些根本性因素的影響,在較長時期內持續發展變化(增加或減少) 的一種趨勢或狀態。例如,新中國成立以來,中國的糧食生產雖然在某些年份因受天災人禍等因素的影響而出現過下降,但由於國家對農業的重視,對水利建設的大力投入,以及農業科學技術的發展等根本性因素的影響,從 60 多年的較

長時期來看,中國糧食生產的總趨勢是持續增加,這就是長期趨勢。認識和掌握事物的長期趨勢,可以把握住事物發展變化的基本特點。

當時間數列不能明顯地反應出社會經濟現象的長期趨勢時,需要對原來的時間數列進行重新加工,以使現象的總趨勢呈現出來。這種對時間數列加工的方法,叫時間數列修勻,也就是測定長期趨勢的方法。

下面介紹幾種常用的社會經濟現象進行修勻的方法:

(一) 時距擴大法

時距擴大法是在原時間數列不能明顯反應現象發展趨勢時,將其不同時間單位上的數據加以合併形成一個新的時間數列,新時間數列中各數據時距間隔被擴大,以此來消除較小時距單位受到的不規則變動影響。

【例5.24】某市2017年社會商品零售額資料如表5-22。

表5-22　　　　　　某市2017年社會商品各月零售額資料　　　　　　單位:億元

月份	1	2	3	4	5	6	7	8	9	10	11	12
社會商品零售額	320	450	280	500	480	530	650	600	660	890	500	790

在這個時間數列中,不能明顯反應現象的發展趨勢,因為各月的社會商品零售額不是逐月上升(或下降),而是有升有降。現在我們採用時距擴大法,即將時距由月擴大到季。具體有兩種方法:

(1) 時距擴大總和法。即將每季度中各月的零售額相加,則得各季的零售額。見表5-23。

表5-23　　　　　　某市2017年社會商品各季度零售額資料　　　　　　單位:億元

季度	一季度	二季度	三季度	四季度
社會商品零售額	1,050	1,510	1,910	2,180

這個新數列就可以明顯地反應出該市商品零售額的發展趨勢,即零售額是逐季上升。

應用時距擴大總和法要注意兩點:其一,擴大時期法只適合於時期數列,這是因為時期數列中各時期數據具有可加性,而時點數列的數據不可加,而不宜採用擴大時期法修勻;其二,擴大後的時期既要求相等,又要求考慮擴大的時期長短。時距相等,便於進行比較,至於時期的長短要看它能否正確反應現象發展變化的長期趨勢。時距過短,不能消除現象變動中偶然因素的影響;時距過長,新數列的資料會因為太少而不利於分析,同時會掩蓋現象在不同時期發展變化的具體差異。

(2) 時距擴大平均數法。時距擴大法還可以通過計算序時平均數,而由序時平均數組成一個新的時間數列。如表5-24。

表 5 - 24　　　　　　　某市 2017 年社會商品各季度平均零售額資料　　　　　　單位：億元

季度	一季度	二季度	三季度	四季度
社會商品零售額	350	503.3	636.7	726.7

由序時平均數構成的新時間數列，也明顯地反應現象的發展趨勢，說明該市 2017 年社會商品零售額是逐季上升的。時距擴大平均數法可以用於時點數列。

（二）移動平均法

移動平均法是從時間數列的第一項開始，按一定項數求序時平均數，然後每次向後移動一項計算一系列序時平均數，從而形成一個新的時間數列。通過移動平均對原數列進行了修勻，消除了偶然因素的影響，使隱藏在原數列中的長期趨勢顯現出來，使原數列變得更平滑。

1. 移動平均法的計算步驟

【例 5.25】某啤酒企業 2003—2017 年各年啤酒產量資料如表 5 - 25 所示。

表 5 - 25　　　　　　　某啤酒企業歷年啤酒產量移動平均計算表　　　　　　單位：噸

年份	產量	K = 3	K = 4 一次平均	K = 4 移正平均	K = 5
2003 年	4,942	—		—	—
2004 年	5,041	5,072	5,400	—	—
2005 年	5,232	5,553	5,745	5,573	5,585
2006 年	6,385	5,980	6,111	5,928	5,897
2007 年	6,323	6,403	6,405	6,258	6,170
2008 年	6,502	6,411	6,363	6,384	6,367
2009 年	6,408	6,376	6,233	6,298	6,251
2010 年	6,218	6,143	6,000	6,117	6,100
2011 年	5,802	5,864	5,850	5,925	5,961
2012 年	5,571	5,727	5,839	5,845	5,914
2013 年	5,807	5,851	5,986	5,913	5,949
2014 年	6,174	6,124	6,247	6,117	6,111
2015 年	6,390	6,393	6,457	6,352	6,237
2016 年	6,615	6,552	—	—	—
2017 年	6,650	—		—	—

（1）確定移動平均數的項數，一般用 K 表示。

（2）計算出每次的移動平均值，每一移動平均值位於移動項數的中點位置。若移動項數為奇數，一次移動平均，就可對正移動項數的中點位置；若移動項數為偶數，中點位置為正中兩項的中間位置，還需要進行第二次平均對正相應時期，稱為移正平均，將需要移正的兩項數值除以 2。

（3）將各期的移動平均值編製成新的時間數列，觀察長期趨勢。

當 $K = 3$ 時，第一個移動平均值 $= \dfrac{4,942 + 5,041 + 5,232}{3} = 5,072$，中間位置為第二期；

第二個移動平均值 $= \dfrac{5,041+5,232+6,385}{3} = 5,553$，中間位置為第三期。

以此類推，可以計算剩餘各期的移動平均值。

當 $K = 4$ 時，第一個移動平均值 $= \dfrac{4,942+5,041+5,232+6,385}{4} = 5,400$，中間位置為第二期和第三期的中間；

第二個移動平均值 $= \dfrac{5,041+5,232+6,385+6,323}{4} = 5,553$，中間位置為第三期和第四期的中間。

以此類推，可以計算剩餘各期的移動平均值。

移動項數為偶數時，需要再進行一次移正平均，如第一、第二兩個移動平均值移正為：$\dfrac{5,072+5,553}{2} = 5,573$，對準第三期（2000 年）。依次計算其他移正平均數。

當 $K = 5$ 時，計算方法同 $K = 3$。

2. 移動平均法的特點

（1）移動平均對時間數列通過平滑作用，使長期趨勢更明顯。移動項數越多，平滑修勻效果越好。但要注意的是，移動項數並不是越大越好，移動項數過大，數據缺失越多，數據波動的敏感性也會降低。

從表 5-25 可見，移動平均數構成的時間數列首尾都少相同的項數，當 K 取奇數時，首尾各少 $\dfrac{K-1}{2}$ 項；當 K 取偶數時，首尾各少 $\dfrac{K}{2}$ 項。

（2）當時間數列包含季節變動時，移動項數 K 應與季節變動長度一致（季節數據 $K=4$，月度數據 $K=12$），從而消除季節變動的影響；當時間數列包含循環變動時，移動項數 K 應與循環變動的平均週期長度一致，從而消除一部分循環變動的影響。

（3）由於移動項數 K 取偶數時，需要進行第二次移動平均，所以在統計實務中，為簡單起見，移動項數 K 多取奇數。

（三）最小平方法

最小平方法，也稱為最小二乘法或趨勢模型法，是數學模型法中重要的一種方法。它是利用迴歸分析的成果，建立數學模型，對原時間數列配合適當的趨勢線進行修勻，以顯示出數列長期趨勢的一種方法。由於現象發展變化的差異，有的是直線趨勢，有的是曲線趨勢，所以必須先瞭解現象變化類型，才能配合以適當的趨勢線。當現象在一定時期內逐期增長量大致相等時，就是直線趨勢，即可配合直線方程式；當現象是按一定的速度增加，就是曲線趨勢，即可配合曲線方程式。在此只介紹直接方程式的配合。

對於同一個表現為直線趨勢的時間數列，可以配合許多個方程，畫出不同的直線，但總有一條最接近原趨勢線，可以配合一個最適當的方程式，使實際觀察值 y 與用該方程計算出的趨勢值 y_c 之間的離差平方和最小，這就是最小平方法。用公式表示為：

$$\sum (y - y_c)^2 = 最小值$$

其直觀意義是：在平面直角坐標中，時間數列的實際觀察值到趨勢值形成直線的距離平

均為最小。

趨勢直線方程為：

$y_c = a + bt$

式中：t 為時間序號，可以是年、月、日；a 為直線在 y 軸上的截距，即 t 為零時的 y 值；b 為直線斜率，表示 t 每增加一個單位時 y_c 的變動值；y_c 為根據直線方程計算的趨勢值。

將 $y_c = a + bt$ 代入 $\sum (y - y_c)$，確定 a、b 使取最小值，即：

$\sum (y - a - bt)^2$ 確定 a、b 使取最小值。

使用數學中求函數極值的方法可得出一對聯立方程：

$$\begin{cases} \sum y - na - b\sum t = 0 \\ \sum ty - a\sum t - b\sum t^2 = 0 \end{cases} \quad (5.28)$$

解聯立方程可求出直線方程的參數 a、b：

$$\begin{cases} b = \dfrac{n\sum ty - \sum t \cdot \sum y}{n\sum t^2 - (\sum t)^2} \\ a = \dfrac{\sum y}{n} - b \cdot \dfrac{\sum t}{n} \end{cases} \quad (5.29)$$

在已知時間數列 y 及時間序號 t 的情況下，列表計算 $\sum y$、$\sum t$、$\sum ty$、$\sum t^2$ 的數值，代入上面公式，從而得到 a、b。要注意的是，使用這種方法對時間數列進行預測必須註明原點和計算單位。

【例 5.26】某化肥廠 2007—2017 年化肥產量資料如表 5-26。

表 5-26　　　　　　　　某化肥廠化肥產量資料　　　　　　　　單位：萬噸

年份	2007年	2008年	2009年	2010年	2011年	2012年	2013年	2014年	2015年	2016年	2017年
產量	21	23	25	26	24	23	26	28	30	32	31
逐期增長量	—	2	2	1	-2	-1	3	2	2	2	-1

由表 5-26 可見，該現象的逐期增長量大體相等，則屬於直線趨勢。

為了更直觀地反應該現象的發展趨勢，即所呈現出來的類型，可以將表 5-26 中的資料，以時間順序為橫坐標 t，按 2007 年、2008 年、2009 年……2017 年，分別為時間順序 1，2，…，11；以產量為縱坐標 y，繪出散點圖 5-1。能較直觀看出現象近似成直線趨勢。

以表 5-26 資料列出計算表如表 5-27。

圖 5 - 1　化肥產量散點圖

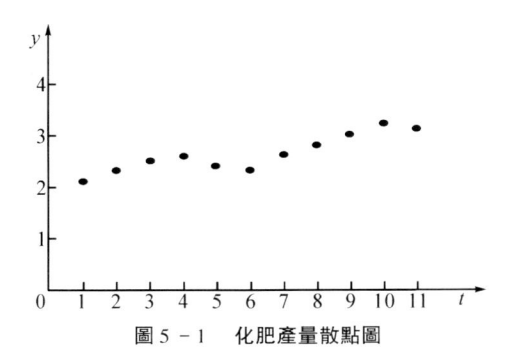

表 5 - 27　　　　　　　　　　　最小平方法計算表

t	y	ty	t^2	y_c
0	21	0	0	21.42
1	23	23	1	22.39
2	25	50	4	23.36
3	26	78	9	24.33
4	24	96	16	25.30
5	23	115	25	26.27
6	26	156	36	27.24
7	28	199	49	28.21
8	30	240	64	29.18
9	32	288	81	30.15
10	31	310	100	31.12
55	289	1,552	385	288.97

計算的數據為：$n=11$，$\sum y=289$，$\sum t=55$，$\sum ty=1,552$，$\sum t^2=385$

代入 a、b 參數公式，則：

$$b = \frac{11 \times 1,552 - 55 \times 289}{11 \times 385 - 55^2} = 0.97$$

$$a = \frac{289}{11} - 0.97 \times \frac{55}{11} = 21.42$$

所以，趨勢直線為：

$$y_c = 21.42 + 0.97\,t$$

可以預測 2018 年和 2019 年化肥產量為：

$$y_{2018} = 21.42 + 0.97 \times 11 = 32.09\,(萬噸)$$

$$y_{2019} = 21.42 + 0.97 \times 12 = 33.06\,(萬噸)$$

為了簡化計算，可以把時間順序，重新賦值，使其 $\sum t = 0$。通常，當時間數列為奇數項時，可用中間項那一年為原點「0」，其上、下兩方分別以 -1、-2、-3、… 和 1、2、3、… 表示，這

樣 $\sum t = 0$；當時間數列為偶數項時，則用兩個中間項的中點為原點，即中間兩項時間順序用 -1 與 1 表示，其上、下兩方分別是 -3，-5，… 與 3，5，…，仍然使 $\sum t = 0$

當以上兩種情況出現時，$\sum t = 0$，原標準方程：

$$\begin{cases} \sum y = na + b\sum t \\ \sum ty = a\sum t + b\sum t^2 \end{cases} \text{簡化為：} \begin{cases} \sum y = na \\ \sum ty = b\sum t^2 \end{cases} \text{則：} \begin{cases} a = \dfrac{\sum y}{n} \\ b = \dfrac{\sum ty}{\sum t^2} \end{cases}$$

這樣處理，可以大大簡化計算過程。

三、季節變動的分析

(一) 季節變動的意義

在商業活動中，我們常聽到「銷售旺季」或「銷售淡季」這類術語；在旅遊業中，我們也常使用「旅遊旺季」或「旅遊淡季」這類術語。這些術語都表明，它們都因季節的不同而發生著變化。

季節變動是指事物因受自然條件或社會因素的影響，在一年內隨著季節的更替而呈現出一種週期性變動。它是時間數列的又一個主要構成要素。

季節變動中的「季節」一詞是廣義的，它不僅僅是指一年中的四季，其實它是指任何一種週期性的變化，而且其反覆的循環週期是比較短的。在現實生活中，季節變動是一種極為普遍的現象，不論是社會現象，還是自然現象都很多。例如水果、蔬菜的上市量，某地區旅遊收入的增減數額等，都隨著自然條件的變化而有明顯的季節差異。由社會因素引起的季節變動也是比較普遍的。如在國家法定節日「五一」、「十一」期間，假期較長，旅遊特別旺盛，被稱為「黃金周」。而寒暑假及春節前後，由於人員流動較大，客運特別繁忙。如果我們能通過季節變動的測定，掌握其規律性，就能夠妥善組織，安排好旅遊和客運活動，滿足各方面的需要。

(二) 季節變動的測定

測定季節變動的方法很多，這裡只介紹平均數季節指數法，又叫按月(季)平均法。這種方法是指在不考慮長期趨勢的影響下，而直接通過計算各月(季)平均數，然後與總平均數之比來確定季節指數，通過季節指數可以顯示和分析季節變動的規律性。

進行季節變動分析，需要有較完整的資料，至少應有 3 年以上的各月(或季)資料，才能測定季節變動。

【例 5.27】某商場 2014—2017 年各月電冰箱銷售數量如表 5-28。試用按月平均法計算季節指數來測定季節變動程度。

表 5-28　　　某商場各月電冰箱銷售數量季節比率計算表　　　單位：臺

月份	2014 年	2015 年	2016 年	2017 年	四年合計	同月平均	季節指數(%)
1	21	38	43	45	147	36.75	37.93
2	25	37	38	40	140	35.00	36.12
3	55	83	65	42	245	61.25	63.21
4	86	100	106	110	402	100.50	103.73
5	176	193	219	200	788	197.00	203.32
6	211	255	303	320	1,089	272.25	208.99
7	179	212	205	240	836	209.00	215.71
8	107	114	108	115	444	111.00	114.56
9	34	73	49	50	206	51.50	53.15
10	28	34	38	42	142	35.50	36.64
11	16	23	28	35	102	25.50	26.32
12	21	30	31	28	110	27.50	28.38
合計	959	1,192	1,233	1,267	4,651	1,162.75	1,200.00
平均	79.9	99.3	102.8	105.6	387.6	96.9	100.00

具體計算如下：

(1) 求各年同月平均數，如表 5-28 中 1 月份為 $\frac{147}{4} = 36.75$，二月份為 $\frac{140}{4} = 35$……；

(2) 求全部數據的總平均數，如表 5-28 中 $\frac{4,651}{48} = 96.9$ 或 $\frac{387.6}{4} = 96.9$；

(3) 以各年同期月平均數除以總平均數，得季節指數，見表 5-28 最後一欄。

表中可見，季節指數各月平均為 100%，全年有 12 個月，則合計為 1,200%（按季計算就為 400%）。以大於或小於 100% 分出經營活動的「淡」季、「旺」季。該商場電冰箱銷售的旺季是 4～8 月，其餘為淡季，其中 7 月是最旺季，而 11 月是最淡季。

由此可見，季節變動是以計算季節指數來確定的。

$$季節指數 = \frac{同月（季）平均數}{總的月（季）平均數} \times 100\% \qquad (5.30)$$

從理論上講，若給出月度資料，季節指數之和為 1,200%；若給出季節資料，季節指數之和為 400%。但是由於誤差的存在，若實際算出的季節指數之和不等於理論上的季節指數之和，需要對季節指數進行調整。

$$調整系數 = \frac{理論季節指數之和}{實際季節指數之和} \qquad (5.31)$$

調整後的季節指數 = 實際季節指數 × 調整系數

【例 5.28】某旅遊景區 2015—2017 年門票收入資料如表 5-29，試計算景區門票收入的季節變動指數，為景區搞好遊客接待工作提供依據。

表 5－29　　　　　　　　某旅遊景區門票收入資料　　　　　　　單位：萬元

年份	一季度	二季度	三季度	四季度	總平均數
2015 年	5,400	8,200	10,100	6,100	—
2016 年	6,500	9,300	11,200	7,300	—
2017 年	7,100	9,700	12,400	8,000	—
同季平均數	6,333	9,067	11,233	7,133	8,442
季節指數(％)	75.02	107.40	133.06	84.49	399.97
調整後季節指數(％)	75.03	107.41	133.07	84.49	400.00

第一步，計算各年同季的平均數：

第一季度的同季平均數 $= \dfrac{5,400 + 6,500 + 7,100}{3} = 6,333$（萬元）

同理，計算其餘三個季度的統計平均數，將結果列入表 5－29 中。

第二步，計算總的季平均數：

總的季平均數 $= \dfrac{\text{同季平均數之和}}{4}$

$\qquad\qquad\qquad = \dfrac{6,333 + + 9,067 + 11,233 + 7,133}{4} = 8,442$（萬元）

第三步，計算季節指數：

第一季度的季節指數 $= \dfrac{6,333}{8,442} \times 100\% = 75.02\%$

同理，分別計算其餘季節指數，將結果列入表 5－29 中。

第四步，調整季節指數。

因為實際季節指數之和為 399.97，不等於 400％，故需要調整。

調整系數 $= \dfrac{400\%}{399.97\%} = 1.000,075$，將調整後的季節指數列入表 5－29 中。

從表中資料分析可見：該景區的旅遊旺季在二、三季度，特別是第三季度，其相應部門要做好安排。

在統計實務中，可以利用季節指數進行預測，來指導工作。

如在前例中，假如我們知道 2018 年一、二季度景區門票收入分別為 7,800 萬元和 11,200 萬元，可通過預測三季度門票收入，來確定遊客人數，指導我們安排好接待工作。

2018 年第三季度預計門票收入

$= \dfrac{133.07\%}{75.03\% + 107.41\%} \times (7,800 + 11,200) = 13,858.42$（萬元）

本章小結

（1）時間數列是指某一現象在不同時間上的指標數值，按時間先後順序排列而形成的數列。它由兩部分構成：資料所屬的時間和時間上對應的指標數值。根據指標數值的表現形

式不同，分為絕對數時間數列，相對數時間數列和平均數時間數列。絕對數時間數列是基本數列，可分為時期數列和時點數列。

編製時間數列時，要注意指標數值在時間長短、總體範圍、經濟內容和計算方法等方面的可比性。

（2）編製和運用時間數列的目的是要揭示現象的發展過程和規律性，需要計算一系列動態分析指標，包括水準分析指標，如發展水準、平均發展水準、增長量、平均增長量，其中，平均發展水準是本章學習的難點和重點。另外還有速度分析指標，如發展速度、增長速度、平均發展速度、平均增長速度，速度分析指標的計算是以水準指標為基礎，其中，平均發展速度的計算要重點把握。還有水準分析和速度分析結合的指標，即增長1%的絕對值。在學習時要注意各指標之間的數量關係。

（3）對時間數列的分析，還需要對影響數列變動的各種因素進行分析，主要有四類：長期趨勢的變動、季節變動、循環變動和不規則變動。主要討論長期趨勢和季節變動的分析方法。

案例分析

通川市是1986年新建的一個縣級市，建市時人口62萬人，全年社會總產值48億元。20多年來，經濟建設取得了巨大的成績，在繼續抓好農業生產的基礎上，大力發展了工業和第三產業，經濟增長迅速。具體的社會總產值平均增長是：1987—1993年為15%，1994—1995年為13%，1996—1999年為9%，2000—2003年為17%，2004—2008年為8%。根據以上資料，計算一些數據，為下一步工作提供依據。

1. 1986—2008年的社會總產值增長情況為：

$R - 1 = 115\%^7 \times 113\%^2 \times 109\%^4 \times 117\%^4 \times 108\%^5 - 1$

$\quad\quad = 1,321.10\% - 1 = 1,221.10\%$

$\bar{x} - 1 = \sqrt[22]{1,321.10\%} - 1 = 112.45\% - 1 = 12.45\%$

共增長了12.2倍，平均每年增長12.45%，沒有超過平均增長速度的年份有：1996—1999年，2004—2008年。

2. 按這種平均速度發展，至2012年該市社會總產值將達到：

$a_n = 48 \times 112.45\%^{26} = 1,014.35$（億元）

3. 該市2008年年末人口為78萬人，全國人口自然增長率平均為1%。該市人口增長狀況為：

$\bar{x} - 1 = \sqrt[22]{\dfrac{78}{62}} - 1 = 101.05\% - 1 = 1.05\%$

超過全國人口平均增長速度。

結論：

通川市經過20多年的建設，經濟迅速發展，社會總產值至2008年增長了12.2倍，從1996年的48億元發展到2008年的634.08億元（48×13.21），全面實現了小康。照此速度，到

2012年可以達到1,014.35億元,進一步走向富裕。平均增長速度為12.45%,在同類地區中發展是較快的。需要注意的是人口的增長速度為1.05%,超過了全國人口1%的增長速度。因此,今後在發展經濟的同時,要注意人口的控制。我們相信,經過全市人民的奮鬥,通川市的經濟建設發展會更快,人民的生活會更美好。

問題思考

1. 什麼是時間數列?它有什麼作用?
2. 時間數列分為幾類?時期數列和時點數列有何區別?
3. 什麼是序時平均數?與一般平均數有何相同和不同點?
4. 影響時間數列變動的因素有哪些?
5. 什麼是季節指數?季節變動分析的步驟是什麼?

項目六　統計指數應用

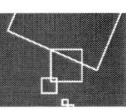

本章教學要點概覽

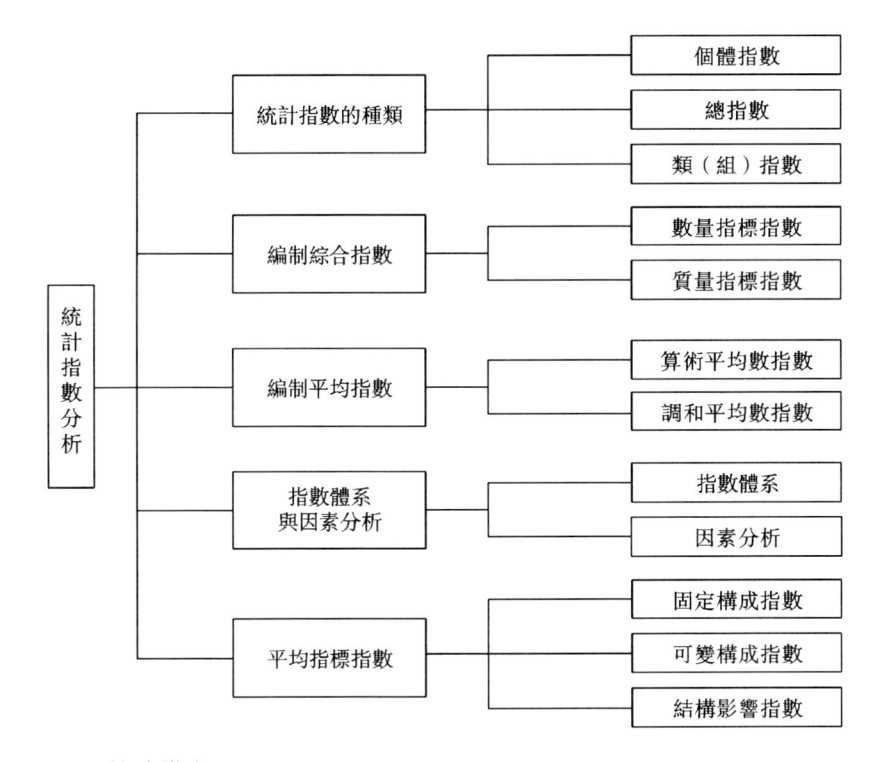

```
                                    ┌─── 個體指數
                  ┌─ 統計指數的種類 ──┼─── 總指數
                  │                  └─── 類（組）指數
                  │
                  │                  ┌─── 數量指標指數
                  ├─ 編制綜合指數 ───┤
                  │                  └─── 質量指標指數
                  │
統計指數分析 ─────┤                  ┌─── 算術平均數指數
                  ├─ 編制平均指數 ───┤
                  │                  └─── 調和平均數指數
                  │
                  │   指數體系       ┌─── 指數體系
                  ├─ 與因素分析 ─────┤
                  │                  └─── 因素分析
                  │
                  │                  ┌─── 固定構成指數
                  └─ 平均指標指數 ───┼─── 可變構成指數
                                     └─── 結構影響指數
```

【情境導入】

　　2017年12月份，全國居民消費價格（CPI）同比上漲1.8%。其中，城市上漲1.9%，農村上漲1.7%；食品價格下降0.4%，非食品價格上漲2.4%；消費品價格上漲1.1%，服務價格上漲3.0%。12月份，全國居民消費價格環比上漲0.3%。其中，城市上漲0.3%，農村上漲0.4%；食品價格上漲1.1%，非食品價格上漲0.1%；消費品價格上漲0.5%，服務價格上漲0.1%。[①]

---

① 資料來源：國家統計數據網。

分析：指數與人們生活息息相關，它們是怎樣反應商品在數量及價格上的變動呢？

本章教學內容提示

統計指數的應用也是一種動態的統計分析方法，它是對第五章時間數列分析的繼續和深化。本章學習的目標是要利用統計指數來反應那些不能直接相加和對比的現象的綜合變動情況。

任務一　統計指數

在 18 世紀後期，歐洲的一些國家，隨著資本主義商品生產社會化的發展，商品價格的漲落越來越被人們所關注。為了反應物價的變動程度，一些經濟學家開始研究並計算價格指數，這就是統計指數的起源。到了今天，隨著社會的發展，統計指數應用範圍不斷擴大，已經成為反應各種經濟現象綜合變動的統計方法，統計指數得到了前所未有的發展。

一、統計指數的涵義和作用

（一）統計指數的涵義

統計指數簡稱為指數，對於它的概念，在各種統計學著作中有許多不同的提法，目前，主要有廣義和狹義兩種解釋。從廣義上看，指數是泛指表明社會經濟現象數量對比關係的相對數，包括前面學過的計劃完成程度相對數、比較相對數、強度相對數和動態相對數等；從狹義上講，指數僅指用來反應不能直接相加或對比的複雜現象總體綜合變動的動態相對數。本章主要基於狹義的指數進行研究。

（二）統計指數的作用

1. 綜合反應現象總變動方向和變動程度

這是指數的主要作用。在統計實務中，經常要研究多種商品或產品價格的綜合變動情況，多種商品的銷售量或產品產量的總變動，多種產品的成本總變動等這類問題，由於它們的使用價值不同，所研究的總體中各個個體不能直接相加或進行對比，我們將這類現象稱為複雜現象。指數法的首要任務，就是反應複雜現象的總變動方向及變動程度。指數常用百分數表示，大於或小於 100%，表明現象是上升還是下降。

2. 分析現象總體變動中受各個因素變動的影響情況

現象的數量變化是由構成它們的諸多因素變動綜合影響的結果。統計指數不僅能分析複雜現象的綜合變動情況，還能測定各個因素的變動對總體數量變動的影響情況。例如，編製商品銷售量指數和商品價格指數，它們可以反應商品銷售額總變動中受價格和銷售量影響變動的相對數和絕對數。

3. 反應現象的變動趨勢

編製一系列反應同類現象變動情況的指數形成指數數列，可以反應被研究現象的變動

趨勢。

二、統計指數的種類

(一)按研究範圍分類

指數按其研究對象的範圍不同,分為個體指數和總指數。

1. 個體指數

個體指數是反應個別現象變動的相對數。如個別產品產量和價格指數,個別商品的銷售量和銷售價格指數等。

個體指數的計算是用報告期指標數值與基期指標數值進行對比,通常記作 K,用 q 表示數量指標,p 表示質量指標,下標 1 和 0 分別代表報告期和基期。即:

個體數量指標指數 $K_q = \dfrac{q_1}{q_0}$

個體質量指標指數 $K_p = \dfrac{p_1}{p_0}$

2. 總指數($\bar{K}$)

總指數是表明複雜社會經濟現象綜合變動的相對數,如多種商品的銷售量指數、總產量指數、零售物價指數、單位成本指數等。總指數是在複雜現象總體條件下進行編製的,它的計算形式有綜合指數和平均指數兩種。

3. 組(類)指數。

組(類)指數是介於個體指數與總指數之間的一種指數,即說明不同種類現象總變動中某一部分現象綜合變動的相對數,如零售物價指數中分食品類、衣著類、日用品類、文化娛樂用品類、書報雜誌類、醫藥用品類、燃料類等大類的商品價格指數。對總指數而言,它是個體指數;對個體指數而言,它是總指數。

(二)按其反應的指標性質分類

指數按其所反應指標的性質不同分為數量指標指數和質量指標指數。

1. 數量指標指數

數量指標指數是根據數量指標編製的,如工業產品產量指數、商品銷售量指數、貨運量指數等,它是反應現象數量變動程度的相對數,包括數量指標個體指數和數量指標總指數。

2. 質量指標指數

質量指標指數是根據質量指標編製的,如產品成本指數、物價指數、勞動生產率指數等,它是反應現象質量變動程度的相對數,包括質量指標個體指數和質量指標總指數。

任務二　總指數的編製與應用

要綜合反應複雜現象總的變動方向和變動程度,首先要編製總指數。總指數的編製有兩種方法:綜合指數和平均指數。兩種方法各有特點,但也有聯繫,下面分別進行介紹。

一、綜合指數的編製與計算分析

(一) 綜合指數的概念

綜合指數是編製和計算總指數的一種基本形式,它是由兩個總量指標對比而形成的指數。凡是一個總量指標可以分解為兩個或兩個以上的因素指標時,將其中一個或一個以上的因素指標固定下來,僅觀察其中一個因素指標的變動程度,這樣總指數就稱為綜合指數。綜合指數有兩種,一種是數量指標綜合指數,另一種是質量指標綜合指數。

表 6 - 1　　　　　　　　某商場三種商品的有關資料

商品	單位	銷售量 q 基期 q_0	報告期 q_1	銷售價格 p(萬元) 基期 p_0	報告期 p_1
甲	米	400	600	0.25	0.20
乙	件	500	600	0.40	0.36
丙	臺	200	180	0.50	0.60

(二) 數量指標指數的編製方法

【例6.1】某商場三種商品的銷售資料如表 6 - 1 所示,計算與分析三種商品的銷售量和價格綜合變動情況。

對商品銷售量綜合指數的編製,根據出現的問題和解決問題的辦法,可分為以下步驟:

(1) 不同商品由於使用價值不同,不能簡單相加(即 $\sum q$ 無意義)。

(2) 使用同度量因素,使多種不能相加的量過渡到能相加的銷售額($\sum qp$)。由此引入同度量因素的概念;同度量因素是將不能直接相加或對比的數量過渡到能夠直接相加或對比數量而使用的一種媒介因素。如【例6.1】中 $\sum q$ 無意義, $\sum qp$ 有意義,其價格 p 就是同度量因素。

同度量因素的作用有兩點:一是同度量作用,也就是把不同的度量單位過渡到相同的度量單位;二是權數作用,即同度量因素大的那一組對指數影響要大些,反之,則小些。

(3) 研究數量指標的總變動。即:

$$\frac{\sum q_1 p}{\sum q_0 p}$$

(4) 同度量因素的固定,通常情況下,有以下三種情況:

Ⅰ:以質量指標的基期作為同度量因素,

即, $\dfrac{\sum q_1 p_0}{\sum q_0 p_0}$

Ⅱ:以質量指標的報告期作為同度量因素,

即, $\dfrac{\sum q_1 p_1}{\sum q_0 p_1}$

Ⅲ：以質量指標的不變期作為同度量因素，

即，$\dfrac{\sum q_1 p_n}{\sum q_0 p_n}$

以上三種情況都是科學的、合理的，適用的場合不同，為了資料的統一，一般都採用第Ⅰ種形式，即編製數量指標指數時以基期的質量指標作為同度量因素。則：

$$\overline{K_q} = \dfrac{\sum q_1 p_0}{\sum q_0 p_0} \tag{6.1}$$

將表 6－1 的資料代入公式 (6.1)，即：

$$\overline{K_q} = \dfrac{\sum q_1 p_0}{\sum q_0 p_0} = \dfrac{600 \times 0.25, 600 \times 0.418, 0 \times 0.5}{400 \times 0.25, 600 \times 0.420, 0 \times 0.5} = \dfrac{480}{400} = 120\%$$

$\sum q_1 p_0 - \sum q_0 p_0 = 480 - 400 = 80$（萬元）

以上計算結果表明，三種商品的銷售量平均增長了 20%（120% － 100%），由此而增加了 80 萬元的銷售額。

(三) 質量指標指數的編製方法

質量指標指數的編製步驟與數量指標指數相似，具體為：

(1) 不同的質量指標由於使用價值不同，不能簡單相加（即 $\sum p$ 無意義）。

(2) 使用同度量因素，使不能相加的質量指標過渡到能相加的總量指標（$\sum qp$），用數列指標 q 為同度量因素。

(3) 研究質量指標的總變動。即：

$\dfrac{\sum qp_1}{\sum qp_0}$

(4) 同度量因素的固定，通常情況下，也有以下三種情況：

Ⅰ：以數量指標的基期作為同度量因素，

即，$\dfrac{\sum q_0 p_1}{\sum q_0 p_0}$

Ⅱ：以數量指標的報告期作為同度量因素，

即，$\dfrac{\sum q_1 p_1}{\sum q_1 p_0}$

Ⅲ：以數量指標的不變期作為同度量因素，

即，$\dfrac{\sum q_n p_1}{\sum q_n p_0}$

以上三種方法都是科學的、適用的，它們適用於不同的場合，為了資料的統一，一般採用第Ⅱ種形式。即編製質量指標指數時以報告期的數量指標作為同度量因素。則：

$$\overline{K_q} = \frac{\sum q_1 p_1}{\sum q_1 p_0} \tag{6.2}$$

將表 6 – 1 的資料代入公式(6.2),即

$$\overline{K_q} = \frac{\sum q_1 p_1}{\sum q_1 p_0} = \frac{600 \times 0.260, 0 \times 0.361, 80 \times 0.6}{600 \times 0.256, 00 \times 0.418, 0 \times 0.5} = \frac{444}{480} = 92.5\%$$

$$\sum q_1 p_1 - \sum q_1 p_0 = 444 - 480 = -36(萬元)$$

以上計算結果表明,三種商品的銷售價格平均下降了 7.5%(92.5% – 100%),由此而減少了 36 萬元的銷售額。

二、平均指數的編製與計算分析

(一)平均指數的概念

平均指數是總指數的另一種形式,是以某一時期的總量指標為權數對個體指數加權平均得到的總指數。在使用綜合指數形式時,無論是數量指標綜合指數,還是質量指標綜合指數,都必須要計算一個假定的總量指數 $\sum q_1 p_0$,為什麼說是假定的呢?因為企業要麼有現在的資料 $\sum q_1 p_1$(報告期銷售額、產值等),要麼有過去資料 $\sum q_0 p_0$(基期銷售額、產值等),不會用現在的銷售量(或產量)去乘以過去的價格,即 $\sum q_1 p_0$。這樣,綜合指數公式在實際應用上就受到了一定限制,而平均指數是能夠克服這一限制條件的另一種編製總指數的方法。在統計實務中個體指數容易取得,可以從個體指數出發來編製總指數。也就是先計算出各種產品或商品的數量指標或質量指標的個體指數,而後進行加權平均計算,來測定現象的總的變動程度。常用形式有兩種:一是算術平均數指數;二是調和平均數指數。

(二)算術平均數指數

一般情況下,數量指標綜合指數可以變形為加權算術平均數形式計算指數。即以數量指標綜合指數相應的分母為權數,對數量指標個體指數加權算術平均計算總指數。

其計算公式是:

$$\overline{K_q} = \frac{\sum q_1 p_0}{\sum q_0 p_0}$$

$$\because K_q = \frac{q_1}{q_0} \quad \therefore q_1 = K_q \cdot q_0$$

將此式代入數量指標綜合指數。即:

$$\overline{K_q} = \frac{\sum K_q q_0 p_0}{\sum q_0 p_0} \tag{6.3}$$

【例6.2】某商場三種商品的銷售資料如表 6 – 2 所示,計算與分析三種商品的銷售量的綜合變動情況。

表6-2　　　　　　　　某商場三種商品的有關銷售資料

商品	基期銷售額(萬元)q_0p_0	個體銷售量指數(%)$K_q = \dfrac{q_1}{q_0}$
甲	100	150
乙	200	120
丙	100	90

解：銷售量總指數

$$\overline{K_q} = \dfrac{\sum K_q q_0 p_0}{\sum q_0 p_0}$$

$$= \dfrac{1.5 \times 100 + 1.2 \times 200 + 0.9 \times 100}{100 + 200 + 100} = \dfrac{480}{400} = 120\%$$

$$\sum K q_0 p_0 - \sum q_0 p_0 = 480 - 400 = 80(萬元)$$

與【例6.1】比較可見：採用加權算術平均數計算的銷售量指數和綜合指數計算的銷售量指數結果是一致的，它的經濟意義也完全相同，所不同的是掌握的資料的不同和使用條件不同。

（三）調和平均數指數

一般情況下，質量指標綜合指數可以變形為加權調和平均數形式計算。即以質量指標綜合指數相應的分子為權數，對質量指標個體指數加權調和平均計算總指數。

其計算公式是：

$$\overline{K_p} = \dfrac{\sum q_1 p_1}{\sum q_1 p_0}$$

$$\because K_p = \dfrac{q_1}{q_0} \quad \therefore p_0 = \dfrac{1}{K_p} \cdot p_1$$

將此式代入質量指標綜合指數。即：

$$\overline{K_p} = \dfrac{\sum q_1 p_1}{\sum \dfrac{1}{K_p} q_1 p_1} \tag{6.4}$$

【例6.3】某商場三種商品的銷售資料如表6-3所示，計算與分析三種商品的銷售價格的綜合變動情況。

表6-3　　　　　　　　某商場三種商品的有關銷售資料

商品	報告期銷售額(萬元)q_1p_1	個體價格指數(%)$K_p = \dfrac{p_1}{p_0}$
甲	120	80
乙	216	90
丙	108	120

解：銷售價格指數為：

$$\overline{K_p} = \frac{\sum q_1 p_1}{\sum \frac{1}{K_p} q_1 p_1}$$

$$= \frac{120 + 216 + 108}{\frac{120}{0.8} + \frac{216}{0.9} + \frac{108}{1.2}} = \frac{444}{480} = 92.5\%$$

$$\sum q_1 p_1 - \sum \frac{1}{K_p} q_1 p_1 = 444 - 480 = -36(萬元)$$

與【例6.1】比較可見：採用加權調和平均數指數計算的價格總指數與質量指標綜合指數的價格總指數計算的結果是一致的，它的經濟意義也完全相同，所不同的是掌握的資料不同和計算條件不同。

任務三　指數體系與因素分析

在統計實務中，除了對現象自身的變動進行動態分析外，還需要對影響現象變動的因素發生變化而對現象產生的影響進行分析。這就要通過建立指數體系來進行因素分析。

一、指數體系

(一) 指數體系的概念

任何現象都不是孤立存在的，許多現象之間存在相互依存，相互制約的關係，它們在數量上存在著必然的聯繫。例如：

商品銷售額 = 商品銷售量 × 商品價格
生產總成本 = 產品產量 × 單位成本
農作物總產量 = 播種面積 × 單位面積產量

這些都是現象之間存在的靜態數量聯繫，在做動態分析時，也會保持著相同的數量關係，從而構成指數體系。

商品銷售額指數 = 商品銷售量指數 × 商品價格指數
總成本指數 = 產品產量指數 × 單位成本指數
農作物總產量指數 = 播種面積指數 × 單位面積產量指數

一般來說，我們將三個或三個以上的在內容上有聯繫、數量上有對等關係的指數所構成的整體稱為指數體系。

指數體系從相對數來看，總變動指數等於各個因素指數的乘積；從絕對數看：總變動差額等於各個因素指數的分子、分母差額之和。以商品銷售額指數體系為例：

商品銷售額(qp) = 商品銷售量(q) × 商品價格(p)

1. 相對數關係

商品銷售額指數($\overline{K_{qp}}$) = 商品銷售量指數($\overline{K_q}$) × 商品價格指數($\overline{K_p}$)

$$\frac{\sum q_1 p_1}{\sum q_0 p_0} = \frac{\sum q_1 p_0}{\sum q_0 p_0} \times \frac{\sum q_1 p_1}{\sum q_1 p_0} \tag{6.5}$$

2. 絕對數關係

商品銷售額變動差額 = 銷售量變動影響銷售額變動差額 + 價格變動影響銷售額變動差額

$$\sum q_1 p_1 - \sum q_0 p_0 = \left(\sum q_1 p_0 - \sum q_0 p_0\right) + \left(\sum q_1 p_1 - \sum q_1 p_0\right) \tag{6.6}$$

指數體系中的數量關係深刻地揭示了現象之間的聯繫,即等式左邊現象(稱為總變動現象)的變化決定於等式右邊多個現象(稱為構成因素)的變化。也就是說,等式右邊各構成因素的變化對總體現象變化的相對影響程度和絕對影響狀況,這種聯繫為因素分析提供了客觀的依據。

(二) 指數體系的作用

指數體系在經濟分析中的作用可以概括為兩點:

1. 對現象總變動進行因素分析

研究指數體系的目的,主要在於從數量方面分析社會經濟現象總變動中各因素變動影響的相對程度和絕對效果。

2. 利用現象之間內在的聯繫進行指數之間數量上推算

任何指數體系都由三個或三個以上的指數所構成,它們在數量上存在數量對等關係,因此當已知指數體系中的某幾個指數時,可以推算出另一個未知指數。

【例6.4】某商場某月的銷售量增長5%,銷售價格平均增長2%,問銷售額變化情況。

∵ 銷售額指數 = 銷售量指數 × 價格指數

即,銷售額指數 = 102% × 105% = 107.1%

∴ 銷售額增長指數 = 銷售額指數 − 1 = 107.1% − 1 = 7.1%

【例6.5】某企業某月總成本增長10%,產量增長20%,則單位成本變化如何?

∵ 總成本指數 = 產量總指數 × 單位成本指數

單位成本指數 = $\dfrac{總成本指數}{產量總指數}$ = $\dfrac{1+10\%}{1+20\%}$ = 91.67%

∴ 單位成本降低指數 = 單位成本指數 − 1 = 91.67% − 100% = −8.33%

在經濟活動分析中,這種推算非常廣泛。

二、因素分析

因素分析是利用指數體系從數量上分析現象的綜合變動中受各因素影響的方向、程度和絕對數量的一種方法。根據所分析指標的表現形式不同,因素分析可以分為總量指標變動的因素分析和平均指標變動的因素分析。

(一) 總量指標變動的因素分析

總量指標的因素分析包括兩因素分析和多因素分析,重點掌握兩因素分析。總量指標兩

因素分析,即現象總量可以分解為兩個構成因素,這兩個因素一定是一個數量指標和一個質量指標。進行因素分析的步驟是:首先計算所研究現象總量變動的相對程度和絕對差額;然後計算兩個影響因素綜合變動的相對程度和對總量變動影響的絕對差額;最後再根據指數體系列出三者之間的聯繫並進行綜合分析說明。

【例6.6】某企業生產三種產品的產量和單位成本資料如表6-4所示,對三種產品的總成本變動進行因素分析。

表6-4　　　　　　　　　某企業三種產品成本資料

產品名稱	計量單位	產品產量 基期 q_0	產品產量 報告期 q_1	單位成本(元) 基期 p_0	單位成本(元) 報告期 p_1	總成本(元) 基期 $q_0 p_0$	總成本(元) 報告期 $q_1 p_1$	總成本(元) 假定 $q_1 p_0$
甲	米	4,000	3,000	8.00	8.00	32,000	24,000	24,000
乙	件	400	728	60.00	45.00	24,000	32,760	43,680
丙	個	3,000	7,400	5.00	5.50	15,000	40,700	37,000
合計	—	—	—	—	—	71,000	97,460	104,680

解:① 總成本變動分析。

總成本總指數 $\overline{K_{qp}} = \dfrac{\sum q_1 p_1}{\sum q_0 p_0} = \dfrac{97,460}{71,000} = 1.372,7$ 或 137.27%

絕對量變動 $\sum q_1 p_1 - \sum q_0 p_0 = 97,460 - 71,000 = 26,460$(元)

② 影響因素分析。

產品產量總指數 $\overline{K_q} = \dfrac{\sum q_1 p_0}{\sum q_0 p_0} = \dfrac{104,680}{71,000} = 1.474,4$ 或 147.44%

絕對量變動 $\sum q_1 p_0 - \sum q_0 p_0 = 104,680 - 71,000 = 33,680$(元)

單位成本總指數 $\overline{K_p} = \dfrac{\sum q_1 p_1}{\sum q_1 p_0} = \dfrac{97,460}{104,680} = 0.931,0$ 或 93.10%

絕對量變動 $\sum q_1 p_1 - \sum q_1 p_0 = 97,460 - 104,680 = -7,220$(元)

③ 建立指數體系,進行因素分析。

$\overline{K_{qp}} = \overline{K_q} \times \overline{K_p}$　即:137.27% = 147.44% × 93.10%

$\sum q_1 p_1 - \sum q_0 p_0 = (\sum q_1 p_0 - \sum q_0 p_0) + (\sum q_1 p_1 - \sum q_1 p_0)$

即:26,460 元 = 33,680 元 + (-7,220) 元

計算結果表明:總成本報告期比基期增長37.27%,是產品產量增長47.44%,與單位成本下降6.9%(93.10% - 1)共同作用的結果。可以看出總成本的增長是產品產量增長產生的,是合理的。觀察絕對額變動,產品產量的增長使總成本增加33,680元,而單位成本的下降,反而使總成本減少了7,220元,這兩種因素共同作用導致總成本報告期比基期增加

26,460 元。

在總量指標的因素分析中,如果由於資料限制,不能直接進行分析,可以將綜合指數形式變形為平均指數形式進行分析。

【例 6.7】某企業的銷售資料如表 6－5 所示,對該企業三種產品的銷售額變動進行因素分析。

表 6－5　　　　　某企業三種產品銷售資料

產品名稱	計量單位	銷售額(萬元) 2016 年 $q_0 p_0$	銷售額(萬元) 2017 年 $q_1 p_1$	2017 年比 2016 年銷售量增長率(%) $\frac{q_1}{q_0}$
甲	件	10,000	9,600	120
乙	臺	20,000	22,500	100
丙	個	12,000	14,000	133
合計	—	42,000	46,100	—

解:① 銷售額變動分析

銷售額總指數 $\overline{K_{qp}} = \dfrac{\sum q_1 p_1}{\sum q_0 p_0} = \dfrac{46,100}{42,000} = 1.097,6$ 或 109.76%

絕對量變動 $\sum q_1 p_1 - \sum q_0 p_0 = 46,100 - 42,000 = 4,100$(萬元)

② 影響因素分析

產品銷售量總指數 $\overline{K_q} = \dfrac{\sum q_1 p_0}{\sum q_0 p_0}$

$= \dfrac{\sum K_q q_0 p_0}{\sum q_0 p_0}$

$= \dfrac{1.2 \times 10,000 + 1 \times 20,000 + 1.33 \times 12,000}{10,000 + 20,000 + 12,000}$

$= \dfrac{48,000}{42,000}$

$= 1.142,9$ 或 114.29%

絕對量變動 $\sum q_1 p_0 - \sum q_0 p_0 = 48,000 - 42,000 = 6,000$(萬元)

單位成本總指數 $\overline{K_p} = \dfrac{\sum q_1 p_1}{\sum q_1 p_0} = \dfrac{46,100}{48,000} = 0.960,4$ 或 96.04%

絕對量變動 $\sum q_1 p_1 - \sum q_1 p_0 = 46,100 - 48,000 = -1,900$(萬元)

③ 建立指數體系,進行因素分析

109.76% = 114.29% × 96.04%

4,100 萬元 = 6,000 萬元 + (-1,900) 萬元

計算結果表明:企業三種產品的銷售額報告期比基期增長9.76%,增加的絕對額為4,100萬元。由於產品銷售量增長了14.29%,使銷售額增加6,000萬元;產品銷售價格平均下降了3.96%(96.04% - 1),使銷售額減少1,900萬元。

對總量指標變動的多因素分析也包括相對數和絕對數變動分析兩個方面。編製指數時,首先要排列影響因素的先後順序,一般應遵循數量因素在前,質量因素在後的原則。然後按連環替代法進行分析。其具體方法是:在分析第一個因素影響時,其他所有因素作為同度量因素固定在基期;在分析第二個因素的變動影響時,則把已經分析過的第一個因素固定在報告期,沒有分析過的因素仍固定在基期;在分析第三個因素時,把已經分析過的兩個因素固定在報告期,沒有分析過的因素仍固定在基期,以此類推。

三因素分析指數體系的數量關係表現為:

相對數變動分析:

$$\frac{\sum q_1 m_1 p_1}{\sum q_0 m_0 p_0} = \frac{\sum q_1 m_0 p_0}{\sum q_0 m_0 p_0} \times \frac{\sum q_1 m_1 p_0}{\sum q_1 m_0 p_0} \times \frac{\sum q_1 m_1 p_1}{\sum q_1 m_1 p_0} \tag{6.7}$$

絕對數變動分析:

$$\sum q_1 m_1 p_1 - \sum q_0 m_0 p_0 = \left(\sum q_1 m_0 p_0 - \sum q_0 m_0 p_0\right) + \left(\sum q_1 m_1 p_0 - \sum q_1 m_0 p_0\right) + \left(\sum q_1 m_1 p_1 - \sum q_1 m_1 p_0\right) \tag{6.8}$$

(二) 平均指標變動的因素分析

前面所講述的綜合指數和平均指數都是從總量上對比反應總體的變動方向和變動程度的,而平均指標變動的因素分析是通過計算平均指標指數,從總體的兩個總平均指標對比反應其變動方向和變動程度的,即用報告期的平均水準比基期的平均水準($\frac{\overline{x_1}}{\overline{x_0}}$)。由加權算術平均數公式$\bar{x} = \frac{\sum xf}{\sum f}$或$\sum \left(x \cdot \frac{f}{\sum f}\right)$可知,在分組條件下,總的加權算術平均數(簡稱總平均指標)的大小受兩個因素的影響:一是各組標誌值的水準,即各組平均數x的影響;二是各組的比重權數($\frac{f}{\sum f}$),即總體結構的影響。為了測定這兩個因素對總平均指標變動的影響方向、程度和絕對效果,同樣可以運用指數體系進行因素分析,即進行總平均指標的兩因素分析。

平均指標指數體系包括可變構成指數(也稱平均指標指數)、固定構成指數和結構影響指數三個。

1. 可變構成指數

可變構成指數是指報告期平均指標與基期平均指標之比,表明總平均指標的對比關係。可變構成指數的計算公式為:

$$\overline{K_{可變}} = \frac{\overline{x_1}}{\overline{x_0}} = \frac{\dfrac{\sum x_1 f_1}{\sum f_1}}{\dfrac{\sum x_0 f_0}{\sum f_0}} = \frac{\sum x_1 \cdot \dfrac{f_1}{\sum f_1}}{\sum x_0 \cdot \dfrac{f_0}{\sum f_0}} \tag{6.9}$$

可變構成指數的分子與分母之差，表示報告期的總平均指標與基期的總平均指標的差額。即：

$$\bar{x}_1 - \bar{x}_0 = \frac{\sum x_1 f_1}{\sum f_1} - \frac{\sum x_0 f_0}{\sum f_0} = \sum x_1 \cdot \frac{f_1}{\sum f_1} - \sum x_0 \cdot \frac{f_0}{\sum f_0} \tag{6.10}$$

2. 固定構成指數

固定構成指數也稱組平均指標指數，反應著各組的變量值(x)的變動對總平均指標變動($\frac{\sum xf}{\sum f}$)的影響狀況。固定構成指數是將各組平均數作為要研究的因素，把各組的次數結構作為同度量因素，而且固定在報告期。固定構成指數的公式為：

$$\overline{K_{固定}} = \frac{\bar{x}_1}{\bar{x}_n} = \frac{\frac{\sum x_1 f_1}{\sum f_1}}{\frac{\sum x_0 f_1}{\sum f_1}} = \frac{\sum x_1 \cdot \frac{f_1}{\sum f_1}}{\sum x_0 \cdot \frac{f_1}{\sum f_1}} \tag{6.11}$$

固定構成指數的分子與分母之差，表示由於各組變量值變動引起總平均指標變動的差額。即：

$$\bar{x}_1 - \bar{x}_n = \frac{\sum x_1 f_1}{\sum f_1} - \frac{\sum x_0 f_1}{\sum f_1} = \sum x_1 \cdot \frac{f_1}{\sum f_1} - \sum x_0 \cdot \frac{f_1}{\sum f_1} \tag{6.12}$$

3. 結構影響指數

結構影響指數反應次數結構($\frac{f}{\sum f}$)的變動對總平均指標($\frac{\sum xf}{\sum f}$)變動的影響狀況，結構影響指數就是把次數結構作為研究的因素，把各組的標誌值作為同度量因素，而且固定在基期。結構影響指數的公式為：

$$\overline{K_{結構}} = \frac{\bar{x}_n}{\bar{x}_0} = \frac{\frac{\sum x_0 f_1}{\sum f_1}}{\frac{\sum x_0 f_0}{\sum f_0}} = \frac{\sum x_0 \cdot \frac{f_1}{\sum f_1}}{\sum x_0 \cdot \frac{f_0}{\sum f_0}} \tag{6.13}$$

結構影響指數的分子與分母之差，表示由於各組結構變動引起總平均指標變動的差額。即：

$$\bar{x}_n - \bar{x}_0 = \frac{\sum x_0 f_1}{\sum f_1} - \frac{\sum x_0 f_0}{\sum f_0} = \sum x_0 \cdot \frac{f_1}{\sum f_1} - \sum x_0 \cdot \frac{f_0}{\sum f_0} \tag{6.14}$$

以上三個指數都是平均指標進行對比，區分的重點在於構成，也可稱為結構。第一個指數的變量和構成都發生了變化，所以稱為可變構成指數；第二個指數的變量變動而構成不變，因此稱為固定構成指數；第三個指數是變量不變而結構變動，反應結構變動對平均指標的影響程度，稱為結構影響指數。根據三個指數之間的聯繫和數量關係，組成了總平均指標

指數體系。

三個指數之間的關係是：

可變構成指數($\overline{K_{可變}}$) = 固定構成指數($\overline{K_{固定}}$) × 結構影響指數($\overline{K_{結構}}$)

相對數變動分析是：

$$\frac{\frac{\sum x_1 f_1}{\sum f_1}}{\frac{\sum x_0 f_0}{\sum f_0}} = \frac{\frac{\sum x_1 f_1}{\sum f_1}}{\frac{\sum x_0 f_1}{\sum f_1}} \times \frac{\frac{\sum x_0 f_1}{\sum f_1}}{\frac{\sum x_0 f_0}{\sum f_0}} \tag{6.15}$$

絕對數變動分析是：

$$\frac{\sum x_1 f_1}{\sum f_1} - \frac{\sum x_0 f_0}{\sum f_0} = \left(\frac{\sum x_1 f_1}{\sum f_1} - \frac{\sum x_0 f_1}{\sum f_1}\right) + \left(\frac{\sum x_0 f_1}{\sum f_1} - \frac{\sum x_0 f_0}{\sum f_0}\right) \tag{6.16}$$

【例6.8】某企業工人的人數和工資資料如表6-6所示，對該企業工人的總平均工資的變動進行因素分析。

表6-6　　　　　　　　　某企業工人人數和工資資料

工人類型	工人數(人)f		月平均工資(元)x	
	基期 f_0	報告期 f_1	基期 x_0	報告期 x_1
技術工人	300	400	2,800	3,000
學徒工人	200	600	1,600	1,800
合計	500	1,000	—	—

解：根據表6-6的資料可計算

$$\overline{x_1} = \frac{\sum x_1 f_1}{\sum f_1} = \frac{3,000 \times 400 + 1,800 \times 600}{400 + 600} = 2,280\,(元)$$

$$\overline{x_0} = \frac{\sum x_0 f_0}{\sum f_0} = \frac{2,800 \times 300 + 1,600 \times 200}{300 + 200} = 2,320\,(元)$$

$$\overline{xn} = \frac{\sum x_0 f_1}{\sum f_1} = \frac{2,800 \times 400 + 1,600 \times 600}{400 + 600} = 2,080\,(元)$$

第一步，計算總平均工資指數，即可變構成指數。

$$\overline{K_{可變}} = \frac{\frac{\sum x_1 f_1}{\sum f_1}}{\frac{\sum x_0 f_0}{\sum f_0}} = \frac{2,280}{2,320} = 98.28\%$$

$$\frac{\sum x_1 f_1}{\sum f_1} - \frac{\sum x_0 f_0}{\sum f_0} = 2,280 - 2,320 = -40\,(元)$$

第二步,計算固定構成指數和結構影響指數,分析總平均工資變動的具體的原因。

(1) 各組平均工資的變動(x) 對總平均工資變動($\frac{\sum xf}{\sum f}$) 影響。

$$\overline{K_{固定}} = \frac{\dfrac{\sum x_1 f_1}{\sum f_1}}{\dfrac{\sum x_0 f_1}{\sum f_1}} = \frac{2,280}{2,080} = 109.62\%$$

$$\frac{\sum x_1 f_1}{\sum f_1} - \frac{\sum x_0 f_1}{\sum f_1} = 2,280 - 2,080 = 200(元)$$

(2) 各組人數結構變動($\frac{f}{\sum f}$) 對總平均工資($\frac{\sum xf}{\sum f}$) 影響。

$$\overline{K_{結構}} = \frac{\dfrac{\sum x_0 f_1}{\sum f_1}}{\dfrac{\sum x_0 f_0}{\sum f_0}} = \frac{2,080}{2,320} = 89.66\%$$

$$\frac{\sum x_0 f_1}{\sum f_1} - \frac{\sum x_0 f_0}{\sum f_0} = 2,280 - 2,320 = -240(元)$$

第三步,形成三個平均指標指數的關係,即建立平均指標指數的指數體系。

相對數形式 $\overline{K_{可變}} = \overline{K_{固定}} \times \overline{K_{結構}}$

簡寫為 $\dfrac{\overline{x_1}}{\overline{x_0}} = \dfrac{\overline{x_1}}{\overline{x_n}} \times \dfrac{\overline{x_n}}{\overline{x_0}}$

$98.28\% = 109.62\% \times 89.66\%$

絕對數形式

簡寫為 $\overline{x_1} - \overline{x_0} = (\overline{x_1} - \overline{x_n}) + (\overline{x_n} - \overline{x_0})$

$-40 元 = 200 元 + (-240 元)$

第四步,文字說明。

該企業工人總平均工資報告期較基期下降了1.72%,每個工人工資收入水準平均減少了40元,是由於各組工人工資水準提高,使總平均工資提高了9.62%,使工人工資收入平均增加了200元,以及各組工人人數占工人總數的比重的變化使總平均工資下降了10.34%,工人工資收入平均減少了240元,兩個因素共同影響和作用的結果。

注意:本題如果將工人人數設為q,平均工資設為p,則可進行總量指標的因素分析。

【例6.9】某商場兩個部門營業員人數和人均銷售額資料如表6-7所示,對人均銷售額的變動進行因素分析。

表6－7　　　　　　　　　　某商場營業員勞動效率資料

部門	人數(人) 基期 f_0	人數(人) 報告期 f_1	人均銷售額(萬元) 基期 x_0	人均銷售額(萬元) 報告期 x_1	銷售總額(萬元) 基期 $x_0 f_0$	銷售總額(萬元) 報告期 $x_1 f_1$	銷售總額(萬元) 假定 $x_0 f_1$
1	70	48	5.4	5.5	378	264	295.2
2	30	72	8.0	7.0	240	504	576.0
合計	100	120	—	—	618	768	835.2

解：根據表6－7的資料可計算

第一步，計算總人均銷售額指數，即可變構成指數。

$$\overline{K_{可變}} = \frac{\frac{\sum x_1 f_1}{\sum f_1}}{\frac{\sum x_0 f_0}{\sum f_0}} = \frac{\frac{768}{120}}{\frac{618}{100}} = \frac{6.40}{6.18} = 103.56\%$$

$$\frac{\sum x_1 f_1}{\sum f_1} - \frac{\sum x_0 f_0}{\sum f_0} = 6.40 - 6.18 = 0.22(萬元)$$

第二步，計算固定構成指數和結構影響指數，分析總人均銷售額變動的具體原因。

(1) 各部門人均銷售額的變動(x)對總人均銷售額變動($\frac{\sum xf}{\sum f}$)影響。

$$\overline{K_{固定}} = \frac{\frac{\sum x_1 f_1}{\sum f_1}}{\frac{\sum x_0 f_1}{\sum f_1}} = \frac{6.40}{\frac{835.2}{120}} = \frac{6.40}{6.96} = 91.95\%$$

$$\frac{\sum x_1 f_1}{\sum f_1} - \frac{\sum x_0 f_1}{\sum f_1} = 6.40 - 6.96 = -0.56(萬元)$$

(2) 各部門人數結構變動($\frac{f}{\sum f}$)對總人均銷售額($\frac{\sum xf}{\sum f}$)影響。

$$\overline{K_{結構}} = \frac{\frac{\sum x_0 f_1}{\sum f_1}}{\frac{\sum x_0 f_0}{\sum f_0}} = \frac{6.96}{6.18} = 112.62\%$$

$$\frac{\sum x_0 f_1}{\sum f_1} - \frac{\sum x_0 f_0}{\sum f_0} = 6.96 - 6.18 = 0.78(萬元)$$

第三步,形成三個平均指標指數的關係,即,建立指數體系。

103.56% = 91.95% × 112.62%

0.22 萬元 = (-0.56 萬元) + 0.78 萬元

第四步,文字說明。

該商場營業員平均勞動效率報告期較基期提高3.56%,平均每人增加銷售額0.22萬元。其中,由於人員結構變化引起勞動效率提高12.62%,導致人均銷售額增加0.78萬元;若剔除結構變化的影響,各部門營業員勞動效率不僅未提高,反而下降了8.05%(91.95% - 1),使人均銷售額減少了0.56萬元,說明該商場在提高營業員勞動效率方面做得還不夠。

任務四　　幾種常用的統計指數

一、商品零售價格指數

商品零售價格指數,是反應零售商品價格綜合變動趨勢的一種相對數。商品零售價格指數是編製財政計劃、價格計劃,制定物價政策、工資政策的重要依據。目前,統計工作一般都按月、季、年編製商品零售價格指數。商品零售價格指數採用加權算術平均公式計算。物價不可能進行全面調查,只能在部分市、縣採用抽樣調查。根據中國的人力、財力,選擇了145個市、81個縣城作為物價變動資料的基層填報單位。每種商品的指數採用代表規格品的平均價格計算。零售商品包括食品、飲料菸酒、服裝鞋帽、紡織品、中西藥品、化妝品、書報雜誌、文化體育用品、日用品、家用電器、首飾、燃料、建築裝潢材料、機電產品等14個大類304種必報產品,各省(區、市)可根據當地實際情況適當增加一些商品。需要特別說明的是,從1994年起,商品零售價格指數不再包括農業生產資料。其權數每年要根據居民家庭收支調查的資料調整一次。(具體編製方法見後面的案例分析)

二、居民消費價格指數

居民消費價格指數過去叫「居民生活費用價格總指數」。是反應一定時期(年、季、月)內城市、農村居民所購買消費品價格和服務項目價格綜合變動的相對數,它是綜合了職工、農民消費價格指數計算取得的。運用居民消費價格總指數,可以觀察居民生活消費品及服務項目價格的變動對城鄉居民生活的影響,對於各級部門制定居民消費價格政策、工資政策以及測定通貨膨脹等,具有重要的理論和現實意義。

計算居民消費價格指數所選商品和服務項目,大約300餘種,主要大項目包括食品、衣著、家庭設備及用品、醫療保健、交通和通信、娛樂教育和文化用品、居住、服務項目等8大類商品及服務項目。在每大類中又分為若干中類,在每中類中可以分為若干小類,在每小類中又可分為具體商品。編製居民消費價格指數的類權數和大部分商品及服務項目的權數,是根據住戶調查中居民的實際消費構成計算。

居民消費價格指數的編製與零售價格指數的計算方法相同。但兩者也有區別,主要表現

在以下幾個方面：

第一,編製的角度不同。零售物價指數是從商品賣方的角度出發,著眼於零售市場,觀察零售商品的平均價格水準及其對社會經濟的影響;居民消費價格指數是從商品買方的角度出發,著眼於人民生活,觀察生活消費品及服務項目價格的變動對城鄉居民生活的影響。

第二,包括範圍不同。它主要體現在兩者所包括的項目和具體商品的不同上。零售物價指數分 14 大類,既包括生活消費品,又包括建築裝潢材料和機電產品等,但不包括非商品形態的服務項目。居民消費品價格指數分 8 大類,既包括生活消費品,又包括服務項目。

根據居民消費價格指數,我們可以計算幾個相關指數：

1. 通貨膨脹指數

$$通貨膨脹指數 = \frac{報告期居民消費價格指數}{基期居民消費價格指數} \times 100\%$$

如果通貨膨脹指數大於 100%,則說明存在通貨膨脹;如果通貨膨脹指數小於 100%,則說明存在通貨緊縮現象。

2. 貨幣購買力指數

貨幣購買力指單位貨幣所能購買到商品或服務的數量。在支出額一定的情況下,商品的價格越高,貨幣購買力越低;反之,商品的價格越低,貨幣的購買力越高。貨幣購買力指數從相對數的角度,反應貨幣購買力的相對變動程度。貨幣購買力指數的計算公式為：

$$貨幣購買力指數 = \frac{100\%}{居民消費價格指數} \times 100\%$$

因為貨幣購買力的變動與消費品和勞務價格的變動呈反比例關係,所以,居民消費價格指數的倒數就是貨幣購買力指數。

3. 職工實際工資指數

職工實際工資指數可用於反應消費品和服務價格變動對職工的實際工資的影響。其計算公式為：

$$職工實際工資指數 = \frac{職工名義工資指數}{居民消費價格指數} \times 100\%$$

上式說明,職工在不同時期得到的貨幣工資額實際能夠買到的消費品和服務項目在數量上的增減變化。

☆知識連結

> 消費者物價指數(CPI):是根據與居民生活有關的商品及勞務價格統計出來的物價變動指標,通常作為觀察通貨膨脹水準的重要指標。
> 生產者物價指數(PPI):生產者物價指數主要的目的在於衡量各種商品在不同的生產階段的價格變化情形。
> 2008 年中國受金融危機影響,二者都呈逐月走低的趨勢,全年的 CPI 為 5.9%,PPI 為 6.9%。

三、股票價格指數

在股票市場上有很多股票在交易,同一時間,各種股票的價格各不相同,它們隨著時間

在不斷變化,有的股票價格上漲,有的股票價格下跌。僅用一種或幾種股票價格的變化是無法反應整個股票市場的價格水準的。為了反應整個股票市場總的價格水準及其變動情況,便產生了股票價格指數。股票價格指數除了綜合各類公司的股票進行編製外,還常就工業、農業、金融業等每一類公司的股票分別進行編製。由於股票市場上的上市公司在國家經濟中佔有重要的地位,因此股票價格指數可以反應一個國家或地區的經濟發展趨勢。

(一)股票價格指數的編製

(1)確定股票樣本。股票市場上的股票數目很多,為了確保股票價格指數反應股票市場價格的變化情況和計算的方便,需要選擇一定數量的、有代表性的公司的股票作為樣本股。

(2)不同種類的股票價格不能相加,故股票價格指數屬於總指數,其計算一般採用綜合指數方法。

$$加權股價指數 = \frac{\sum p_1 q}{\sum p_0 q}$$

式中:p_1 為報告期股票的價格;p_0 為基期的股票價格;q 為股票的發行量或成交量。

q 作為同度量因素,可以採用報告期水準、基期水準或某一固定時期的水準。

(二)股票價格指數的種類

1. 道・瓊斯股票價格平均指數(Dow Jones Industrial Average,DJIA)

道・瓊斯股票價格平均指數,簡稱道・瓊斯股票指數,是目前人們最熟悉、歷史最悠久、最具權威性的一種股票指數。其基期為1928年10月1日,基期指數為100。由美國道瓊斯公司編製,在交易日每半小時計算一次,每天早晨在《華爾街日報》及其新聞報刊上公布,是表明美國股票行情變動的一種股票價格指數。道・瓊斯指數在世界上久負盛名,為世界各股票交易所和股票投資者所看重。

2. 標準普爾股票價格指數(Standard and Poor's,500Index S&P 500)

由美國標準普爾公司編製的反應美國股票市場行情變動的股票價格平均數,它也是美國股票市場漲跌的基本標準之一。

3. 英國金融時報股票指數(Financial Times Stock Exc hange 100 Index,FTSE 100)

金融時報股票指數是由倫敦證券交易所編製,並在《金融時報》上發布的股票指數。目前常用的是金融時報工業普通股票指數,其成分股由30種代表性的工業公司的股票構成。最初以1935年7月1日為基期,後來調整為以1962年4月10日為基期,基期指數為100,採用幾何平均法計算。

4. 日經股票平均指數(NI KKEI 225)

日經股票平均指數的編製始於1949年,它是由東京股票交易所第一組掛牌的225種股票的價格所組成。這個由日本經濟新聞有限公司(NKS)計算和管理的指數,通過主要國際價格報導媒體加以傳播,並且被各國廣泛用來作為代表日本股市的參照物。

5. 香港恒生指數(Hang Seng Index,HSI)

恒生指數是由香港恒生銀行於1969年11月24日開始編製的用以反應香港股市行情的一種股票指數。該指數的成分股由在香港上市的較有代表性的33家公司的股票構成。恒生指數現已成為反應香港政治、經濟和社會狀況的主要風向標。

本章小結

本章是研究統計分析的重要方法之一,統計指數的應用是對動態分析的繼續和深化。包括統計指數的一般問題、總指數的編製與計算、指數體系和因素分析,以及幾種常用指數的應用。具體包括:

1. 統計指數的一般問題

統計指數的涵義有廣義和狹義之分。廣義的指數是一個對比分析指標,即相對數;狹義的指數是一種特殊的相對數,反應的是不能直接相加的複雜經濟現象總體數量綜合變動的相對數。本章主要研究狹義指數的編製方法及其應用。統計指數可以從不同的角度進行分類,要重點把握各種統計指數的涵義。

2. 總指數的編製與計算

總指數的編製方法是本章的重點內容之一。編製方法有兩種:綜合指數和平均指數。綜合指數的基本思路是通過引入同度量因素,解決複雜總體數量不能直接相加的問題,具體分為數量指標指數和質量指標指數;而平均指數是對個體指數進行加權平均得到總指數,分為加權算術平均數指數和加權調和平均數指數。平均指數一般是在資料限制不能使用綜合指數時應用的,在一定的權數條件下,兩種指數存在著變形關係。

3. 指數體系和因素分析

統計指數的因素分析方法是本章的又一重點內容。統計指數的因素分析法以總指數的計算及統計指數體系為基礎。其主要思路是從相對數的角度分析總變動及影響因素變動的方向與程度,實質上就是計算總變動指數和影響因素指數,從絕對數的角度分析總變動增減的絕對值及每個因素對總變動的影響值。

在具體應用中包括對總量指標變動的因素分析和對平均指標變動的因素分析。

4. 幾種常用指數的應用

幾種常用的指數是與我們經濟生活密切相關的統計指數,主要有三種:商品零售價格指數、居民消費價格指數和股票指數。

案例分析

商品零售物價指數的計算

商品零售物價指數是反應城市、農村商品零售物價變動趨勢的一種經濟指數,可以全面反應市場零售物價總水準變動趨勢和程度。

表 6－8　　　　　　　　　　某市商品零售物價指數計算表

商品類別	代表規格品	計量單位	平均價格(元) 基期 p_0	報告期 p_1	固定權數 (w)	指數(%) ($k=\frac{p_1}{p_0}$)	指數×權數 (kw)
總指數					100		125.31
一、食品類					54	140.00	75.60
其中：							
1. 糧食					18	145.63	
（1）細糧					95	146.12	
① 大米	上等米				78	153.49	
② 面粉	標準粉				22	120.00	
（2）粗糧		千克	1.72	2.64	5	136.40	
2. 副食		千克	3.17	3.80	25	132.00	
二、飲料菸酒類					5	105.60	5.28
三、服裝鞋帽類					6	106.60	6.40
四、紡織品類					6	105.30	6.32
五、中西藥品類					5	107.10	5.36
六、化妝品類					2	109.00	2.18
七、書報雜誌類					2	108.20	2.16
八、文化體育用品類					2	106.00	2.12
九、日用品類					2	110.00	2.20
十、家用電器類					10	114.00	11.40
十一、首飾類					1	101.00	1.01
十二、燃料類					3	105.00	3.15
十三、建築裝潢材料					1	118.00	1.18
十四、機電產品類					1	95.00	0.95

　　商品零售物價指數的具體編製方法說明如下：

　　（1）對零售商品進行分類：將全部零售商品劃分為食品、飲料菸酒、服裝鞋帽、紡織品、中西藥品、化妝品、書報雜誌、文化體育用品、日用品、家用電器、首飾、燃料、建築裝潢材料、機電產品 14 大類後，對各大類再劃分為若干中類，中類再分小類（小類還可細分）。

　　（2）選擇代表規格品：在分成的小類下面（或細類）選擇若干代表規格品，國家按商品劃類選樣法，選擇各類有代表性的商品，各地在代表商品集團中選擇與居民生活密切相關、消費量大、生產供應比較穩定、價格變動有代表性趨勢的規格品或價格變動趨勢頻繁的特殊的代表規格品。

　　（3）採集價格資料：調查人員直接到商店櫃臺，集市攤位採集登記當天成交價格。採價原則：直接採價、定時定點、同質可比、實際成交。國家規定，對工業消費品每月採價 2 次，對鮮活商品每月 6 次。

　　（4）計算平均價格：每一商品必須有 3～4 個零售點的價格加以平均。

　　（5）權數的確定及指數的計算：商品權數是某類（個）商品零售額占計算指數的全部（某類）商品零售總額的比重。商品零售價格指數的權數根據批發零售貿易、餐飲業、綜合統計

中社會消費品零售構成資料和典型調查資料計算。確定了商品權數、分類權數後,即可根據商品的報告期和基期(對比期)價格計算單個商品價格指數,然後採用加權算術平均公式進行加權平均,逐一計算出類指數和總指數。

現以某市商品零售物價指數的編製為例具體說明中國零售物價指數的編製方法。

在上表資料中,該市某年零售物價總指數為:

$$k = \frac{\sum kw}{\sum w} = \frac{75.60 + 5.28 + 6.40 + 6.32 + 5.36 + 2.18 + \cdots + 0.95}{54 + 6 + 6 + 5 + 2 + \cdots + 1}$$

$$= \frac{125.31}{100} = 125.31\%$$

說明該市某年商品零售價格比基期平均上漲了 25.31%。

問題思考

1. 什麼是統計指數?統計指數的分類如何?
2. 總指數的編製方法有哪些?編製要點是什麼?
3. 什麼是同度量因素?有何作用?
4. 總量指標如何進行因素分析?
5. 平均指標指數體系包含哪些指數?如何計算?

項目七 相關與迴歸分析

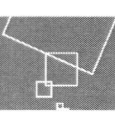

本章教學要點概覽

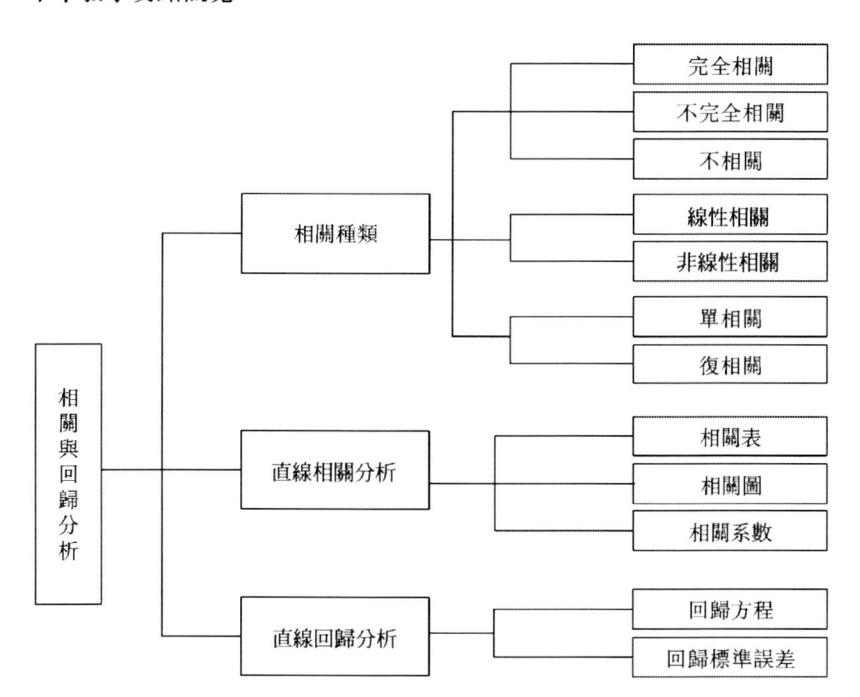

```
                            ┌─ 完全相關
                    ┌─ ─────┼─ 不完全相關
                    │       └─ 不相關
                    │
                    │       ┌─ 線性相關
           ┌─ 相關種類 ─────┤
           │        │       └─ 非線性相關
           │        │
           │        │       ┌─ 單相關
相關與     │        └─ ─────┤
回歸分析 ──┤                └─ 復相關
           │
           │                ┌─ 相關表
           ├─ 直線相關分析 ─┼─ 相關圖
           │                └─ 相關系數
           │
           │                ┌─ 回歸方程
           └─ 直線回歸分析 ─┤
                            └─ 回歸標準誤差
```

【情境導入】

什麼是相關分析？什麼是迴歸分析？它們之間有何區別與聯繫？

案例 我們都知道，父母身材較高，其子女身材也較高，他們的身高有一定的相關性。19世紀英國生物學家高爾登（Francis Galton）在研究子女身高與父母身高之間的關係時，發現下一代人身高有迴歸同時代人類平均身高的趨勢。之後，統計學家卡爾·皮爾遜又用觀察數據證實了這一現象，從而產生了迴歸（Regression）的

概念。

現在,相關與迴歸(Correlation and Regression)分析已經被廣泛應用於農業生產、企業管理、商業決策、金融分析以及自然科學和社會科學等許多研究領域。

本章教學內容提示

相關與迴歸分析是分析現象之間相互關係的一種統計分析方法,是對現象之間變量關係的研究。本章學習的目標在於探討各變量之間相互關係的密切程度及其變化的規律,從而準確認識現象,並進行必要的預測和控制。

任務一　　相關關係

一、相關關係的涵義

在現實世界中,不論是自然現象,還是社會經濟現象,許多現象之間是相互聯繫、相互制約的。比如社會經濟的發展總是與相應經濟變量之間的數量變化緊密聯繫的,不僅與同它有關的現象構成一個普遍聯繫的整體,而且在其內部也存在著許多彼此關聯的因素,在一定的社會環境、地理條件、政府決策影響下,一些因素推動或制約另外一些與之相聯繫的因素發生變化。這種狀況表明,在經濟現象的內部和外部聯繫中存在著一定的相關性,人們往往利用這種相關關係來制定有關的經濟政策,用以指導、控制社會經濟活動的發展。要認識和掌握客觀經濟規律就必須探求經濟現象間經濟變量的變化規律。現象之間的關係由它們的變量之間的關係來反應,這種關係可以分為函數關係和相關關係兩大類。

(一) 函數關係

函數關係也稱為確定性的數量關係。這類關係表現為現象之間存在著嚴格的數量依存關係,即當給定一個單位的自變量 x 與之完全對應的有一個因變量 y 值,這種完全對等的數量關係,一般可用數量公式表達出來,如圓面積(R)與圓半徑(r)的關係可表示為: $R = \pi r^2$,半徑 r 是自變量,圓面積 R 是因變量,當給定一個自變量 r,與之對應的因變量 R 隨之確定。類似於這種一一對應的數量依存關係,都是函數關係。

(二) 相關關係

相關關係也稱為不完全確定性的數量關係。這類關係表現為現象之間存在著不完全的數量依存關係,即當給定一個自變量 x,因變量 y 不是一個完全確定的值,而是在平均值上左右擺動。如將一塊地絕對均勻地分成三等份,其光照、水分、種子、農藥、土質、栽培技術都完全相同的情況下,施肥量與畝產量的關係如表 7－1 所示。

表 7 - 1　　　　　　　　　　　　施肥量與畝產量的關係

施肥量(千克) x	畝產量(千克) y 甲地塊	乙地塊	丙地塊	平均畝產量(千克) $\bar{y}$
10	800	820	840	820
15	930	910	950	930
20	1,250	1,350	1,300	1,300
25	1,010	1,000	990	1,000

由表 7 - 1 可以看出,在其他條件不變的情況下,畝產的高低依存於施肥量的多少。在一定範圍內,施肥多,畝產就高,但畝產量不是一個完全確定的值,而是在平均畝產左右擺動的值。因此,施肥量和畝產量是相關關係。同樣的還有收入和消費的關係,廣告費和銷售額的關係,父母的身高和兒女的身高的關係等。現象之間的這種客觀存在而又不確定的數量依存關係,就是我們通常所指的相關關係。

二、相關關係的類型

由於現象之間的聯繫非常複雜,因此,相關關係可以表現為各種不同的形式和類型。對於現象之間存在的相關關係,我們應該從不同角度上進行分類:

(一) 按現象間的相關程度不同分類

相關關係按現象之間的相關程度可以分為完全相關、不完全相關和不相關。這種相關程度一般都是通過相關係數 r 反應出來(相關係數的計算將在本章任務二介紹),當相關係數 $r = \pm 1$ 時,說明兩現象之間完全相關,即函數關係。例如圓面積 $R = \pi r^2$;當相關係數 $-1 < r < +1$ 且 $r \neq 0$ 時,說明兩現象之間是不完全確定的關係(不完全相關),即相關關係,例如,銷售收入和銷售利潤,勞動生產率與單位成本之間的關係等;當相關係數 $r = 0$,則兩個現象之間不相關,即兩個現象各自獨立,互不影響,如美國的人均收入與中國的人均消費等。

(二) 按現象間相關的方向不同分類

相關關係按現象之間相關關係的方向分為正相關和負相關。當兩個現象之間,自變量 x 增加,因變量 y 增加,或自變量 x 減少,因變量 y 減少,這種相關關係為正相關。即自變量 x 與因變量 y 同方向變動。如在一定範圍,施肥量增加,畝產量會隨之增加;身高增加了,體重也會增加等,是屬於正相關。當兩個現象之間,自變量 x 增加,因變量 y 減少,或者自變量 x 減小,因變量 y 增加,這種兩個變量反方向變動即為負相關。如當成本一定時,產量越高,則單位成本越低;受教育程度越高,則犯罪率就越低;交通法規知識越少,則交通事故越多等,就屬於負相關。

(三) 按現象間相關因素的多少分類

相關關係按現象之間相關因素的多少可以分為單相關和復相關。只確定兩個因素之間的相關關係叫單相關 (x,y),如收入和消費之間的關係。研究三個或三個以上的因素之間的相關關係,叫復相關(即 $x, y, z \cdots$),如畝產的高低取決於施肥、種子、農藥、土壤、氣候、光照、pH 值、栽培技術、田間管理等。在社會經濟現象中,一般是許多現象相互依存、彼此關聯,它

們更多表現的是復相關,但單相關是復相關的基礎,本章主要研究單相關。

(四)按現象間相關的表現形式分類

相關關係按現象之間相關的表現形式可以分為線性相關和非線性相關。線性相關是指直線相關,根據其相關的密切程度可以進行定量研究,將其擬合成直線方程 $y = a + bx$。非線性相關是指曲線相關,根據情況可擬合成不同的曲線方程,如產品的壽命週期和銷售之間的關係,本章我們主要研究直線相關。

三、相關關係分析的內容

對現象之間相關關係的研究,我們一般是從兩個方面進行的:一是相關分析;二是迴歸分析。

(一)相關分析

相關分析先要進行定性分析,即判斷現象之間有無相關關係;再作定量分析,即確定相關的形式和密切程度。

(1)判斷現象間有無相關關係。現象間有無相關關係,這是相關分析的出發點,只有現象間確實存在相關關係,才能進一步進行分析。進行相關分析時,首先要通過定性分析來判斷現象間是否確實存在相關關係,否則就會產生認識上的偏差,得出錯誤的分析結論。

(2)判定相關關係的表現形態和密切程度。相關關係是一種數量上不嚴格的相互依存關係。只有當變量間確實存在密切的相關關係時,才可能進行迴歸分析,從而對現象進行預測、推斷和決策。因此,判斷現象間存在相關關係後,需要進一步確定相關關係的表現形態和密切程度。統計上,一般是通過編製相關表、繪製相關圖和計算相關係數來作出判定。根據相關圖表可對相關關係的表現形態和密切程度作出一般性的判斷,依據相關係數來做出數量上的具體分析。

(二)迴歸分析

在現象之間關係緊密時可以擬合迴歸方程進行推算,並對其結果進行檢驗。

(1)建立迴歸方程。當現象之間的相關關係比較密切時,就可以根據其相關關係的類型,確定相應的數學表達式用以反應或預測相關變量的數量關係及數值。所建立的數學表達式叫迴歸方程,這是進行推算和預測的依據。

(2)對因變量估計值的可靠程度進行檢驗。根據迴歸方程,可以給出自變量的若干數值,求得因變量相應的估計值。估計值與實際值之間是存在誤差的,確定因變量估計值誤差大小的指標叫迴歸標準誤差。迴歸標準誤差越小,則因變量估計值的可靠程度越高;反之,因變量估計值的可靠程度越低。

直線相關與迴歸分析是相關關係分析中最基本的方法,同時又是最簡單的方法。本章主要介紹這種方法。

任務二　直線相關分析

一、相關圖和相關表

相關分析中,通過編製相關表和繪製相關圖,可以對現象之間存在的相關關係,從方向、形式和密切程度上作出直觀的、大致的判斷。

(一) 相關表

相關表就是把被研究對象的觀察值對應排列所形成的統計表格。如果是將某一變量按其數值的大小順序排列,然後再將與其相關的另一變量的對應值平行排列,得到的叫簡單相關表,如表7－3所示。

【例7.1】對某企業2007—2017年的銷售收入和廣告費用進行調查,得到的資料如表7－2所示。

表7－2　　　　　某企業銷售收入和廣告費用原始資料

年份	2007年	2008年	2009年	2010年	2011年	2012年	2013年	2014年	2015年	2016年	2017年
廣告費用(萬元)	33	40	65	58	80	80	33	30	56	90	72
銷售收入(百萬元)	12	13	20	14	26	26	12	12	14	30	22

將表7－2原始資料中的廣告費用按從小到大順序排列,對應的銷售收入平行排列,即可編製簡單相關表,如表7－3所示。

表7－3　　　　　某企業銷售收入和廣告費用的簡單相關表

廣告費用(萬元)	30	33	33	40	56	58	65	72	80	80	90
銷售收入(百萬元)	12	12	12	13	14	14	20	22	26	26	30

從表7－3可見,隨著廣告費用的增加,企業的銷售收入有相應增加的趨勢,兩個變量之間存在明顯的正相關關係。

如果將原始數據進行統計分組,加以整理後編製的表格叫分組相關表。最常見的是按照自變量分組,計算次數和各組相應的因變量的平均值。

【例7.2】有20塊土地,按照耕作深度分組,計算各組平均畝產量如表7－4所示。

表7－4　　　　　　　　　　　耕作深度與畝產量的分組相關表

耕作深度(厘米)	田塊數	各組平均畝產量(百千克／畝)
8	2	4.00
10	3	5.33
12	7	5.43
14	5	6.00
16	2	6.50
18	1	8.00
合計	20	—

將分組相關表與簡單相關表對比，可以看出分組相關表更能反應兩個變量之間相關關係的存在。從表7－4可見，耕作深度與畝產量之間存在著正相關的直線變動關係。

(二) 相關圖

相關圖又叫散點圖(Satter Plot)，是以直角坐標系的橫軸代表變量 x，縱軸代表變量 y，將兩個變量對應的成對數據以坐標點的形式描繪出來，用於反應兩個變量之間相關關係的圖形。將表7－3的資料繪製成相關圖，如圖7－1所示。

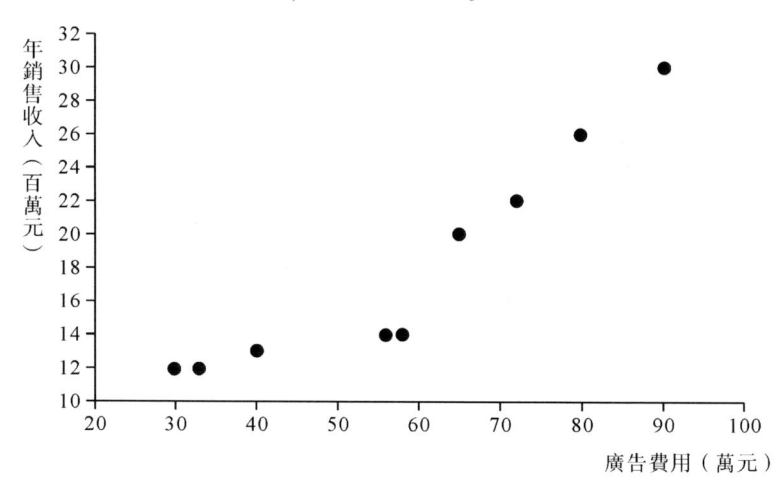

圖7－1　某企業銷售收入與廣告費用的相關圖

從圖7－1可見，該企業的廣告費用與銷售收入之間呈現正相關關係，這些點雖然不完全在一條直線上，但有形成一條直線的趨勢。

二、相關係數

相關表和相關圖只能大致反應現象之間相關關係的方向和形式，為了說明現象之間相關關係的密切程度，需要測定相關係數。相關係數(Correlation Coefficient)是在直線相關條件下研究和判斷兩個現象之間密切程度的指標。要反應現象之間的密切程度，最簡單的一種計算方法是積差法，它是用兩個變量的協方差與其標準差的乘積之比來計算的。按其定義的

計算公式為：

（1）對自變量 x 求標準差：$\sigma_x = \sqrt{\dfrac{\sum(x-\bar{x})^2}{n}}$

（2）對因變量 y 求標準差：$\sigma_y = \sqrt{\dfrac{\sum(y-\bar{y})^2}{n}}$

（3）對自變量 x 和因變量 y 求標準差（協方差）：$\sigma_{xy} = \sqrt{\dfrac{\sum(x-\bar{x})(y-\bar{y})}{n}}$

則相關係數：$r = \dfrac{\sigma_{xy}^2}{\sigma_x \sigma_y}$ （7.1）

將標準差代入：

$r = \dfrac{\sum(x-\bar{x})(y-\bar{y})}{n\sqrt{\dfrac{\sum(x-\bar{x})^2}{n}} \cdot \sqrt{\dfrac{\sum(y-\bar{y})^2}{n}}}$ 約簡得到：

$r = \dfrac{\sum(x-\bar{x})(y-\bar{y})}{\sqrt{\sum(x-\bar{x})^2} \cdot \sqrt{\sum(y-\bar{y})^2}}$ （7.2）

將公式（7.2）化簡，得到：

$r = \dfrac{n\sum xy - \sum x \sum y}{\sqrt{n\sum x^2 - (\sum x)^2}\sqrt{n\sum y^2 - (\sum y)^2}}$ （7.3）

利用相關係數 r 反應現象之間的相關關係時，要注意以下幾個方面：

（1）相關係數只是研究兩個變量 (x, y) 之間的密切程度，即單相關關係。

（2）自變量 x 和因變量 y 是不確定的（隨機的），即兩個現象無須分辨自變量和因變量，誰作自變量或因變量其計算相關係數的結果都相同。

（3）相關係數的大小只能判斷是否有直線相關關係及其關係的密切程度，不能作為非直線關係的判斷依據。也就是說，當相關係數很小，或者為零時，只能說明不存在直線相關關係，而不能否定現象之間存在其他形式的相關關係。

（4）相關係數可反應兩現象之間的變動方向，相關係數 $r > 0$，為正相關；相關係數 $r < 0$，則為負相關。

（5）相關係數的取值範圍是 $[-1 \leqslant r \leqslant 1]$（$|r| \leqslant 1$），判斷相關關係的密切程度是：

① 當相關係數 r 越接近 ± 1 時，則相關的程度越高，當相關係數 $r = \pm 1$，則完全相關，即函數關係。

② 當相關係數越接近於 0 時，則相關的程度越低，當相關係數 $r = 0$，則不相關（沒有直線相關關係）。

③ 當 $0 < |r| < 0.3$ 時，為弱相關；

當 $0.3 \leqslant |r| < 0.5$ 時，為低度相關；

當 $0.5 \leqslant |r| < 0.8$ 時，為顯著相關；

當 $0.8 \leq |r| < 1$ 時，為高度相關。

當兩種現象之間存在顯著或高度相關關係時，要進行進一步分析，即迴歸分析。

【例7.3】某公司有5個企業，各企業的產品產量和單位成本資料如表7－5所示。

表7－5　　　　　某公司各企業產品產量和單位成本計算表

序號	產量 x(萬件)	單位成本 （元）y	x^2	y^2	xy
1	20	17.2	20^2	17.2^2	20×17.2
2	30	15.8	30^2	15.8^2	30×15.8
3	40	15.1	40^2	15.1^2	40×15.1
4	50	14.5	50^2	14.5^2	50×14.5
5	70	13.6	70^2	13.6^2	70×13.6
合計	210	76.2	10,300	1,168.70	3,099

解：將表7－5中計算的數據代入公式(7.3)，則：

$$r = \frac{n\sum xy - \sum x \sum y}{\sqrt{n\sum x^2 - (\sum x)^2}\sqrt{n\sum y^2 - (\sum y)^2}}$$

$$= \frac{5 \times 3,099 - 210 \times 76.2}{\sqrt{5 \times 10,300 - 210^2}\sqrt{5 \times 1,168.7 - 76.2^2}} = -0.968$$

計算結果表明，企業的產品產量和單位成本之間存在負線性相關關係，而且高度相關。由於產品產量和單位成本之間具有高度相關關係，因此要作進一步分析，即迴歸分析。

任務三　　直線迴歸分析

一、迴歸分析的意義

（一）迴歸分析的涵義

所謂迴歸分析，是指對具有顯著或高度相關關係的現象之間數量變化的一般關係進行測定，建立一個相關的數學表達式，以便從一個已知量去推斷另一個與之聯繫的未知量，進而進行估計和預測的統計方法。根據迴歸分析方法得出的數學表達式稱為迴歸方程式，它可以是直線方程，也可以是曲線方程，本節只對直線迴歸分析的方法進行介紹。直線迴歸方程比曲線方程簡單，而且許多曲線方程也可以通過變量轉換的方法，以直線方程的形式來表現。

（二）迴歸分析與相關分析的區別與聯繫

1. 迴歸分析與相關分析的區別

（1）相關分析的變量是對等關係。兩個變量都是隨機的。哪個是自變量，哪個是因變量

不影響相關係數的計算結果；而迴歸分析是變量是非對等關係，在迴歸分析中，必須首先確定自變量和因變量，自變量是可控制的變量，是非隨機的，因變量是隨機的，自變量和因變量不同，得出的分析結果是不相同的。

(2) 在迴歸分析中，如果變量的因果關係不明顯，可依據研究目的分別建立 y 對於 x 的迴歸方程或 x 對於 y 的迴歸方程。而相關分析中，只能計算出反應兩個變量之間相關關係密切程度的一個相關係數。

2. 迴歸分析與相關分析的聯繫

(1) 相關分析是迴歸分析的基礎。如果沒有對現象進行相關分析，不知道現象間是否有相關關係以及關係的密切程度如何，就不能進行迴歸分析。否則，沒有實際意義。

(2) 迴歸分析是相關分析的深入與繼續。僅僅說明現象間具有密切的相關關係是不夠的，只有在此基礎上擬合迴歸方程，進行迴歸預測才有意義。

二、直線迴歸方程的建立與應用

(一) 直線迴歸方程的建立

直線迴歸方程的建立，應具備兩個條件：一是現象之間存在密切(顯著及以上)的直線相關關係；二是要具備一定數量的變量觀察值。

直線迴歸方程又稱為一元一次線性迴歸方程，若以 x 表示自變量的實際值，y_c 表示因變量的估計值，則 y_c 依 x 的直線迴歸方程的一般形式是：

$$y_c = a + bx$$

其中，a, b 是待定參數，根據實際資料計算而得出。很顯然，一旦得到 a 和 b 的參數值，能夠表明變量之間數量關係的迴歸直線就被確定下來了。

a, b 為參數時的確定方法很多，但經濟領域最常見的是用最小二乘法原理求得，即使 $\sum (y - y_c)^2$ 為最小值。因 $y_c = a + bx$，將其代入，問題變為求 a、b，使 $\sum [y - (a + bx)]^2$ 取最小值。由高等數學知識，將其對 a, b 求偏導，並令為零，整理得：

$$\begin{cases} \sum y = na + b \sum x \\ \sum xy = a \sum x + b \sum x^2 \end{cases}$$

求解上面的聯立方程組，得到

$$\begin{cases} b = \dfrac{n \sum xy - \sum x \sum y}{n \sum x^2 - (\sum x)^2} \\ a = \dfrac{\sum y}{n} - b \dfrac{\sum x}{n} \end{cases} \tag{7.4}$$

用上式求出的 a, b 值，代入 $y_c = a + bx$，就得到所求迴歸直線方程，這樣兩個變量之間的一般的數量關係就確定了。

在進行迴歸分析中，應注意以下幾點：

(1) 在迴歸分析中，必須先確定自變量 x 和因變量 y。自變量 x 是確定的，因變量 y 是隨機的，哪個是決定因素，哪個是被決定因素，決不能因果顛倒。如父母的身高決定了兒女的身

高,則父母的身高是確定的,孩子未來的身高是不完全確定的(隨機的)。

(2)直線迴歸方程的計算過程中的數字與計量單位無關,但在分析的過程中,一定要將其與計量單位聯繫起來進行分析才有經濟意義。

(3)對於參數 a,b 的涵義,其幾何意義是:a 是直線方程的截距,b 是斜率;其經濟意義是:a 是當 x 為零時 y 的估計值,也叫起始值(基礎水準),b 是當 x 每變動一個單位時平均增減數量。

b 也叫迴歸系數,迴歸系數 b 的符號與相關係數 r 的符號一致並且意義相同。當 b 的符號為正時,自變量與因變量同方向變動;當 b 的符號為負時,自變量與因變量反方向變動。迴歸系數 b 與相關係數 r 的區別是,相關係數 r 的取值範圍是確定的,即 -1 至 1 之間;而迴歸系數 b 的取值並沒有一個確定的範圍,其大小是依據的計量單位而確定。

(二)直線迴歸方程的應用

在【例7.3】中,已經確定該公司各企業的產品產量和單位成本之間具有高度相關關係,則可以建立迴歸直線方程,設直線方程為:$y_c = a + bx$

將相關數據代入公式(7.4)即可得到 a,b 兩個參數值:

$$b = \frac{n\sum xy - \sum x \sum y}{n\sum x^2 - (\sum x)^2} = \frac{5 \times 3,099 - 210 \times 76.2}{5 \times 10,300 - 210^2} = -0.068,5$$

$$a = \frac{\sum y}{n} - b\frac{\sum x}{n} = \frac{76.2}{5} - (-0.068,5 \times \frac{210}{5}) = 18.117$$

所建立的直線方程為:$y_c = 18.117 - 0.068,5x$

建立的直線方程說明,企業的規模越大,產品的單位成本會越低。具體是:產品產量每增加1萬件,產品成本每件平均降低 $0.068,5$ 元。

由此也可以預測,當企業的規模達到產品產量為100萬件時,單位成本為:

$y_c = 18.117 - 0.068,5x = 18.117 - 0.068,5 \times 100 = 11.267(元)$

【例7.4】某市所屬的七個區縣,在2017年的國內生產總值與其財政收入資料如表7-6所示。

表7-6　　　　　2017年某市的七個區縣國內生產總值與財政收入資料

序號	國內生產總值(億元) x	財政收入(億元) y
1	20	8
2	22	9
3	25	10
4	27	12
5	29	12
6	30	14
7	32	15
合計	185	80

要求:①計算相關係數,確定國內生產總值與財政收入的關係密切程度;

② 建立直線迴歸方程,說明迴歸系數的意義;
③ 當某區縣的國內生產總值達到 50 億元時,請估計其財政收入。

解:要計算相關係數和建立直線迴歸方程,首先要計算三個數值,即自變量的平方、因變量的平方,以及自變量與因變量的乘積。具體計算數值如表 7 - 7 所示。

表 7 - 7　　　　　七個區縣國內生產總值與財政收入相關分析計算表

序號	國內生產總值(億元)x	財政收入(億元) y	x^2	y^2	xy
1	20	8	400	64	160
2	22	9	484	81	198
3	25	10	625	100	250
4	27	12	729	144	324
5	29	12	841	144	348
6	30	14	900	196	420
7	32	15	1,024	225	480
合計	185	80	5,003	954	2,180

(1) 依據表中的數據代入公式計算相關係數:

$$r = \frac{n\sum xy - \sum x \sum y}{\sqrt{n\sum x^2 - (\sum x)^2}\sqrt{n\sum y^2 - (\sum y)^2}}$$

$$= \frac{7 \times 2,180 - 185 \times 80}{\sqrt{7 \times 5,003 - 185^2}\sqrt{7 \times 954 - 80^2}} = 0.978$$

計算結果表明,七個區縣的國內生產總值與財政收入之間存在高度直線正相關關係。

(2) 建立直線迴歸方程:

設直線迴歸方程為: $y_c = a + bx$

將表中數據代入公式計算 a,b 兩個參數值:

$$b = \frac{n\sum xy - \sum x \sum y}{n\sum x^2 - (\sum x)^2} = \frac{7 \times 2,180 - 185 \times 80}{7 \times 5,003 - 185^2} = 0.578$$

$$a = \frac{\sum y}{n} - b\frac{\sum x}{n} = \frac{80}{7} - 0.578 \times \frac{185}{7} = -3.844$$

所建立的直線方程為: $y_c = -3.844 + 0.578x$

建立的直線方程說明,地區的國內生產總值越高,當年財政收入越多。具體是:國內生產總值每增加 1 億元,當年財政收入平均增加 0.578 億元。

(3) 根據所建立的直線方程可以預測,當某地區的國內生產總值達到 50 億元時,估計財政收入為:

$$y_c = -3.844 + 0.578x = -3.844 + 0.578 \times 50 = 25.056(億元)$$

直線迴歸方程是在直線密切相關條件下,反應兩個變量之間一般數量關係的數學模型。我們可以根據建立的直線迴歸方程,由給定的一個自變量的數值來推算對應的因變量的值,

但這個數值只是一個估計值,它與實際值之間存在誤差。誤差越大,說明擬合的直線方程越不精確;誤差越小,說明擬合的直線方程越精確。因此,在建立直線迴歸方程後,有必要對其擬合的精確程度進行檢測,這就是要測定迴歸標準誤差。

三、迴歸標準誤差

由於變量 x 和 y 不是完全的相關關係,估計值 y_c 與實際值 y 是有差異的。迴歸標準誤差就是實際值 y 與估計值 y_c 離差的一般水準,反應估計值 y_c 對實際值 y 的代表性大小。

迴歸標準誤差越小,說明因變量的實際值與估計值之間的差異小,估計值對實際值的代表性就大;迴歸標準誤差越大,說明因變量的實際值與估計值之間的差異大,估計值對實際值的代表性就小。

迴歸標準誤差的計算公式為:

$$S_{yx} = \sqrt{\frac{\sum (y - y_c)^2}{n-2}} = \sqrt{\frac{\sum y^2 - a\sum y - b\sum xy}{n-2}} \qquad (7.5)$$

式中:$n-2$ 是自由度;S_{yx} 是 y 倚 x 的迴歸標準誤差。

實際應用中所獲得的資料一般是大樣本($n \geq 30$),在 n 很大的條件下,為了計算上的方便,用 n 代替 $n-2$,迴歸標準誤差的公式可改為:

$$S_{yx} = \sqrt{\frac{\sum (y - y_c)^2}{n}} = \sqrt{\frac{\sum y^2 - a\sum y - b\sum xy}{n}} \qquad (7.6)$$

將【例 7.4】的迴歸直線方程按照公式(7.6)計算迴歸誤差則有:

$$S_{yx} = \sqrt{\frac{\sum y^2 - a\sum y - b\sum xy}{n}} = \sqrt{\frac{954 - (-3.844) \times 80 - 0.578 \times 2,180}{7-2}} = 0.54$$

計算結果表明,財政收入實際值與估計值的誤差平均值為 0.54 億元。

本章小結

本章的主要內容是研究現象之間的相互關係,也是統計分析的重要方法之一。主要解決以下幾個問題:

(1) 相關分析和迴歸分析是研究變量間相關關係的兩種基本方法。所謂相關分析,就是用一個指標(相關係數)來反應變量之間相關關係的方向和密切程度。迴歸分析則是研究變量之間相互關係的具體形式,它對具有緊密相關關係變量之間的數量聯繫進行測定,確定一個相關的數學方程式。根據這個數學方程式可以從一個變量的變化來推測另一個變量的變化,從已知量來推測未知量,從而為估算和預測提供了可能。

(2) 當一個或幾個相互聯繫的變量取一定數值時,與之相對應的另一個變量的值雖然不確定,但它仍按照某一規律在一定的範圍內變化。變量之間的這種相關關係,稱為具有不確定性的相關關係。函數關係是一種特殊的相關關係,當相關係數 $r = \pm 1$ 時,說明兩現象之間完全相關,即函數關係。本章主要研究兩個變量之間的線性相關關係,即單相關的直線相關關係。

(3) 迴歸分析主要是研究具有顯著或高度相關關係的現象之間的數量關係,配合迴歸方程

由一個變量的變化解釋另一變量的變化。進行迴歸分析時,首先,要根據有關理論確定自變量和因變量,並分析它們之間的數學形式(本章只研究直線形式),建立迴歸模型;其次,利用樣本數據,對迴歸模型進行估計,估計的方法通常採用最小二乘法,即通過計算 a、b 兩個參數,建立直線迴歸方程;最後,計算迴歸標準誤差,對直線迴歸方程進行檢驗,確定估計值 y_c 對實際值 y 的代表性大小。另外,還可以利用直線迴歸方程進行預測。

案例分析

海立電冰箱廠產品成本分析

最近幾年來,海立電冰箱廠狠抓成本管理,提高經濟效益,在降低原材料和能源消耗,提高勞動生產率以及增收節支等方面,都取得了較為顯著的成績,單位成本明顯下降,基本扭轉了虧損的局面。但是各月單位成本起伏仍然很大,為了控制成本波動並指導今後的生產經營,該廠有關部門專門進行了產品成本分析。

一、資料的搜集、整理與分析

首先收集了企業最近 15 個月的產量、單位成本和出廠價格的有關資料(見表 7－8)。

表 7－8　　　　海立電冰箱廠近 15 個月的生產經營有關資料

時間	電冰箱產量(臺)	單位成本(元)	出廠價格(元)
2017 年 1 月	810	670	750
2 月	547	780	750
3 月	900	620	750
4 月	530	800	750
5 月	540	780	750
6 月	800	675	750
7 月	820	650	730
8 月	850	720	730
9 月	600	735	730
10 月	690	720	730
11 月	700	715	730
12 月	860	610	730
2018 年 1 月	920	580	720
2 月	840	630	720
3 月	1,000	570	720

從以上資料可以看出,該產品單位成本波動很大,在近 15 個月中,最高的上年 4 月份單位成本達到 800 元,最低的今年 3 月份單位成本為 570 元,差距達 230 元,2、4、5、9 等月份產品成本均高於出廠價,而 2018 年 3 月毛利率又達到 20.8%(720－570/720)。

為什麼成本的波動如此之大呢?從以上資料可以看出,單位成本的波動與產量有關,2017年4月份產量最低而成本最高,而2018年3月份產量最高而成本最低,虧損的各個月中產量普遍偏低,這顯然是個數據效益問題。成本可分為固定成本和變動成本,就目前情況看在成本的構成中,固定成本所占的比重較大。每月產量大,分在單位成本產品中的固定成本就小,如果產量小,分在單位產品成本中的固定成本就高。而變動成本是原材料和人工工資,它們對該產品成本的影響不是很大。明白了這個道理,我們就應該做好前期的管理工作,使產品的單位成本得到有效的控制。

為了尋找其內在的規律,以指導今後的工作,現進行相關分析,並建立相應的模型。

現將表7-8中15個月產量資料排序(從小到大),見表7-9。

表7-9　　　　　　　　電冰箱產量和單位成本的分析計算表

序號	產量(臺)x	單位成本(元)y	x^2	y^2	xy
1	530	800	280,900	640,000	424,000
2	540	780	291,600	608,400	421,200
3	547	780	299,209	608,400	426,660
4	600	735	360,000	540,225	441,000
5	690	720	476,100	518,400	496,800
6	700	715	490,000	511,225	500,500
7	800	675	640,000	455,625	540,000
8	810	670	656,100	448,900	542,700
9	820	650	672,400	422,500	533,000
10	840	630	705,600	396,900	529,200
11	850	620	722,500	384,400	527,000
12	860	610	739,600	372,400	527,000
13	900	620	810,000	384,400	524,600
14	920	580	846,400	336,400	558,000
15	1,000	570	1,000,000	324,900	570,000
合計	11,407	10,155	8,990,409	6,952,775	7,568,260

(1)根據產量和單位成本計算相關係數r

$$r = \frac{n\sum xy - \sum x \sum y}{\sqrt{n\sum x^2 - (\sum x)^2}\sqrt{n\sum y^2 - (\sum y)^2}}$$

$$= \frac{15 \times 7,568,260 - 11,407 \times 10,155}{\sqrt{15 \times 8,990,409 - 11,407^2}\sqrt{15 \times 6,952,775 - 10,155^2}} = -0.98$$

計算結果表明,單位成本和產量之間存在高度負的線性相關關係。

(2)建立產品產量和單位成本之間的迴歸模型(直線迴歸方程)

設方程為:$y_c = a + bx$

用最小平方法確定 a, b 兩個參數,即

$$\begin{cases} b = \dfrac{\sum xy - \dfrac{1}{n}\sum x \sum y}{\sum x^2 - \dfrac{1}{n}(\sum x)^2} = \dfrac{7,568,260 - \dfrac{1}{15} \times 11,407 \times 10,155}{8,990,409 - \dfrac{1}{15} \times 11,407^2} = -0.49 \\ a = \dfrac{\sum y}{n} - b\dfrac{\sum x}{n} = \dfrac{10,155}{15} - (-0.49 \times \dfrac{11,407}{15}) = 1,049 \end{cases}$$

其迴歸直線方程為:

$y_c = 1,049 - 0.49x$

以上計算結果表明,電冰箱的產量每增加一臺,單位成本平均可下降 0.49 元。

若電冰箱產量為 600 臺時,單位成本平均可達到

$y_c = 1,049 - 0.49 \times 600 = 755$(元)

若電冰箱產量為 1,000 臺時,單位成本平均可達到

$y_c = 1,049 - 0.49 \times 1,000 = 510$(元)

二、分析報告:擴大生產規模是降低成本的重要途徑

最近幾年來該廠狠抓成本管理,提高經濟效益,基本上扭轉了虧損局面,特別是變動成本部分(原材料、工資、各種銷售費用、稅金等)都控制得非常到位,但是各月單位成本波動仍然很大,有的月份出現虧損,自 2017 年 1 月到 2018 年 3 月的 15 個月份中,有 4 個月的單位成本超過了出廠價,出現虧損。更多的月份由於單位成本低,可獲得 10%～20% 的利潤率。

各月單位成本產生波動的原因是什麼呢?從資料可以看出,單位成本與產量的高低呈高度相關,其相關係數達到了 -0.98。產量和單位成本之間的關係又是如何依存的呢?根據部分情況建立了迴歸方程 $y_c = 1,049 - 0.49x$,迴歸方程表明,電冰箱產量每增加 1 臺,單位成本可下降 0.49 元。

從資料可以看出,以目前的價格 720 元,如果產量小於 700 臺,那麼單位成本多半高於了出廠價格,當產量為 700 臺時,則單位成本為:

$y_c = 1,049 - 0.49 \times 700 = 706$(元)

其單位成本小於出廠價,應該有利可圖,由此可見電冰箱產量以 700 臺為分水嶺,即月產量達到 700 臺以上的規模,按目前的出廠價 720 元,可以保持較好的經濟效益。

問題思考

1. 什麼是相關關係?它有哪些種類?
2. 談談相關分析的內容。
3. 什麼是「迴歸」?試敘述迴歸分析與相關分析的區別與聯繫。
4. 試解釋直線迴歸方程 $y_c = a + bx$ 中 a, b 兩個參數值的意義。
5. 迴歸系數 b 與相關係數 r 有何區別與聯繫?

項目八 抽樣推斷技術

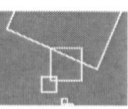

本章教學要點概覽

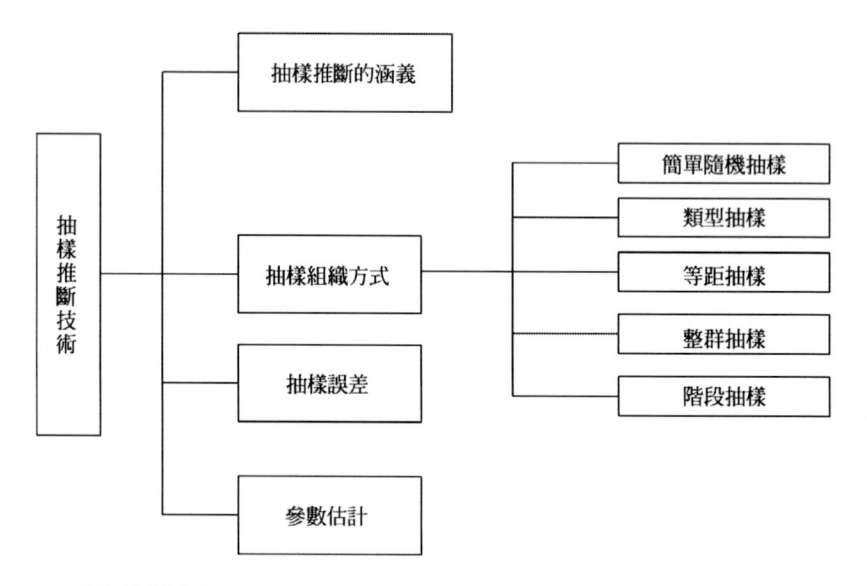

```
                    ┌── 抽樣推斷的涵義
                    │
                    │                    ┌── 簡單隨機抽樣
                    │                    ├── 類型抽樣
  抽樣推斷技術 ──────┼── 抽樣組織方式 ────┼── 等距抽樣
                    │                    ├── 整群抽樣
                    │                    └── 階段抽樣
                    ├── 抽樣誤差
                    │
                    └── 參數估計
```

【情境導入】

　　什麼是抽樣推斷？抽樣推斷在日常生活中有哪些應用？

　　案例1 某大型企業準備對公司職工收入狀況進行研究，該公司有職工 56,320 名，其中男職工 36,210 名，女職工 20,110 名，隨機抽取 2,000 名職工進行調查，他們的年平均收入為 105,200 元，據此可以推斷該公司職工年收入為 80,000～120,000 元之間。

　　分析：2,000 名職工應該如何抽取？以什麼為依據推斷該公司職工年收入為 80,000～120,000 元之間？這就是抽樣推斷技術要解決的問題。

　　案例2 某年春節聯歡晚會正在播放中，主持人宣布該節目的收視率達到了 12.8%。

分析：電視節目的收視率是採用一定的抽樣推斷技術，對全國電視觀眾在一定概率保證程度下做出的估計值，它並不是以 100% 的把握給出的估計值。當然，概率保證程度的大小，是可以根據實際情況中的需要而變動的。

本章教學內容提示

抽樣推斷技術是推斷統計的重要內容之一，也是非全面調查方法中最科學的方法。本章的學習目標在於探討抽樣推斷的原理及相關內容，重點掌握抽樣推斷技術在一些統計調查領域的應用。

任務一　　抽樣推斷

一、對抽樣推斷的一般認識

統計認識的對象是現象總體的數量方面，我們應該對總體各單位進行全面調查，而獲得對總體的本質及其規律性的認識。但在統計實務中往往不可能或不必要進行全面調查，只能利用抽樣調查的樣本資料來推斷總體指標，這就是抽樣推斷。

（一）抽樣推斷的涵義和特點

抽樣推斷是統計分析方法的重要組成部分，它比其他統計調查方法有更多的優越性。抽樣推斷技術廣泛用於社會、經濟、科技、自然等各個領域，成為現代統計學中發展最快且最活躍的一個分支。

把握現象總體數量特徵的方法主要有兩種：一種是通過全面調查獲取全面資料，計算出總體指標；另一種就是抽樣推斷，它是按照一定的程序，從研究對象（總體）中隨機抽取一部分單位（樣本）進行調查，以抽樣調查獲取的樣本資料為依據，對總體數量特徵做出擁有一定概率保證程度推斷的科學方法。例如，隨機調查部分家庭電視節目收視情況，據以推斷全部家庭電視節目的收視率；隨機調查部分居民的選擇意向，據以推斷某一候選人在未來大選中的得票情況；隨機調查部分農田的畝產量，推斷出全部農田的畝產量等。

抽樣推斷包括抽樣和推斷兩個方面。抽樣即抽樣調查，是一種非全面調查，它是根據隨機原則從所研究的總體中隨機抽取一部分單位（樣本）進行調查。推斷是在抽樣調查的基礎上，利用樣本數據，根據概率論和大數法則的理論指導，來估計總體相應數據的統計方法。

通過以上內容可以看出，抽樣技術有如下特點：

（1）在調查的功能上，抽樣推斷是以樣本數據推斷總體數據。抽樣推斷要達到的目的是要獲取總體數量特徵值，其方法是通過抽樣調查獲取樣本資料，計算相應樣本指標，然後推斷出總體數量。當然樣本來自於總體，總體的信息會在樣本中反應，樣本是總體的縮影，所以用樣本信息估計總體的數量特徵是符合客觀實際的。

（2）樣本的取得要遵循隨機原則。所謂隨機原則，是指在抽取樣本單位時，完全排除人們的主觀意願，使被研究總體中的每個單位都有同等機會被抽中，即每單位被抽中的機會

均等。抽樣調查的樣本只有按隨機原則產生,抽樣推斷才具有科學性。

(3) 抽樣推斷是以概率估計的方法對總體進行推斷。用樣本來推斷總體的相應數據,是以概率論為基礎的,即估計的可靠性只用一定的概率保證程度來證明,而不能完全肯定。例如,用城市居民樣本計算的某電視節目收視率,估計城市居民總體的收視率,只有在一定概率保證程度下,比如在 90% 的概率保證下做出的估計值,而不能以 100% 的把握給出唯一肯定的估計值。當然,概率保證程度的大小,是可以根據實際情況中的需要而變動的。

(4) 抽樣估計的理論是以大數定律的中心極限定理為基礎。大數定律的中心極限定理表明,隨樣本單位數的增加,樣本變量分佈趨向正態分佈,樣本平均數接近總體平均數,樣本方差接近總體方差,從而為用樣本數據估計總體相應數據提供了科學的理論依據。

(5) 抽樣估計的結果上,出現的抽樣誤差可以計算並加以控制。儘管樣本能夠反應總體的信息,但樣本的信息結構一般不同於總體的信息結構,即一般認為樣本不能完全代表總體,所以用樣本推斷總體時,誤差是不能避免的,即抽樣推斷是一種有誤差的估計。但是抽樣誤差是有規律可循的,通過誤差規律的研究,可以對抽樣推斷中的誤差得以瞭解和控制。抽樣推斷仍然是一種具有廣泛用途而且行之有效的統計方法。

(二) 抽樣推斷技術的應用

抽樣推斷是一種費用低、時效強、準確性高、應用範圍廣的統計分析方法,因此抽樣推斷技術在今天被廣泛用於各個領域。

(1) 用於認識那些不能或不宜採取全面調查的總體數量特徵。這樣的總體有無限總體,如宇宙探測、大氣污染情況調查;動態總體,如連續生產的產品性能檢測;範圍過大的有限總體,如城市居民收入情況調查,江河湖泊水庫中魚苗數量調查;破壞性或消耗性的產品質量檢測,如燈泡、電子元件等產品的耐用時間調查等。對以上這些調查,只能用抽樣推斷技術來取得有關數據資料。

(2) 用於不必進行全面調查或時效性強的數據採集。有些總體雖然可以進行全面調查,但耗費人力、物力、財力很大,時效性不能保證,可採用抽樣推斷技術來解決。例如,對農產品全面調查的統計數據要等到農產品收割完畢之後一段時間才能取得,而抽樣調查的統計數據在收割的同時就可以取得,這樣就有利於安排農產品的收購、儲存、運輸等工作;又如,在激烈的市場競爭中市場信息的靈敏度和時效性,決定我們應該通過抽樣調查來取得相關數據占領市場先機。

(3) 在修正全面調查資料中的運用。全面調查儘管收集的資料全面、完整,但是,由於調查對象龐大,參與調查的人員繁多,全面調查獲得的資料往往難以保證質量。此時,需要應用抽樣推斷技術,用樣本資料去修正全面調查的資料。

二、抽樣推斷的幾個基本概念

(一) 全及總體與樣本總體

在抽樣調查中,我們要面臨兩個總體,即全及總體和樣本總體。

(1) 全及總體。全及總體簡稱為總體,是指所研究現象全部單位所構成的整體。總體往往很龐大,單位數很多(通常用 N 表示),正因為如此,才需要應用抽樣推斷技術。

(2) 樣本總體。樣本總體簡稱為樣本或子樣,是指抽樣調查中隨機抽取的單位所構成的

小整體。比起總體來樣本要小很多，單位數要少得多(通常用 n 表示)，正因為樣本單位數大大少於總體單位數，才能將大調查變成小調查，大大減少工作量，節省時間和費用。

在統計實務中，總體是唯一確定的，而一個總體可以抽取多個樣本，樣本是隨機的。全部樣本的可能數目(M)既與樣本容量有關，也與抽樣的方法有關。統計推斷就是用隨機抽取的一個樣本來對總體數量特徵作出推斷。由此可見，要提高對總體數量特徵推斷的準確程度，必須對樣本容量的大小、抽樣方法、樣本的可能數目、樣本的分佈等加以認真研究。

(二) 總體指標與樣本指標

總體指標是反應總體數量特徵的綜合指標，又稱總體參數。在一個總體中，總體指標是唯一確定的量，而且是一個未知的量，需要通過樣本指標進行推算。常用的總體指標有總體平均數及總體標準差(方差)，總體成數及總體成數的標準差(方差)。

樣本指標是反應樣本數量特徵的綜合指標，又稱樣本統計量。樣本指標是隨機變量，將作為推斷總體指標的依據。常用的樣本指標有樣本平均數及樣本標準差(方差)，樣本成數及樣本成數的標準差(方差)。

抽樣推斷技術中通常涉及的四種指標為：

1. 平均數

平均數的推斷是一種常見的估計方式，比如平均收入的推斷，平均住房面積的推斷等。平均數的推斷自然要涉及平均數指標。平均數量是由各單位數量標誌統計而成，用 X 和 x 分別表示總體和樣本的變量，則有：

總體平均數 $\bar{X} = \dfrac{\sum X}{N}$ 或 $\bar{X} = \dfrac{\sum XF}{\sum F}$

樣本平均數 $\bar{x} = \dfrac{\sum x}{n}$ 或 $\bar{x} = \dfrac{\sum xf}{\sum f}$

2. 平均數方差

方差是標準差的平方，各用 σ 和 S 分別表示總體和樣本的標準差，則有：

總體方差 $\sigma^2 = \dfrac{\sum(X-\bar{X})^2}{N}$ 或 $\sigma^2 = \dfrac{\sum(X-\bar{X})^2 F}{\sum F}$

樣本方差 $s^2 = \dfrac{\sum(x-\bar{x})^2}{n}$ 或 $s^2 = \dfrac{\sum(x-\bar{x})^2 f}{\sum f}$

3. 成數

成數即成數平均數，它是針對「是非指標」而形成的一個指標。成數是指總體中擁有某種特徵的單位數占總體單位數的比重。成數的推斷也是一種常見的推斷，如合格率的估計，男女比重的估計等。作成數推斷時就要涉及成數指標。用符號 P、p 分別表示總體和樣本成數，符號 N_1、n_1 分別表示總體和樣本中擁有某種特徵的單位數，則有：

總體成數 $P = \dfrac{N_1}{N}$

樣本成數 $p = \dfrac{n_1}{n}$

4. 成數方差

成數方差是與成數指標對應的概念,它的計算與平均數方差的計算有所不同,其公式推導如下:

常對「是非標誌」用1表示「是」,0表示「非」,即對應「是」的單位數為$N_1(n_1)$、「非」的單位數為$N_0(n_0)$。

則平均數為:

$$\bar{x} = \frac{\sum xf}{\sum f} = \frac{1 \times n_1 + 0 \times n_0}{n} = \frac{n_1}{n} = p$$

代入方差公式,可得到成數的方差為:

$$\sigma^2 = \frac{\sum (x - \bar{x})^2 f}{\sum f} = \frac{(1-p)^2 \times n_1 + (0-p)^2 \times n_0}{n}$$

$$= (1-p)^2 \times \frac{n_1}{n} + p^2 \times \frac{n_0}{n}$$

$$= (1-p)^2 \times p + p^2 \times (1-p)$$

$$= p(1-p) \times (1-p+p)$$

$$= p(1-p)$$

因此,成數的方差公式為:

總體成數方差　　$\sigma_p^2 = P(1-P)$ 　　　　　　　　　　　(8.1)

樣本成數方差　　$s_p^2 = p(1-p)$ 　　　　　　　　　　　　(8.2)

(三) 重複抽樣與不重複抽樣

1. 重複抽樣

重複抽樣也稱回置抽樣。它是從總體N個單位中隨機抽取一個容量為n的樣本,每次從總體中隨機抽取一個單位,連續抽取n次就構成一個樣本。每次抽取並登記結果後把抽中的單位放回,重新參加下次抽取。這樣,總體單位數不變,每個單位在每次抽取中被抽中機率相等,同一單位可能被重複抽中。

2. 不重複抽樣

不重複抽樣也稱不回置抽樣。它是按照隨機原則,從總體N個單位中隨機抽取一個容量為n的樣本,每次從總體中隨機抽取一個單位,連續進行n次抽取,每次抽取一個樣本單位進行調查登記後,被抽取的單位不再放回,而是繼續從總體中餘下的單位抽取。故每一次抽取後,總體單位就減少一個,每個單位只能有一次被抽中的機會,不會被重複抽中。因此,在n次抽樣中,每個單位在各次抽樣中被抽取的概率不同。實質是一次同時從總體中抽出n個單位構成一個樣本。

上述兩種方法的區別在於:第一,可能抽到的樣本總數不同;第二,抽樣誤差的計算公式和抽樣誤差的大小不同。第二點將在後面講述,我們先研究第一點內容。當我們從N個總體單位中隨機抽取n個單位組成樣本時,樣本的可能抽樣數目如表8-1所示。

表 8 - 1　　　　重複和不重複抽樣情況下樣本可能的抽樣數目的計算公式

抽樣方式	考慮順序	不考慮順序
重複抽樣	N^n	$\dfrac{(N+n-1)!}{n!(N-1)!}$
不重複抽樣	$\dfrac{N!}{(N-n)!}$	$\dfrac{N!}{n!(N-n)!}$

【例8.1】若有一個總體,總體單位數為 $N=4$,樣本單位數為 $n=2$,若用 A、B、C、D 分別代表4個總體單位,從中抽取2個單位的可能樣本數是多少?

解:計算可能樣本數有四種情況,分別是:

(1) 重複抽樣

考慮順序　$N^n = 4^2 = 16$

不考慮順序　$\dfrac{(N+n-1)!}{n!(N-1)!} = \dfrac{(4+2-1)!}{2!(4-1)!} = \dfrac{5\times4\times3\times2\times1}{2\times1\times3\times2\times1} = 10$

(2) 不重複抽樣

考慮順序　$\dfrac{N!}{(N-n)!} = \dfrac{4!}{(4-2)!} = \dfrac{4\times3\times2\times1}{2\times1} = 12$

不考慮順序　$\dfrac{N!}{n!(N-n)!} = \dfrac{4!}{2!(4-2)!} = \dfrac{4\times3\times2\times1}{2\times1\times2\times1} = 6$

具體抽樣情況見表 8 - 2 所示。

表 8 - 2　　　　重複和不重複抽樣情況下樣本可能的抽樣情況

抽樣方式	考慮順序	不考慮順序
重複抽樣	AA、AB、AC、AD BA、BB、BC、BD CA、CB、CC、CD DA、DB、DC、DD	AA、AB、AC、AD BB、BC、BD CC、CD DD
不重複抽樣	AB、AC、AD BA、BC、BD CA、CB、CD DA、DB、DC	AB、AD、AC BC、BD CD

三、抽樣組織方式的選擇

在進行抽樣調查工作時,必須根據所研究總體本身的特點和抽樣調查的目的要求,對抽取樣本的操作程序和工作方式做出周密的設計和安排,這在抽樣推斷技術上稱作抽樣調查的組織方式,即抽樣的實際工作方法。

由於抽樣調查有不同的目的,而調查對象和特點也各不相同。所以,抽樣調查的組織方式也是不同的,在統計實務中,常用的抽樣調查組織方式有簡單隨機抽樣、分層抽樣、等距抽

樣、整群抽樣和階段抽樣等。

（一）簡單隨機抽樣

簡單隨機抽樣又稱為純隨機抽樣，它是對總體不做任何加工整理，直接按隨機原則從總體 N 個單位中抽取 n 個單位作為樣本的抽樣調查方式。前面介紹的抽樣推斷技術的基本原理都是以簡單隨機抽樣為基礎，它是抽樣理論中最基本、最單純的抽樣組織方式。其他抽樣方式都是以它的原則為依據，採取分類、排隊或分群等形式，來安排操作程序所形成的不同抽樣組織方式。

簡單隨機抽樣一般適用於以下幾種情況：

（1）總體單位分佈比較均勻，各單位變量值差異不大；

（2）總體單位數較少，各單位排列無次序；

（3）抽到的樣本單位數分散時，不影響調查效果。

在具體應用時，為了保證樣本的隨機性和代表性，在抽取樣本時可採用抽籤法和隨機數字法。

抽籤法就是將總體容量全部加以編號，並編成相應的號籤，然後將號籤充分混合後逐個抽取，直到抽到預定需要的樣本容量為止。然而，如果總體容量很多，這時編製號籤的工作量很大，並且很難摻和均勻。因此，當總體容量很多時採用這種方法是不合適的。

隨機數字法是最簡便易行又符合隨機原則的方法。統計學家設計的抽樣方式在某種程度上都依賴於隨機數表。使用隨機數表的目的是為了消除抽取樣本時的人為偏差。許多電子計算機程序及統計書籍都提供了隨機數表（附表1）。下面我們再現其中的一部分，並用例子說明其運用過程：

【例8.2】某公司由 97 名職員組成，從中隨機抽取 5 名職員進行採訪，以瞭解對工作職位的滿意情況。利用上述隨機數表在 1 個含有 97 個數的總體中抽取樣本容量為 5 的隨機樣本。其抽取過程如下：

表 8－3　　　　　　　　由電子計算機產生的隨機數表

8	9	8	6	3	1	8	5	6	1	8	8	4	9	1	9	6	6	9	9
7	8	5	9	5	3	7	1	7	9	6	9	3	1	9	3	2	3	3	7
9	4	3	2	4	5	6	3	4	9	4	0	3	2	1	9	2	3	6	2
7	3	1	2	1	7	5	3	4	1	7	9	0	5	3	3	3	0	0	9
0	2	1	2	8	7	2	6	6	6	5	4	2	1	5	5	9	1	9	

（1）可用字母順序，或用職員的工齡、身分證號等任何方便的辦法將職員從 1 到 97 進行編號，而究竟採用哪一種辦法是無所謂的。

（2）利用該隨機數表從 1 到 97 中隨機抽取 5 個數。由於指定給某個職員的最大編號含有 2 位數，因此，可把此隨機數表看作 2 位數即從 00 到 99 來處理。為了便於說明，以該隨機數表中第一排第四個位置的 6 作為起點，這就得到了下列 2 位數的集合，即：

63，18，58，18，84，91，96，69，…

因此，抽取編號為 63、18、58、84 和 91 的職員作為採訪對象，而對那些不在職員編號裡的數字只需跳過就行。

（二）類型抽樣

類型抽樣又叫分層抽樣或分類抽樣。它是對總體各單位按一定的標誌加以分組，然後再從各組中按隨機原則抽取一定單位構成樣本的抽樣組織方式。類型抽樣是應用於總體各單位在被研究標誌上存在明顯差異（總體內部客觀存在不同類型）的抽樣。例如在農產品產量調查中按地勢分為山區、丘陵、平原三類；在職工生活調查中按部門分為工業、商業、交通、文教等部門，然後在分類基礎上隨機抽取樣本單位。

類型抽樣是先按一定標誌分組，再按各組頻數占總體頻數的比重來分配抽樣數目，可使樣本變量值的分佈結構與總體變量值的分佈結構完全一致，提高樣本的代表性，使抽樣誤差進一步縮小。因此，類型抽樣的優點是代表性高，抽樣誤差小。

（三）等距抽樣

等距抽樣又稱為機械抽樣或系統抽樣。它是事先把總體的全部單位按某一標誌排列，然後按固定的順序和相同的間隔來抽取調查單位的一種抽樣組織方式。按等距抽樣方式來抽取調查單位，能夠使抽出的調查單位分佈更均勻。因此，等距抽樣的誤差一般較簡單隨機抽樣小，特別是當研究現象的變量差異程度大，而在實際工作中，又不可抽取更多的單位進行調查時，採用等距抽樣是極好的選擇。

等距抽樣可以分為無關標誌順序抽樣和有關標誌順序抽樣兩類。無關標誌順序抽樣是指等距抽樣時，所選擇的排序標誌與單位變量值的大小無關或不起主要影響作用。如觀察學生考試成績，按姓氏筆畫排序；觀察產品質量，按生產的先後順序排序等。無關標誌順序抽樣可以保證抽樣的隨機性。它實質相當於簡單隨機抽樣，而且是不重複抽樣。

【例8.3】一個學校有3,000名學生，需要抽出120人進行生活費支出的調查，可利用學生名冊進行排序。

從1號排到3,000號，抽選的間隔是：3,000/120 = 25（人）。

先從第1組25人中隨機確定第1抽選人，若假定是第15號，然後每隔25人抽出1個，即有15號，40號，65號……2,990號，共120人。

等距抽樣也是統計實務中常用的一種方法，這種抽取樣本單位的工作可以由計算機完成。

（四）整群抽樣

整群隨機也稱分群抽樣或集團抽樣。它是將總體各單位劃分成若干群，然後以群為單位從中隨機取部分群，對中選的所有單位進行全面調查的抽樣組織方式。在前面三種抽樣方式所抽取的樣本單位都是個體的，而整群抽樣所抽取的樣本是由若干樣本組成的群體。例如，對冷庫中的箱裝鮮蛋進行抽樣調查時，就是以箱為單位抽出後，對中選箱進行全面調查。又如，在第五次人口普查後，對調查質量進行的抽樣調查中，是在某些地區隨機抽取一些居民小組或村民小組，將它們作為一個組群來觀察的。

整群抽樣是隨機抽樣的一種特殊組織方式，多用於研究對象較廣，總體單位眾多的抽樣調查。

（五）階段抽樣

當總體很大時，抽樣調查直接抽選總體單位在技術上有一定的難度，一般可以分階段進行抽樣。例如，對中國糧食產量進行的抽樣調查就是採用階段調查。它的第一階段是從省抽

縣,第二階段是從中選縣抽鄉,第三階段是中選鄉抽村,第四階段是從中選村抽地塊,最後還可以從地塊抽具體的樣本點,並以樣本點資料推算平均畝產和總產量。

任務二 抽樣誤差及其影響因素

抽樣推斷技術應用的目的,就是以樣本統計量來對總體參數進行估計。抽樣推斷中抽樣誤差是客觀存在無法消除的,然而,抽樣理論已經能有效地解決抽樣誤差問題。抽樣誤差問題的解決可以極大地提高抽樣推斷技術的使用價值。

一、抽樣誤差的涵義及影響因素

(一) 抽樣誤差的涵義

抽樣調查是用隨機抽取的樣本所計算的樣本指標來推斷總體指標,由於樣本只是總體中的部分單位,樣本所含的信息量及其結構一般與總體有區別,則所計算的樣本指標也就不等於總體指標,兩者存在差異,這就是抽樣誤差。抽樣誤差是指在隨機取樣條件下,由於樣本對總體的代表性不夠而造成的樣本指標與總體指標之間的差異。包括平均數和成數兩種:

平均數抽樣誤差: $|\bar{x} - \bar{X}|$

成數抽樣誤差: $|p - P|$

必須指出,抽樣調查與推斷工作中的實際誤差是比較複雜的,除了樣本對總體的代表性不夠而造成的誤差外,還有工作失誤而造成的誤差。如調查登記、計算錯誤造成的誤差,破壞隨機原則而有意識去選擇較好或較差單位造成的系統性誤差等。我們在抽樣推斷中所研究的誤差問題,是假定沒有工作失誤造成的誤差,而且嚴格遵守了隨機原則,只是由於樣本的代表性不夠而造成的隨機誤差,即抽樣誤差。

抽樣誤差包括實際誤差、抽樣平均誤差和抽樣極限誤差三種。由於可能的樣本很多,抽到某個樣本即某個抽樣誤差的出現完全是偶然的,所以抽到的樣本所產生的實際誤差(個別誤差)是無法確定的。因實際工作中,對抽樣誤差的把握,不是尋找抽到的樣本造成的個別誤差,而是要計算所有可能樣本的抽樣平均誤差,以及抽樣極限誤差。

(二) 抽樣誤差的影響因素

為了計算和控制抽樣誤差,需要分析影響抽樣誤差的因素。抽樣誤差大小主要受以下三個因素的影響:

(1) 全及總體被研究標誌的變動程度。一般而言,在其他條件不變的情況下,全及總體的標誌變動程度越大,抽樣誤差就越大;全及總體的標誌變動程度越小,則抽樣誤差越小。抽樣誤差與總體變異程度兩者成正比關係的變化,這是因為總體變異度小,表示總體各單位標誌值之間的差異很小,則樣本指標與全及指標之間的差異也可能很小。如果總體變異度為0,總體各單位標誌值都相等,那麼樣本指標就等於全及指標,抽樣誤差也就不存在了。

(2) 抽樣單位數的多少。在其他條件不變的情況下,抽取的單位數越多,抽樣誤差越小;樣本單位數越少,抽樣誤差越大。抽樣誤差的大小和樣本單位數呈相反關係的變化,這是因

為抽樣單位數越多,樣本單位數在全及總體中的比例越高,樣本總體會越接近全及總體的基本特徵,總體特徵就越能在樣本總體中得到真實的反應。假定抽樣單位數擴大到與總體單位數相等時,抽樣調查就變成全面調查,樣本指標等於全及指標,實際上就不存在抽樣誤差。

(3)抽樣方法和抽樣組織方式。抽樣誤差除了受上述兩個主要因素的影響外,還受到抽樣方法和抽樣組織方式的影響(如前所述)。

二、抽樣平均誤差

(一)抽樣平均誤差的涵義

應用抽樣推斷技術,可能樣本是很多的,而每一個樣本對應著一個抽樣誤差,每一次抽樣的樣本是隨機的,即一次抽樣得到的抽樣誤差可能有時要大一些,有時要小一些,只有用抽樣平均誤差來衡量才是唯一的標準。所謂抽樣平均誤差是指所有可能樣本的抽樣誤差絕對水準的平均數,它對整個統計推斷分析都有很重要的意義。下面討論平均誤差的計算。

(二)抽樣平均誤差的計算

抽樣平均誤差用樣本指標對總體指標的標準差表示。若符號 μ 表示抽樣平均誤差,m 表示可能樣本個數,則有:

平均數的抽樣平均誤差 $\quad \mu_x = \sqrt{\dfrac{\sum(\bar{x}-\bar{X})^2}{m}}$

成數的抽樣平均誤差 $\quad \mu_p = \sqrt{\dfrac{\sum(p-P)^2}{m}}$

當全部樣本作為整體來看,被認為是確定的條件,指對全部樣本而言的樣本指標的標準差,即抽樣平均誤差是唯一確定的量。一次抽樣調查與推斷,抽樣平均誤差是唯一確定而且可以計算的。但是,上述公式進行計算是不可行的,原因有二:一是抽樣推斷是用樣本指標推斷總體指標,總體指標 $\bar{X}$ 和 P 事先不知道;二是一次抽樣的可能樣本數很多。

因此,要將上述理論公式應用中心極限定理的原理,得到可以在實際中應用的公式:

1. 重複抽樣

① 平均數的抽樣平均誤差: $\mu_x = \sqrt{\dfrac{\sigma_x^2}{n}} = \dfrac{\sigma_x}{\sqrt{n}}$ (8.3)

② 成數的抽樣平均誤差: $\mu_p = \sqrt{\dfrac{\sigma_p^2}{n}} = \sqrt{\dfrac{P(1-P)}{n}}$ (8.4)

式中:μ_x 表示平均數抽樣平均誤差;μ_p 表示成數抽樣平均誤差;σ_x^2 表示平均數方差;σ_p^2 表示成數方差。

由上式可以看出,抽樣平均誤差 μ 與總體方差 σ^2 成正比,與樣本容量 n 成反比。所研究總體的差異情況是客觀存在的,不能改變,而樣本容量的大小是可以安排的,所以要減少抽樣誤差可以通過增大樣本容量來實現。

【例8.4】某市隨機抽取2,500個家庭構成樣本進行家庭貨幣收入的調查與推斷,假定家庭收入的標準差為500元,則抽樣平均誤差為:

$$\mu_{\bar{x}} = \sqrt{\frac{\sigma_x^2}{n}} = \sqrt{\frac{500^2}{2,500}} = 10(元)$$

2. 不重複抽樣

① 平均數的抽樣平均誤差：$\mu_{\bar{x}} = \sqrt{\frac{\sigma_x^2}{n}(1-\frac{n}{N})}$ (8.5)

② 成數的抽樣平均誤差：$\mu_p = \sqrt{\frac{\sigma_p^2}{n}(1-\frac{n}{N})} = \sqrt{\frac{P(1-P)}{n}(1-\frac{n}{N})}$ (8.6)

按上述例子，如該市家庭總戶數為50萬戶，則不重複抽樣條件下的抽樣平均誤差為：

$$\mu_{\bar{x}} = \sqrt{\frac{\sigma_x^2}{n}(1-\frac{n}{N})} = \sqrt{\frac{500^2}{2,500} \times (1-\frac{2,500}{500,000})} = 9.95(元)$$

由於$(1-\frac{n}{N}) < 1$，所以，相同條件下，不重複抽樣的抽樣平均誤差總是小於重複抽樣的抽樣平均誤差。不過，通常情況下，樣本容量n總是總體單位數N中極少的部分，即n/N很小，則$(1-\frac{n}{N})$接近於1，所以上述兩種情況的抽樣平均誤差是很接近的。在實際工作中，出於對推斷結果更加保險的考慮，也為了計算方便，抽樣平均誤差都可以採用重複抽樣的公式計算。

應該指出，抽樣平均誤差的計算公式中用到了總體方差σ^2，而總體是被估計的對象，不可能事先有相關資料。解決問題的辦法是用其他方差資料來代替，有三種資料可以替代總體方差：一是所研究現象過去資料計算的方差；二是所研究現象在其他空間的資料計算的方差；三是樣本資料。

【例8.5】要估計某地區10,000名適齡兒童的入學率，隨機從這一地區抽取400名兒童，檢查有320名兒童入學，求入學率的抽樣平均誤差。

根據已知條件：$p = \frac{n_1}{n} = \frac{320}{400} = 80\%$

$s_p^2 = p(1-p) = 80\% \times (1-80\%) = 16\%$

本例用S_p代替σ_p，p代替P。則：

$$\mu_{\bar{x}} = \sqrt{\frac{\sigma_x^2}{n}} = \sqrt{\frac{P(1-P)}{n}} = \sqrt{\frac{0.16}{400}} = 2\%$$

三、抽樣極限誤差

以樣本指標來推斷總體指標，要達到完全準確，毫無誤差，這幾乎是不可能的事情。因而在抽樣推斷中，需要控制抽樣誤差。控制抽樣誤差就是給出誤差的最大值，即允許誤差的範圍，我們把這一誤差的最大值叫抽樣極限誤差，用Δ表示，則有：

$\Delta_{\bar{x}} = |\bar{x} - \bar{X}|$ 或 $\Delta_p = |pP|$

將上面等式進行變換，可以得到下列不等式：

$\bar{X} - \Delta_{\bar{x}} \leq \bar{x} \leq \bar{X} + \Delta_{\bar{x}}$

$P - \Delta_p \leq p \leq P + \Delta_p$

以上不等式表示,抽樣平均數 $\bar{x}$ 是以總體平均數 $\bar{X}$ 為中心,在 $(\bar{X} - \Delta_x, \bar{X} + \Delta_x)$ 之間變動;抽樣成數 p 是以總體成數 P 為中心,在 $(P - \Delta_p, P + \Delta_p)$ 之間變動。由於總體指標 $\bar{X}$ 和 P 是未知數,而抽樣指標 $\bar{x}$ 和 p 是可以計算得到的。因此,誤差範圍的實際意義應該是被估計的總體指標 $\bar{X}$ 和 P,落在由抽樣指標所確定的範圍內,即落在 $(\bar{x} - \Delta_x, \bar{x} + \Delta_x)$ 或 $(p - \Delta_p, p + \Delta_p)$ 範圍內。

所以,總體指標 $\bar{X}$ 和 P 的範圍估計(區間估計)按以下公式計算:

$$\bar{x} - \Delta_x \leq \bar{X} \leq \bar{x} + \Delta_x \tag{8.7}$$

$$p - \Delta_p \leq P \leq p + \Delta_p \tag{8.8}$$

容易驗證後面兩個不等式與前面兩個不等式是完全等價的。

對極限誤差 Δ 的計算,是用抽樣平均誤差的若干倍來表示的,即 $\Delta = t\mu$。倍數 t 的取值,理論上說是很寬的,但實際工作常在 1～3 之間,它與概率水準有關,後面我們再作介紹。抽樣極限誤差的計算公式為:

$$\Delta_x = t\mu_x \tag{8.9}$$

$$\Delta_p = t\mu_p \tag{8.10}$$

抽樣極限誤差又稱為允許誤差,它的大小決定著抽樣估計的精確度。允許誤差越小,說明估計結果的精確度高,效果要好些;允許誤差越大,說明估計結果的精確度低,效果要差些。極限誤差 Δ 大小的確定是人們事先根據所研究現象的特點和精度要求確定的。如藥物調查,要求估計結果有很高精確度,常給出較小的極限誤差。又如,一般產品合格率調查,不要求較高精度,就可給出較大的極限誤差。這種事先給出極限誤差,實際上是對抽樣估計提出的誤差要求,要求產生的誤差必須控制在允許誤差範圍內,要達到這一要求,可以通過樣本容量的調整來實現。

四、抽樣誤差的概率度

抽樣估計是概率估計,估計的結果不可能是絕對正確的,只是沒有較大的概率水準保證它的正確性。概率度與概率水準不是同一概念,前面所提到的抽樣極限誤差是抽樣平均誤差的倍數,即 $\Delta = t\mu$,變形後得到另一重要式子:

$$t = \frac{\Delta_x}{\mu_x} \quad \text{或} \quad t = \frac{\Delta_p}{\mu_p}$$

這裡形成的比值 t 就是概率度,它是衡量概率水準高低的尺度。

如果認為抽樣平均誤差 μ 是唯一確定的,則概率度 t 會與極限誤差 Δ 有一一對應關係。如果把極限誤差看作是一般的抽樣誤差,則極限誤差就具有正態分佈性質,也就決定了概率度 t 也是正態分佈,而且數理統計理論還進一步指出概率度 t 是接近標準正態分佈的,即 t 值是以 0 為中心左右對稱分佈,如圖 8-1 所示。

標準正態分佈是一個確定的概率分佈,當變量 t 給出以 0 為中心的某個對稱區間時,就有確定概率水準與之對應。比如,區間 [-1,1] 的概率為 68.27%,區間 [-1.96,1.96] 的概率為 95%,這種 t 值區間與概率的關係,就是 t 與概率的關係。常用的有:

$t = 1$ 時,概率為 68.27%

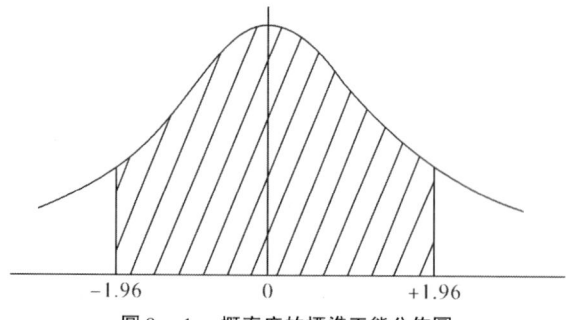

图 8－1　概率度的標準正態分佈圖

$t = 1.96$ 時,概率為 95%

$t = 2$ 時,概率為 95.45%

$t = 3$ 時,概率為 99.73%

為了工作方便,這種 t 值與概率之間的關係列成了一個表,叫標準正態分佈概率表(見附表2),已知了 t 值,就可以通過查表得出概率,當然,也可以在已知概率後查出 t 值。上述討論我們可以看到,t 值越大,概率越大,t 值越小,概率越小,t 值是衡量概率大小的尺度,這也是我們把變量 t 叫概率度的原因。

五、估計的置信度

對估計置信度的理解需要與抽樣極限誤差聯繫起來。抽樣極限誤差是抽樣估計的允許誤差,即要求抽樣估計的誤差不超過 Δ,但是樣本是隨機確定的,其產生的抽樣誤差小於或等於 Δ 不是必然的,只是一種可能。不過,這一事實發生的概率水準是可以計算的,我們把這種抽到樣本產生的誤差不大於抽樣極限誤差的概率水準叫估計的置信度。

因為 $t = \dfrac{\Delta}{\mu}$,抽樣誤差 μ 是唯一的,極限誤差 Δ 與概率度 t 有一一對應關係,而每個 t 值都有與之對應的概率水準,並且可以通過查表得到。這樣一旦給出極限誤差 Δ,就可以通過概率度 t 來確定能滿足抽樣極限誤差要求的概率水準,即估計置信度。

【例8.6】某次抽樣調查估計的抽樣平均誤差為8,若允許的抽樣誤差為16,確定這次抽樣估計的置信度。

解:先計算抽樣估計的概率度,查表即可得到估計的置信度。

$t = \dfrac{\Delta_x}{\mu_x} = \dfrac{16}{8} = 2$　　查表得到置信度為 95.45%。

若本次調查允許的抽樣誤差為8,則:

$t = \dfrac{\Delta_x}{\mu_x} = \dfrac{8}{8} = 1$　　查表得到置信度為 68.27%。

可見,在抽樣估計中,允許誤差 Δ 越大(精確度低),置信度較大;允許誤差 Δ 越小(精確度高),置信度較小。還必須指出的是,根據給定的極限誤差推導出的估計置信度有可能不能滿足抽樣估計的要求,這時,要調整樣本的容量來提高樣本的代表性,從而提高置信度。

任務三　參數估計

一、總體參數的估計方法

總體參數的估計是指利用實際調查計算的樣本指標來估計相應總體指標的數值。由於總體指標是表明總體數量特徵的未知參數，因而叫參數估計。參數估計的方法有點估計和區間估計兩種方法。

（一）點估計

點估計的做法很簡單，它不考慮抽樣誤差，直接用樣本指標作為總體指標的估計值。

【例8.7】在某一城市，隨機抽取5,000戶居民，調查在晚間觀看新聞節目家庭的比例，在調查過程中，發現有1,750戶家庭在收看新聞節目，占5,000戶樣本總體的35%。按點估計的要求，我們直接將樣本指標作為總體指標的估計值，可以得出：該城市的全體居民收看晚間新聞節目的戶數大約占35%。

除了將樣本指標作為總體指標的估計值外，還可以將樣本指標作為總體指標進行計算。

【例8.8】從1,000棵樹苗中隨機抽取100棵，其成活率是96%。用點估計的方法估計1,000棵樹苗的成活率。

我們直接將樣本指標——成活率96%作為總體指標，即這1,000棵樹苗成活率也為96%，則1,000棵樹苗中約有1,000×96% = 960棵成活。

這種參數估計只使用了一個指標值，即直接用樣本指標作為估計值，它是一種非常粗略的估計方法，它僅僅告訴人們總體指標的一個可能趨勢值，總體指標可能在該數值附近，至於「附近」是一個多大的範圍卻沒有確定。

針對前面的內容，我們一直在講抽樣推斷技術是用樣本指標來估計總體指標，即總體指標的估計量是樣本指標，這不是隨意確定的，而是有根據的選擇。因為判斷一個估計量是否優良，其標準有三條，只有與總體指標同結構的樣本指標能滿足這三條要求。

（1）無偏性。就是要求估計量的平均數等於總體指標。數理統計已經證明，與總體指標同結構的樣本指標能滿足這一點要求。也證明了個別樣本指標與總體指標有誤差，但樣本指標的整體水準與總體指標沒有偏差。

（2）一致性。就是要求當樣本容量充分大或趨向總體單位數時，估計量等於總體指標。這一點樣本指標也能滿足，很顯然，當樣本單位數趨向於總體單位數時，抽樣調查幾乎成為全面調查，樣本指標幾乎就是總體指標。

（3）有效性。就是要求估計量對總體指標的標準差取得最小值。這一點樣本指標同樣是滿足的，即下式成立：

$$\sqrt{\frac{\sum (\bar{x} - \bar{X})^2}{m}} \quad 或 \quad \sqrt{\frac{\sum (p - P)^2}{m}} \quad 取得最小值。$$

有效性的關係反應，相比其他指標而言，樣本指標作為估計值，產生的誤差整體上說是

最小的,所以樣本指標作為估計值,其效果是最好的。

以上三個標準並不是孤立的,只有同時滿足這三個標準的估計量才是總體參數的最佳估計量。

(二) 區間估計

區間估計是在一定概率保證下,用樣本統計量和抽樣平均誤差,推斷總體指標可能範圍的一種估計方法。區間估計在用樣本統計量估計總體指標時,用某一個區間範圍作為總體指標的估計值,並說明總體指標落入這個區間的可能性(概率),我們稱這個區間為置信區間。它是以樣本指標為中心,極限誤差為半徑的封閉區間。當然,一個確定的置信區間就有一個與之對應的概率水準,置信區間越大,概率水準越高,估計的精確度會越低,反之,置信區間越小,概率水準會越低,估計的精確度會較高。

由此可見,區間估計比點估計考慮的問題更多,設計的方案更完整,而且更加科學。

區間估計的要點是在一定置信度下確定置信區間,或者是給出置信區間後確定置信度。區間估計必須是以樣本指標、極限誤差和概率三項資料為基礎,因此,它們也稱為區間估計的三要素。

平均數估計的置信度區間為: $\bar{x} - \Delta_{\bar{x}} \leq \bar{X} \leq \bar{x} + \Delta_{\bar{x}}$

成數估計的置信區間為: $p - \Delta_p \leq P \leq P + \Delta_p$

區間估計就是三個要素中,在已知樣本指標的前提下,通過極限誤差來計算概率,即確定估計的置信度;或是由概率來計算極限誤差,即確定總體指標的置信區間。下面舉例進行說明:

【例8.9】某批彩色電視機的顯像管在出廠前,隨機抽取36臺,測得它們的平均使用壽命為21,400小時。已知總體標準差為150小時,試以95%的概率保證確定這批顯像管平均壽命的置信區間。

已知 $n = 36$　$\bar{x} = 21,400$ 小時　$\sigma_x = 150$ 小時　概率95%　查表得 $t = 1.96$

$$\mu_{\bar{x}} = \sqrt{\frac{\sigma_x^2}{n}} = \sqrt{\frac{150^2}{36}} = 25$$

$\Delta_{\bar{x}} = t\mu_{\bar{x}} = 1.96 \times 25 = 49(小時)$

則有:

置信區間下限: $\bar{x} - \Delta_{\bar{x}} = 21,400 - 49 = 21,351$(小時)

置信區間上限: $\bar{x} + \Delta_{\bar{x}} = 21,400 + 49 = 21,449$(小時)

計算結果表明,該批顯像管平均使用壽命的置信區間為[21,351,21,449],概率為95%。

【例8.10】某高校在做一項關於學生曠課原因的課題研究中,從全校學生中隨機抽取200人進行問卷調查,有60人說他們曠課是由於任課教師講課枯燥。試對由於這種原因而曠課的學生比例構造95%的置信區間。

已知: $n = 200, p = \frac{60}{200} = 30\%$,概率95%,查表得 $t = 1.96$

$$\mu_{\bar{x}} = \sqrt{\frac{\sigma_x^2}{n}} = \sqrt{\frac{P(1-P)}{n}} = \sqrt{\frac{30\% \times (1-30\%)}{200}} = 3.24\%$$

$\Delta_p = t\mu_p = 1.96 \times 3.24\% = 6.35\%$

則有：

置信區間下限：$p - \Delta_p = 30\% - 6.35\% = 23.65\%$

置信區間上限：$P + \Delta_p = 30\% + 6.35\% = 36.65\%$

計算結果表明，該校學生由於任課教師講課枯燥而曠課的比例大約在 23.65%～36.65% 之間，概率為 95%。

【例 8.11】某高職學院為了解學生月生活費支出情況，隨機抽取 100 人，瞭解到他們每月平均生活費支出 500 元，標準差 200 元。試問能以多大的概率水準保證該校學生生活費月平均在 460～540 元之間。

如認為樣本方差是總體方差的無偏估計，則 $\sigma_x = 200$ 元。

還已知：$n = 200, \bar{x} = 500$ 元，$\Delta_x = \dfrac{540 - 460}{2} = 40$ 元

而且：

$$\mu_x = \sqrt{\dfrac{\sigma_x^2}{n}} = \sqrt{\dfrac{200^2}{100}} = 20(元)$$

$$t = \dfrac{\Delta_x}{\mu_x} = \dfrac{40}{20} = 2$$

則通過查表得到概率為 95.45%

可見，該校學生的月平均生活費在 460～540 元之間的概率為 95.45%。

二、樣本容量的確定

樣本容量指一個樣本所包含的單位數，確定必要的樣本單位數也是抽樣調查的一個重要問題。樣本容量的確定是個兩難的選擇：一方面，樣本容量越大，樣本的代表性就越高，抽樣誤差就越小，抽樣估計的可信度也會越高，但抽樣調查的費用也越高，而且還會影響抽樣調查的時效性；另一方面，樣本容量越小，越能顯示出抽樣調查與估計的優越性，即能減少工作量，節約時間和費用，但抽樣誤差較大，不能保證抽樣的精確度。因此，確定樣本容量要考慮的是：既要滿足抽樣估計效果的要求，又要考慮時間和費用的節約。

（一）影響樣本容量大小的因素

1. 總體標誌變動度

如果總體被研究標誌的變異程度大，則應抽取較多的樣本單位；如果總體被研究標誌的變異程度小，則可以抽取較少的樣本單位。

2. 推斷的精確程度

推斷的精確程度與抽樣誤差範圍有關。如果允許誤差範圍小，即要求的精度高，必須抽取較多的樣本單位；反之，則可以抽取較少的樣本單位。

3. 推斷的可靠程度

抽樣推斷要求的可靠程度越高，即估計的置信度越大，必須抽取較多的樣本單位；如果抽樣推斷要求的可靠程度越低，即估計的置信度越小，則可以抽取較少的樣本單位。

4. 抽樣方法和抽樣組織形式

樣本容量決定於不同的抽樣方法和抽樣組織形式。一般來說，類型抽樣和等距抽樣比簡單隨機抽樣需要的樣本單位數少，單個抽樣比整群抽樣需要的抽樣單位數少，不重複抽樣比重複抽樣需要的抽樣單位數少。

由此可見，上述幾個方面都是確定抽樣單位數的依據，在應用時要綜合考慮。同時，還要結合調查的人力、物力和財力的許可情況加以適當調整，然後作出最後的確定。

(二) 樣本容量的確定方法

根據上面確定樣本容量的影響因素，可以由抽樣極限誤差的公式來反應它們之間的聯繫。因此，將極限誤差的公式加以推演，並結合抽樣平均誤差的公式，就可以推導出不同抽樣方法條件下計算必要樣本單位數的公式。

在重複抽樣條件下：

由於 $\mu = \sqrt{\dfrac{\sigma^2}{n}}$，又有 $\mu = \dfrac{\Delta}{t}$，則 $\sqrt{\dfrac{\sigma^2}{n}} = \dfrac{\Delta}{t}$，可以推出 $n = \dfrac{t^2\sigma^2}{\Delta^2}$。

在不重複抽樣條件下：

由於 $\mu = \sqrt{\dfrac{\sigma^2}{n}(1 - \dfrac{n}{N})}$，可以推出 $n = \dfrac{Nt^2\sigma^2}{N\Delta^2 + t^2\sigma^2}$。

由以上基本公式，可以得出平均數和成數估計的公式：

1. 推算總體平均數所需樣本容量的計算公式

(1) 重複抽樣　　$n_x = \dfrac{t^2\sigma_x^2}{\Delta_x^2}$ 　　　　　　　　　　　　　　(8.11)

(2) 不重複抽樣　　$n_x = \dfrac{Nt^2\sigma_x^2}{N\Delta_x^2 + t^2\sigma_x^2}$ 　　　　　　　　　　(8.12)

2. 推算總體成數所需樣本容量的計算公式

(1) 重複抽樣　　$n_p = \dfrac{t^2 P(1 - P)}{\Delta_p^2}$ 　　　　　　　　　　　　(8.13)

(2) 不重複抽樣　　$n_p = \dfrac{Nt^2 P(1 - P)}{N\Delta_p^2 + t^2 P(1 - P)}$ 　　　　　　　(8.14)

在上面公式裡，σ 和 P 這兩個指標一般都是未知的，通常可以採用以下方法解決：

第一，用過去調查資料。如果有幾個不同的數據，則應該用最大的數值。注意：當 $P = 50\%$ 時，成數方差 $\sigma_p^2 = P(1 - P) = 50\% \times (1 - 50\%) = 25\%$ 為最大值。因此，成數應選擇最接近 50% 的值。

第二，用小規模調查資料。如果既沒有過去的資料，又需要在調查前就估計出抽樣誤差，實在不得已時，可以在大規模調查前，組織一次小規模的試驗性調查。

另外還要注意，由於上述公式計算的樣本單位數是滿足推斷要求的必要數量，只有達到這個數量才能保證抽樣推斷的精確度。所以，在計算結果出現小數時，不能四捨五入，而應全部入整。

【例 8.12】對某型號電子元件 10,000 只進行耐用性能檢查。根據以往抽樣測定，求得耐用時數的標準差為 600 小時，概率保證程度為 68.27%，元件平均耐用時數的誤差範圍不超

過 150 小時，要抽取多少元件做檢查？

解：已知：$N = 10,000$　$\Delta_x = 150, S = 600$

概率 68.27%　查表得 $t = 1$

重複抽樣條件下樣本容量為：

$$n_x = \frac{t^2\sigma_x^2}{\Delta_x^2} = \frac{1^2 \times 600^2}{150^2} = \frac{360,000}{22,500} = 16(只)$$

不重複抽樣條件下樣本容量為：

$$n_x = \frac{Nt^2\sigma_x^2}{N\Delta_x^2 + t^2\sigma_x^2} = \frac{10,000 \times 1^2 \times 600^2}{10,000 \times 150^2 + 1^2 \times 600^2} = \frac{3,600,000,000}{225,360,000} \approx 16(只)$$

【例 8.13】某調查公司接受市電視臺的委託，為一個電視節目調查收視率。在一個有 1,050 戶居民的小區進行抽樣調查，希望估計置信度要達到 95%，允許誤差 5%，已知在類似小區進行調查時，有 28% 的家庭收看該節目。試問在該小區應抽多少家庭為樣本進行調查。

解：已知：$N = 1,050$　概率 95%　查表得 $t = 1.96, \Delta_p = 5\%, p = 28\%$

重複抽樣條件下樣本容量為：

$$n_p = \frac{t^2 P(1-P)}{\Delta_p^2} = \frac{1.96^2 \times 28\% \times (1-28\%)}{5\%^2} = 310(戶)$$

不重複抽樣條件下樣本容量為：

$$n_p = \frac{Nt^2 P(1-P)}{N\Delta_p^2 + t^2 P(1-P)} = \frac{1,050 \times 1.96^2 \times 28\% \times (1-28\%)}{1,050 \times 5\%^2 + 1.96^2 \times 28\% \times (1-28\%)} = 239(戶)$$

本章小結

　　抽樣推斷技術包括抽樣調查和抽樣推斷兩個方面。它是根據隨機原則，從所研究的總體中抽取一部分單位組成樣本進行調查，並由樣本數據推算總體數據的統計方法。它主要用於不能夠、不適應和不必要進行全面調查，以及對全面調查資料的修正。在抽樣推斷技術的運用中，要明確總體與樣本，總體指標與樣本指標，重複抽樣和不重複抽樣的概念。另外還要注意抽樣方式的選擇，抽樣的組織方式有簡單隨機抽樣、分類抽樣、等距抽樣、整群抽樣和階段抽樣等，簡單隨機抽樣是基礎，其他方式都是以它的原理為依據形成的。

　　抽樣推斷有三個要素：

　　(1) 樣本指標。它是總體指標的統計值，必須組織好抽樣調查，獲得的樣本指標，才是總體指標的最佳估計量。

　　(2) 抽樣誤差。它的可知性和可控性極大地提高了抽樣推斷的使用價值。它包括實際誤差、平均誤差和極限誤差。實際誤差一般沒有現實意義，統計實務中常應用的是平均誤差和極限誤差。

　　(3) 估計的置信度。它是估計的概率保證程度，是事先提出，構成抽樣調查的限制條件，它可以通過樣本單位數的改變而調整。

　　參數估計包括總體參數的估計和樣本容量的確定。總體參數的估計又分為點估計和區間估計，區間估計是以樣本指標、極限誤差和概率三項資料為基礎，它比點估計考慮問題更

多,當然,也更加完整和科學。樣本容量的確定,既要滿足抽樣估計效果的要求,又要考慮時間和費用的節約。

案例分析

光明電燈泡廠對新產品的檢驗

光明電燈泡廠新研製一種節能電燈泡即將投入生產,為檢驗其耐用時數,隨機抽取了100只電燈泡進行調查,按規定燈泡耐用時數在950小時以上為合格品,有關抽樣結果和整理數據如下表。

表 8 - 4　　　　　　　　　　抽樣結果

耐用時數(小時)	組中值 x	燈泡數 f	xf	$x-\bar{x}$	$(x-\bar{x})^2 f$
950 以下	900	3	2,700	-157	73,947
950 ~ 1,050	1,000	41	41,000	-57	133,209
1,050 ~ 1,150	1,100	52	57,200	43	96,148
1,150 以上	1,200	4	4,800	143	81,796
合計	—	100	105,700	—	385,100

根據有關要求,確定概率保證程度為92%,以此對該種產品的平均耐用時數和合格率進行估計。

(一) 平均數估計

1. 樣本的平均耐用時數

$$\bar{x} = \frac{\sum xf}{\sum f} = \frac{105,700}{100} = 1,057(小時)$$

2. 樣本耐用時數的標準差

$$S_{\bar{x}} = \sqrt{\frac{\sum (x-\bar{x})^2 f}{\sum f}} = \sqrt{\frac{385,100}{100}} = 62.1(小時)$$

3. 耐用時數的抽樣平均誤差(用樣本指標代替,並按重複抽樣計算)

$$\mu_{\bar{x}} = \sqrt{\frac{\sigma_x^2}{n}} = \sqrt{\frac{62.1^2}{100}} = 6.21(小時)$$

4. 抽樣極限誤差

$\Delta_{\bar{x}} = t\mu_{\bar{x}}$

已知概率92%,即0.92,在概率表(見附表2)中沒有,但與概率表中的0.919,9最接近,可使用 $t = 1.75$。

則 $\Delta_{\bar{x}} = 1.75 \times 6.21 = 10.867,5 (小時)$

5. 區間估計:

置信下限:$\bar{x} - \Delta_x = 1,057 - 10.867,5 = 1,046.132,5$(小時)

置信上限:$\bar{x} + \Delta_x = 1,057 + 10.867,5 = 1,067.867,5$(小時)

即以92%的概率保證程度(可靠程度),可以確定,該種產品的耐用時數在1,046.132,5 ~ 1,067.867,5 小時之間。

(二) 成數的估計

1. 樣本合格率

$$p = \frac{n_1}{n} = \frac{100-3}{100} = 0.97 = 97\%$$

2. 樣本合格率標準差

$$S_p = \sqrt{p(1-p)} = \sqrt{97\% \times (1-97\%)} = 17.1\%$$

3. 合格品率的抽樣平均誤差(用樣本指標代替總體指標)

$$\mu_p = \sqrt{\frac{\sigma_p^2}{n}} = \sqrt{\frac{P(1-P)}{n}} = \frac{17.1\%}{\sqrt{100}} = 1.71\%$$

4. 合格品率的允許誤差

$$\Delta_p = t\mu_p = 1.75 \times 0.017,1 = 0.029,75 \text{ 即 } 2.975\%$$

5. 合格率的區間估計

置信下限:$p - \Delta_p = 97\% - 2.975\% = 94.025\%$(小時)

置信上限:$P + \Delta_p = 97\% + 2.975\% = 99.975\%$(小時)

即該產量的合格率在94.025% ~ 99.975%之間,概率保證程度(可靠程度)為92%。

問題思考

1. 抽樣推斷技術包括哪兩方面的內容?它有什麼特點?
2. 抽樣推斷技術主要有哪些應用?
3. 談談什麼是重複抽樣和不重複抽樣?
4. 抽樣推斷技術常涉及哪幾種指標?抽樣成數是什麼?
5. 什麼是抽樣誤差?有哪幾種?如何理解平均誤差和極限誤差?
6. 抽樣單位數目的多少受哪些因素影響?

項目九 國民經濟統計概述

本章教學要點概覽

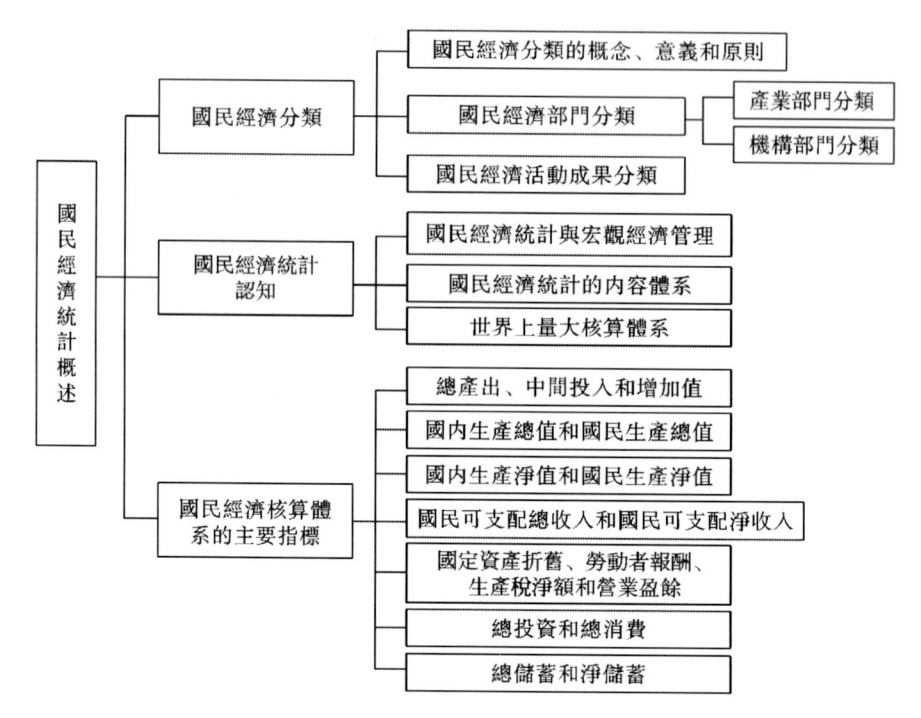

```
                            ┌─ 國民經濟分類的概念、意義和原則
              ┌─ 國民經濟分類 ─┼─ 國民經濟部門分類 ─┬─ 產業部門分類
              │               │                   └─ 機構部門分類
              │               └─ 國民經濟活動成果分類
              │
              │                 ┌─ 國民經濟統計與宏觀經濟管理
國民經濟統計概述 ─┼─ 國民經濟統計認知 ─┼─ 國民經濟統計的內容體系
              │                 └─ 世界上最大核算體系
              │
              │                      ┌─ 總產出、中間投入和增加值
              │                      ├─ 國內生產總值和國民生產總值
              │                      ├─ 國內生產淨值和國民生產淨值
              └─ 國民經濟核算體系的主要指標 ─┼─ 國民可支配總收入和國民可支配淨收入
                                       ├─ 國定資產折舊、勞動者報酬、生產稅淨額和營業盈餘
                                       ├─ 總投資和總消費
                                       └─ 總儲蓄和淨儲蓄
```

【情境導入】

國家統計局於 2018 年 3 月 1 日發布《中華人民共和國 2017 年國民經濟和社會發展統計公報》(以下簡稱《公報》)。

《公報》顯示，初步核算，全年國內生產總值 827,122 億元，比上年增長 6.9%。其中，第一產業增加值 65,468 億元，增長 3.9%；第二產業增加值 334,623 億元，增長 6.1%；第三產業增加值 427,032 億元，增長 8.0%。第一產業增加值佔國內生產總值的比重為 7.9%，第二產業增加值比重為 40.5%，第三產業增加值比重為 51.6%。

項目九 國民經濟統計概述

《公報》顯示，全年最終消費支出對國內生產總值增長的貢獻率為58.8%，資本形成總額貢獻率為32.1%，貨物和服務淨出口貢獻率為9.1%。全年人均國內生產總值59,660元，比上年增長6.3%。全年國民總收入825,016億元，比上年增長7.0%。

《公報》強調，2017年，供給側結構性改革紮實推進。全年全國工業產能利用率為77.0%，比上年提高3.7個百分點。年末商品房待售面積58,923萬平方米，比上年末減少10,616萬平方米。其中，商品住宅待售面積30,163萬平方米，減少10,094萬平方米。年末規模以上工業企業資產負債率為55.5%，比上年末下降0.6個百分點。

《公報》顯示，2017年，新動能新產業新業態加快成長。全年規模以上工業戰略性新興產業增加值比上年增長11.0%。其中，高技術製造業增加值增長13.4%，占規模以上工業增加值的比重為12.7%；裝備製造業增加值增長11.3%，占規模以上工業增加值的比重為32.7%。全年高技術產業投資42,912億元，比上年增長15.9%，占固定資產投資（不含農戶）的比重為6.8%。全年網上零售額71,751億元，比上年增長32.2%。

本章教學內容提示

國民經濟是一個國家或地區縱橫交錯的各種經濟活動組成的有機整體。本章的學習目標是認知國民經濟統計，就是要以國民經濟為研究對象，通過國民經濟核算體系，從數量角度來認知國民經濟運行的條件、過程、結果及其內在聯繫。

任務一　國民經濟分類

一、國民經濟分類的概念、意義和原則

（一）國民經濟分類的概念

國民經濟的概念通常包括兩個互有聯繫的方面：從橫向來看，國民經濟是指從事各種經濟活動的經濟單位分門別類後形成的不同的國民經濟部門。據此，我們可以說，國民經濟就是各單位、各部門的總和。從縱向來看，國民經濟又可以是指上述各經濟單位和部門所從事的各種各樣的經濟活動——生產經營活動、市場交易活動、收支分配活動等。這些活動彼此依存、相互銜接、不斷循環，就形成國民經濟的運行或社會再生產過程。據此，我們也可以說，國民經濟就是社會再生產各環節的總和，是一個不斷循環的宏觀經濟運行過程。

國民經濟分類是統計分組法在國民經濟統計中的應用，它是按一定標誌把國民經濟整體劃分為若干部分或類別。

國民經濟是一個複雜的有機整體。從國民經濟的主體看,它包括許許多多的企業、事業、行政單位;從國民經濟客體看,它包括各種各樣的經濟活動。因此,國民經濟分類既包括對國民經濟主體分類——國民經濟部門分類,也包括對國民經濟客體分類——國民經濟活動及其成果分類。

(二)國民經濟分類的意義

國民經濟分類的意義主要表現在:

(1)正確進行國民經濟分類是研究國民經濟部門內部及部門之間比例關係的基礎;

(2)科學地進行國民經濟分類是研究社會再生產各環節比例關係的前提;

(3)科學地進行國民經濟分類是研究地區經濟比例關係的基本條件。

(三)國民經濟分類的原則

在進行國民經濟分類時,應注意以下原則:

(1)從實際出發的原則。即國民經濟分類要從中國的實際情況出發,有利於反應中國經濟體制改革和核算制度改革的要求。

(2)系統性的原則。即從系統思想出發,使國民經濟分類能夠全面反應社會再生產各個環節的活動及其聯繫。

(3)國際對比原則。即在進行國民經濟分類時,要增強與國外的銜接和轉換,進一步適應對外經濟交往的要求。

二、國民經濟部門分類

(一)產業部門分類

1. 物質生產部門與非物質生產部門分類

物質生產部門和非物質生產部門的劃分是以各個部門提供的生產成果是否有「形」為依據的。

凡是有「形」的生產成果稱為物質產品或貨物,生產物質產品的部門是物質生產部門。有「形」的產品包括工業產品、農業產品和建築業產品。在中國,把為物質產品的運送、購銷、通訊等直接服務的交通、郵電通信、商業部門也列為物質生產部門。

凡無「形」的生產成果稱為服務或勞務,提供服務的部門是非物質生產部門。非物質生產部門包括客運和非生產性郵電業,房地產管理和公用事業,居民服務和諮詢業,衛生、體育和社會福利事業,教育、文化和廣播電視業,科學研究和綜合技術服務業,金融、保險業,黨政機關和社會團體,軍隊,警察等。

2. 國民經濟行業分類

中國在物質生產部門與非物質生產部門劃分的基礎上,按照經濟活動性質的一致性,進行了國民經濟行業分類。

中國現行的行業分類是將國民經濟分為 19 個大行業,設 98 個大類,數百個中類和小類。這 19 個行業是:

(1)農、林、牧、漁業;

(2)採礦業;

(3)製造業;

（4）電力、燃氣及水的生產和供應業；

（5）建築業；

（6）交通運輸、倉儲和郵政業；

（7）信息傳輸、計算機服務和軟件業；

（8）批發和零售業；

（9）住宿和餐飲業；

（10）金融業；

（11）房地產業；

（12）租賃和商務服務業；

（13）科學研究、技術服務和地質勘查業；

（14）水利、環境和公共設施管理業；

（15）居民服務和其他服務業；

（16）教育；

（17）衛生；

（18）文化、體育和娛樂業；

（19）公共管理和社會組織。

中國目前在編製投入產出表、國內生產總值及其使用表、勞動力平衡表等，都是按國民經濟行業來搜集、整理統計資料。

3. 三次產業分類

三次產業的劃分是以產業發生的時序為依據的。它是20世紀30年代由西方經濟學家首先提出的。他們認為從產業發展的時序上看世界經濟史，可以發現人類生產活動有三個階段：在初級生產階段上，生產活動以農業和畜牧業為主；在第二階段上，生產活動以工業生產大規模迅速發展為標誌，紡織、鋼鐵以及其他製造業為就業和投資提供了廣泛的機會；第三階段始於20世紀初，其特徵是以提供各種服務為主。三次產業分類是世界上許多國家普遍使用的一種產業結構劃分方法。1985年4月，經國務院同意，由國務院辦公廳轉發了國家統計局《關於建立第三產業統計的報告》中，正式提出中國三次產業的劃分辦法和標準。

三次產業分類應當遵循以下原則：第一，以生產過程與消費過程是否同時進行為原則，兩個過程同時發生的為第三次產業，不同時進行的為第一、二次產業；第二，以生產者同消費者的距離遠近為原則，生產者距離消費者近的為第三次產業，遠的為第一、二次產業；第三，以生產的產品是否有形為原則，無形的為第三次產業，有形的為第一、二次產業；第四，以與自然界和人的關係為原則，產品直接取自自然界的部門劃為第一次產業，對初級產品進行再加工的部門劃為第二次產業，提供服務的部門是第三次產業。

具體劃分標準是：

第一次產業：農業（包括種植業、林業及狩獵業、畜牧業、漁業）；

第二次產業：工業（包括採掘業、製造業、自來水、電力、蒸汽、熱水、煤氣）和建築業；

第三次產業：廣義的服務業，即除上述第一、第二次產業以外的其他各業。由於第三次產業包括的行業多、範圍廣，根據中國的實際情況，第三次產業又可以分為兩大部分：一是流通部門，二是服務部門。第三次產業具體又分為四個層次：

第一層次:流通部門,包括交通運輸業、郵電通信業、商業飲食業、物資供銷和倉儲業。
第二層次:為生產和生活服務的部門,包括金融、保險業、地質普查、房地產、公用事業、居民服務業、旅遊業、諮詢信息服務業和各類技術服務業等。
第三層次:為提高科學文化水準和居民素質服務的部門,包括教育、文化、廣播電視事業、科學研究事業、衛生、體育和社會福利事業。
第四層次:為社會公共需要服務的部門,包括國家機關、黨政機關、社會團體、軍隊和警察。

4. 三種產業部門分類的關係

以上三種產業部門分類都是從生產角度對整個國民經濟的劃分,只是具體的分類標準有所不同,它們之間的關係如圖10－2。

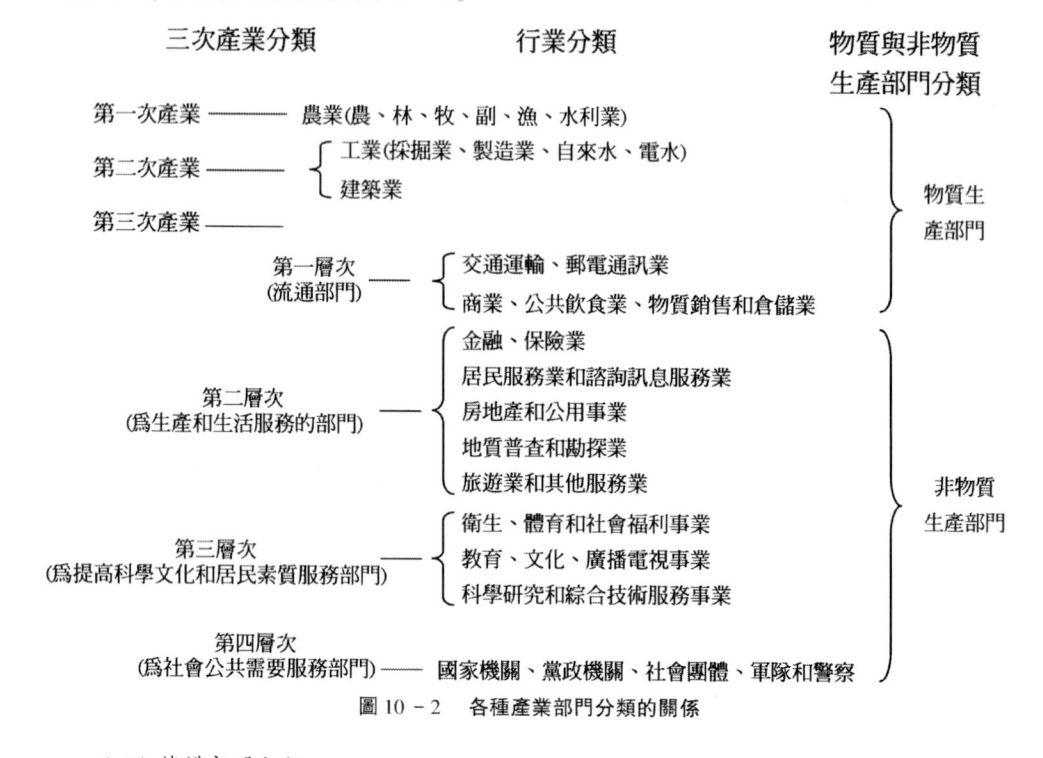

```
三次產業分類              行業分類                    物質與非物質
                                                    生產部門分類

第一次產業 ────── 農業(農、林、牧、副、漁、水利業)
第二次產業 ──┬── 工業(採掘業、製造業、自來水、電水)      物質生
             └── 建築業                                 產部門
第三次產業 ──

   第一層次 ──┬── 交通運輸、郵電通訊業
  (流通部門)  └── 商業、公共飲食業、物質銷售和倉儲業

              ┌── 金融、保險業
   第二層次   │── 居民服務業和諮詢訊息服務業
 (為生產和生活├── 房地產和公用事業
  服務的部門) │── 地質普查和勘探業              非物質
              └── 旅遊業和其他服務業            生產部門

   第三層次   ┌── 衛生、體育和社會福利事業
(為提高科學文化├── 教育、文化、廣播電視事業
和居民素質服務 └── 科學研究和綜合技術服務事業
    部門)

   第四層次
(為社會公共需要服務部門) ── 國家機關、黨政機關、社會團體、軍隊和警察
```

圖10－2　各種產業部門分類的關係

(二) 機構部門分類

一切經濟活動都是社會產品實物(物質產品和服務)運動和資金運動的有機結合,社會產品實物運動是資金運動的基礎,資金運動是社會產品實物運動的貨幣表現,二者同時發生,方向相反。社會產品實物運動與資金運動有時會呈現不同的特點,主要表現在一些大中型企業和公司的經濟活動中,這些企業、公司分別由若干分廠組成,這些分廠有生產決策權,但是它們往往不具有支配資金的權利,這些權利由公司、總廠所擁有。為了反應社會資金運動,反應只能由價值表現的分配活動,就必須進行機構部門分類。

中國將國民經濟分成以下4個國內機構部門和「國外」:

（1）居民。由所有常住居民組成，包括為家庭所擁有的個體經營單位。目前中國個體經營單位的規模還不大，其資產負債及財務收支等還不能完全獨立於其所屬的家庭戶，因此將它們劃入居民部門中。

（2）非金融企業。簡稱企業，由金融機構以外從事盈利活動的獨立核算單位構成，包括國有、集體、各種形式的合資、合作經營、外商獨資的常住工商企業、建築企業、運輸郵電企業及盈利性（或稱為營業性）服務企業，如旅館、理髮店、浴室、影劇院等。

（3）行政事業部門。從社會活動看，主要指第三次產業中第三、四層次的部門，即為提高科學文化水準和居民素質服務的部門、為社會公共需要服務的部門；從資金管理和收入渠道上看，指非物質生產部門中實行財政預算管理（包括全額管理和差額管理）的單位。

（4）金融機構。由從事金融活動的所有常住獨立核算單位構成。

金融機構具體包括：① 銀行系統：人民銀行、工商銀行、農業銀行、建設銀行、中國銀行、交通銀行和其他銀行；② 其他金融機構：各行的信託投資公司、國際信託公司、保險公司、證券公司、財務公司、金融租賃公司等。

（5）國外。是所有與中國常住單位發生經濟往來的非常住單位的集合。需要指出的是，「國外」不是國內的一個機構部門，而是我們將所有非常住機構單位放在一起組成一個國外部門並視同機構部門統一處理，其目的就是為了反應與國外發生的各種經濟往來活動。

以上機構部門的劃分是粗線條的，實際統計工作中，每一個部門都可以作若干層次的細分。

三、國民經濟活動成果分類

國民經濟活動成果即為社會產品（或社會總產品）。社會產品是經過人類勞動並能進行交換和使用的產品，故社會產品就是商品。社會產品可以作如下的劃分：

（一）貨物和服務

貨物是有形物體，它的生產過程和使用過程是分離的，因而它可以庫存起來，並進行多次交換。貨物包括農產品、工業品和建築產品（如房屋、橋樑、水塔、菸肉、道路、碼頭、運河、高爐等）。

服務是直接用於滿足使用者某種需要的無形產品，它的生產和使用不能分離，生產的完成就是使用的結束，所以它不能貯存起來，也只能進行一次交換。服務的範圍很廣，例如有對應於前邊所述第三次產業四個層次的流通服務、為生產和生活的服務、為提高科學文化和居民素質的服務、為社會公共需要的服務等。

（二）物質產品和服務

物質產品是物質生產部門的活動成果，它包括的範圍是貨物和貨物性服務。所謂貨物性服務也稱為物質性服務，是指與貨物的流通直接有關的服務，即商業流通服務和運輸郵電服務。這裡的服務是非物質性服務，指除貨物性服務以外的各種服務，它的範圍比「貨物和服務」中的服務要小一些。

貨物和服務與物質產品和服務在總體範圍上是一致的，即都是社會產品的分類，它們中有一些交叉，這個關係可以由表 10 - 1 表示：

表 10 – 1　　　　　　　　社會產品分類的關係

社會產品	貨物	貨物(有形物)	物質產品服務	社會產品
	服務	貨物性服務(物質性服務)		
		非貨物性服務(非物質性服務)		

任務二　　國民經濟統計

一、國民經濟統計與宏觀經濟管理

　　國民經濟統計也稱國民經濟核算。它是以國民經濟為整體而進行的一種統計核算，並從數量角度研究國民經濟運行的條件過程、結果及其內在聯繫。

　　依前所述，國民經濟包括國民經濟部門和國民經濟活動及其成果，按照系統論的觀點來看，國民經濟是一個龐大、複雜的系統。國民經濟的兩個構成方面總是緊密聯繫、縱橫交錯的。在國民經濟系統內部，必然存在著一定的結構比例關係和相互作用的機制機理，具體來說，就是各單位、各部門、各環節、各要素之間的相互依存和相互作用關係。這些內部關係的具體狀況，將會對整個國民經濟系統的實際運行效果直接產生或有利或不利的影響。用系統論的語言來說，就是有可能使系統的整體功能大於(當然也可能小於)系統各組成部分功能的簡單總和。

　　研究國民經濟系統的運行狀況，就是要考察各單位、各部門以及各地區所從事的各種經濟活動，考察這些經濟活動的條件、過程、結果和影響，考察國民經濟各部門、各環節之間錯綜複雜的經濟聯繫。宏觀經濟正常運行要求各部門比例協調，各環節相互適應，這就需要經由國民經濟核算取得大量、豐富的統計資料，據此進行分析、判斷，實施科學的管理與調控。因此，國民經濟核算是宏觀經濟管理與調控的重要基礎之一。

　　國民經濟作為一個完整的大系統，不僅規模龐大、結構複雜，而且功能多樣。這些功能既有一致性，又有差異性，互相制約，互為條件，共同決定了國民經濟的整體運行情況。宏觀經濟管理要抓住根本，兼顧全局，使這些功能適當發揮、相互配合，達到整體最優，保證宏觀經濟的正常運行和健康發展。因此，在宏觀經濟管理中，通常必須全面考慮以下幾個基本目標：① 經濟增長；② 物價穩定；③ 充分就業；④ 供需平衡。

　　科學的宏觀經濟管理離不開基本的經濟數據和可靠的數量分析。為此，首先，必須確定切實可行的量化目標，這些目標應該可以實際操作；其次，還需要掌握大量翔實的客觀資料嚴密監測國民經濟的運行情況，並運用各種槓桿進行宏觀經濟調控。顯然，只有通過國民經濟統計來收集、整理並科學地組織大量豐富的數據資料，對其進行全面、深入地分析研究，才能合理地制定宏觀經濟管理的目標，正確地把握國民經濟運行的基本狀況和發展趨勢，發現問題，提出對策，做到目標可行，判斷有據，調控有度。正因如此，國民經濟統計作為宏觀經濟管理和分析

的必要手段之一受到了世界各國的高度重視，並已成為各國政府統計的一項重要內容。

二、國民經濟統計的內容體系

現代國民經濟統計不同於傳統的國民收入統計，這主要表現在其核算內容的完整性、核算結構的複雜性、核算方法的多樣性和核算理論的嚴密性。它已經遠遠不只限於計算少數幾個宏觀經濟總量指標，而是以國民經濟為整體，從數量上把握宏觀經濟運行的條件、過程和結果等情況。這就需要借助於一套有效的方法將大量豐富的核算資料結合在一個完整、統一的核算框架之中，形成完整的國民經濟核算體系。

（一）國民經濟統計的要求

為了充分發揮其作為宏觀經濟管理工具的重要職能，國民經濟統計必須遵循系統分析的原則來組織進行。具體表現為滿足以下三個方面的要求：

（1）「整體性」要求。國民經濟是一個有機整體，相應地，國民經濟統計就必須從整體上考慮問題，形成一個相對完整的核算體系。這一體系的內容應該能夠全面反應國民經濟循環的主要數量方面。

（2）「層次性」要求。國民經濟是一個多部門、多環節、多層次的有序整體，相應地，國民經濟核算就必須對其進行分門別類的研究。為此，需要充分運用各種統計分類和統計指標方法去組織大量、豐富的核算資料，形成不同層次的核算子系統。在此基礎上，構造出層次井然、組織有序的完整的國民經濟核算體系。

（3）「關聯性」要求。國民經濟是一個內部聯繫錯綜複雜的整體，相應地，國民經濟核算就必須充分考慮這些聯繫，通過具體的核算反應國民經濟各部門、各環節、各要素、各方面的數量關係。同時，還要適當地反應出國民經濟系統與社會人口、資源環境以及科技教育等系統的交叉關係和相互影響。

（二）國民經濟統計的基本原則

在以國民經濟作為整體進行核算時，必須遵循三個基本原則：

1. 統計範圍的平衡原則

統計範圍的平衡原則也稱為整體原則、一致性原則。所謂平衡原則是指：生產範圍劃在哪裡，生產成果就算到哪裡，中間消耗和最終使用也算到哪裡，原始收入與派生收入、初次分配與再分配也就在哪裡分界。這是指社會產品的生產、分配和使用是國民經濟活動的三個環節，這三個環節的活動總量應當是相等的。也就是生產多少，分配和使用也是多少，既不能多，也不能少。這種從不同環節統計的總量應該相等的原則，就是平衡原則。根據這一原則，從整個國民經濟看，做到了不重複計算，也無遺漏計算。

2. 統計對象的主體原則

國民經濟的一切活動總是在一定的空間範圍內，由一定的生產經營者進行的。因此在統計生產總量、分配總量和使用總量時，就應該將空間範圍和生產經營者有機地結合起來，形成一個統計的主體，這樣的主體就是「常住單位」。

這個原則的提出是為了克服「國土原則」和「國民原則」的不足。所謂「國土原則」，指以本國（或本地區）領土作為國民經濟活動的統計主體。凡是在本國（或本地區）領土範圍內的經濟活動成果，不論是本國（或本地區）人員從事的，還是外國（或外地區）人員從事的，一律

都由本國(或本地區)統計。所謂「國民原則」,指以本國國民或本地區常住居民作為國民經濟活動的統計主體。按照國民原則,凡是本國(或本地區)的常住居民從事的經濟活動,不論發生在本國(或本地區),還是發生在外國(或外地區),其成果由本國(或本地區)統計。

如果只按空間範圍即國土原則統計,會漏掉很多具有流動性的活動,例如一國生產單位在國際水域或空間從事的生產活動;又會增加一些與本國無關的活動,例如外國駐中國的領使館的活動。如果按國籍,即按國民原則統計,有些活動就分不清其「國籍」所屬,例如各種外商投資企業,其投資者的國籍往往與其長期從事經濟活動的國家不一致,而其國籍所在國不可能也沒有必要去統計這部分活動。

常住單位是指在一國經濟領土上具有經濟利益中心的單位。「一國經濟領土」是指該國政府擁有並能控制的領土;「經濟利益中心」指時間超過1年,有一定的活動場所,從事一定規模的經濟活動。因此,常住單位相當於領土範圍加上該國駐外國的領使館、科研機構、援助機構、新聞機構等,減去外國駐本國的領使館、科研機構、援助機構、新聞機構等。國內生產總值是常住單位生產的,進出口是常住單位與非常住單位之間的商品買賣,例如外國旅遊者在中國消費商品,應算作中國的出口。

3. 統計時間的權責發生制原則

統計時間的權責發生制原則是指國民經濟一切經濟活動時間,以權利和責任發生為準,而不是以經濟活動的收支實現為準。按照這個原則,物質產品按制成的時間進行統計,而不論是否銷售,是否收到貨款;服務按提供的時間統計;收入支出項目按所有權的獲得或義務發生時間進行統計。

(三) 國民經濟統計的內容

根據以上原則和要求,國民經濟統計應該以社會再生產各環節為主線,分別組織再生產條件的核算、產品生產過程的核算、商品流通過程的核算、價值分配過程的核算以及產品使用過程的核算等。它既要反應國民經濟的總量狀況,也要反應其內部聯繫;既要反應一國的經濟活動,也要反應對外的經濟往來;既要反應一定時期內各種經濟流量的流向和水準,也要反應期初和期末相應經濟存量的規模與成因。從經濟分析的角度,將國民經濟統計各方面的內容歸納起來,有五個主要領域的核算顯得尤其突出,它們構成了國民經濟核算體系的基本內容,通常稱之為「國民經濟五大核算」這具體是指:

(1) 國內生產與國民收入核算。它圍繞著國內生產總值、國民生產總值、國民可支配收入、總消費和總投資等關鍵性的宏觀經濟指標,組織社會再生產全過程的總量核算。

(2) 投入產出核算。它圍繞著國民經濟各部門在生產過程中相互提供產品、相互消耗產品的技術經濟聯繫,考察客觀存在的國民經濟內部結構和比例關係,借以把握投入與產出之間的數量依存規律。

(3) 資金流量核算。它圍繞著社會資金在國民經濟各部門之間以及國際間的流動情況,研究國民經濟總體和各部門的收支關係和收入水準、儲蓄與投資的關係、資金餘缺狀況及其調節過程。資金流量核算和投入產出核算都屬於部門間的流量核算,它們是對國民經濟總量核算的重要補充。

(4) 國際收支核算。它全面考察一國的所有對外經濟往來,反應其國際收支的規模、結構和平衡狀況,以及國際收支狀況對整個國民經濟運行和國際經濟地位的影響,也是國民經

濟統計的一個重要方面。

（5）資產負債核算。與上述各種流量核算不同，這是針對國民經濟總體及其各部門的實物資產、金融資產、金融負債以及國民財富存量來組織的核算，或者說，是關於社會再生產的財力和物力條件的核算。資產負債核算同人口、勞動力統計結合起來，就可以全面反應出再生產的人力、財力、物力資源的規模、結構、分佈和開發利用等重要情況。

除了五大核算之外，國民經濟統計的內容還包括財政信貸收支平衡統計、主要商品來源與使用平衡統計、國民經濟價格統計等，這些內容有機地結合起來，就組成相對完備的國民經濟核算體系。

三、世界上兩大核算體系

國民經濟核算是近幾十年來隨著國家經濟管理職能的加強而逐步發展起來的。它是在社會生產總量指標統計的基礎上，發展成為了以總量指標為核心的社會再生產全過程的核算。由於各國經濟運行機制和管理體制不同，因而形成了兩種不同的核算體系。

（一）物質產品平衡表體系

物質產品平衡表體系（The System of Material Product Balances，簡稱 MPS）起源於蘇聯。為適應國家對國民經濟實行高度集中的計劃管理的需要，蘇聯中央統計局從 20 世紀 20 年代開始編製國民經濟平衡表，反應社會總產品（物質產品）的生產和分配使用的平衡關係，到 30 年代初逐步形成了一套平衡表體系，50 年代末已基本定型，以後逐漸為東歐各國、古巴、蒙古等國所採用，一般稱為東方體系。物質產品平衡表體系是以物質產品的生產、分配、交換和使用為主線，側重反應物質產品再生產過程的主要方面。核算範圍主要包括農業、工業、建築業、貨物運輸業及郵電業、商業等物質生產部門。核算方法主要採用平衡表法，由一系列平衡表所組成。物質產品平衡表體系的主要總量指標有社會總產品（社會總產值）、物質消耗和國民收入等。近年來，俄羅斯和東歐各國為適應向市場經濟過渡，已放棄繼續使用物質產品平衡表體系。

（二）國民帳戶體系

國民帳戶體系（System of National Accounts，簡稱 SNA）是適用於市場經濟條件下的國民經濟核算體系，首創於英國，繼而在經濟發達國家推行，現已為世界上絕大多數國家和地區所採用，由於最早是由西方國家使用，也稱為西方體系。國民帳戶體系以全面生產的概念為基礎，把整個國民經濟的各行各業都納入核算範圍，將社會產品分為貨物和服務兩種表現形態，完整地反應全社會生產活動成果及其分配和使用的過程，並注重社會再生產過程中的投入產出核算、資金流量核算和資產負債核算。SNA 的核算方法是運用復式記帳法的原理，建立一系列宏觀經濟循環帳戶和核算表式，組成結構嚴謹、邏輯嚴密的體系。SNA 的主要總量指標有總產出、國內生產總值、國民生產總值等。

（三）兩大核算體系的比較

MPS 和 SNA 都是適應國家宏觀經濟管理需要而建立和發展起來的國民經濟核算標準，但它們是不同的經濟體制和經濟運行機制下的產物。MPS 是與蘇聯和東歐等國高度集中的計劃經濟體制相適應的，SNA 則與市場經濟條件下的國家宏觀管理要求相適應。因此，兩種核算體系在核算的範圍、內容和方法上都存在較大的區別，主要表現在：

（1）在核算範圍上，MPS 主要限於物質產品的核算，把非物質生產性質的服務活動排除

在生產領域之外,把這些服務活動的收入視為物質生產部門創造的國民收入再分配的結果,即 MPS 採用了限制性生產概念。因而,這種核算體系影響國民經濟總量核算的完整性和再生產各環節核算的協調一致。SNA 把國民經濟各部門的經濟活動都納入核算範圍之內,即採用了全面生產概念,或叫綜合性生產的概念。SNA 能完整反應全社會生產活動的成果及其分配和使用的過程,它將社會產品分為貨物和服務兩種形態,但不區分物質生產領域和非物質生產領域。實行 SNA 的國家通常採用三次產業分類。

(2) 在核算內容上,MPS 實質上是一種實物核算體系,主要描述社會再生產實物運動,對資金運動缺乏完整而系統的反應。SNA 也是著重於國民收入的生產及其分配與使用的,但新 SNA 增加了有關收入支出以及資金的流量和存量方面的核算內容,並與其他部分核算結合起來,全面反應了國民經濟的運行過程,這是新 SNA 一個顯著特點。在反應人力、財力、物力方面,MPS 中的勞動力平衡表、綜合財政平衡表、生產資料供求平衡表和消費品供求表等對於社會主義國家研究財政、信貸、物資平衡及人口、勞動力再生產都有重要作用,這些內容為新 SNA 所不具有。

(3) 在核算方法上,MPS 採用橫向或縱向平衡法,設置一系列平衡表,比較簡便和直觀,但平衡表之間缺乏有機的聯繫,整個結構不夠嚴密。SNA 採用復式記帳法,應用帳戶、矩陣等核算形式,把社會再生產不同階段、不同側面的經濟流量以及期初、期末存量聯繫起來,組成了結構嚴謹、邏輯嚴密的體系。

✡ 知識連結

> 中國 20 世紀 50 年代學習蘇聯編製平衡表的經驗,採用了 MPS 核算體系,著重反應物質產品的運動,是與過去高度集中的計劃管理體制相適應。改革開放以後,中國逐步建立的「中國國民經濟核算體系」,在生產範圍的界定、核算內容的確定上,都很接近 SNA 核算體系,這是與中國今天建立的社會主義市場經濟相適應的。

任務三　國民經濟核算體系的主要指標

國民經濟核算體系中的指標,是按照社會再生產過程來設置的,包括社會生產、分配、交換和使用等流量指標,以及資產負債等存量指標。這些指標分佈在有關的社會再生產核算表和各經濟循環帳戶中。下面分別介紹中國新核算體系中的幾個主要指標:

一、總產出、中間投入和增加值

(一) 總產出

1. 總產出的概念

總產出是指核算期內常住單位全部生產活動的總成果,包括本期生產的已出售和可供出售的物質產品和服務、在建工程以及自產自用消費品和自製固定資產的價值。總產出是新

核算體系中反應社會總產品價值量的指標。

在掌握總產出的概念時，必須先明確生產活動的涵義。新核算體系定義的生產活動包括貨物生產和服務生產，即不僅包括物質生產部門的生產活動，而且包括非物質生產部門的生產活動。貨物生產的基本特點是：具有一定的實物形態，可以用實物量單位進行計量，生產過程從製作到使用可以分階段獨立進行，並可以在不同單位之間進行移動，如汽車、糧食的生產是屬於貨物生產。服務生產的基本特點是：成果不具有實物形態，提供服務與使用服務一般在同一時間內完成。

總產出的價值形態既包括勞動者新創造的價值，又包括生產物質產品和服務的轉移價值，即 $C + V + M$。其中 C 是轉移價值，$V + M$ 是新創造的價值，V 是勞動者為自己創造的價值，M 是勞動者為社會創造的價值。在明確了上述生產活動的基礎上，就可理解總產出是反應國民經濟各個部門在一定時期內生產的物質產品和服務價值的總量，它反應國民經濟各部門生產活動的總規模。

2. 總產出的計算
(1) 一般公式：

總產出 = 中間投入 + 增加值 　　　　　　　　　　　　　　　　　　　　(10.1)

(2) 國民經濟各部門根據本部門的特點有具體的計算公式：

農業總產出 = $\sum$(農產品產量 × 單位產品價格) = 農業總產值

工業總產出 = 工業中間投入 + 工業增加值 = 工業總產值

居民服務業總產出 = 營業收入

金融業總產出 = 各項利息收入 + 手續費收入 + 信託業務收入 + 融資租賃業務收入 + 外匯業務收入 + 投資分紅收入 − 各項利息支出

(3) 從對生產的定義引出的公式：

總產出 = 物質生產部門總產出 + 非物質生產部門總產出

上式中，總產出是全社會的總產出，也就是整個國民經濟的總產出，其中物質生產部門總產出等於物質生產部門的社會總產值。

(二) 中間投入

中間投入是指在生產經營過程中消耗或轉換的物質產品和服務價值。中間投入也稱為中間消耗、中間使用和中間產品。計入中間投入必須具備兩個條件：一是與總產出相對應的生產過程所消耗或轉換的物質產品和服務；二是本期消耗的不屬於固定資產的非耐用品。

中間投入分為物質產品投入和服務投入。物質產品投入指生產過程中消耗或轉換的物質產品，包括貨物和物質性服務(貨運、郵電通信、商業和飲食服務業等)的消耗，但不包括固定資產的損耗。服務投入指在生產過程中消耗的除物質性服務以外的各種服務，包括金融保險、文化教育、科學研究、醫療衛生、行政管理等。由公式 10.1 可以得到：

中間投入 = 總產出 − 增加值 　　　　　　　　　　　　　　　　　　　　(10.2)

或：中間投入 = 物質產品投入 + 服務投入

中間消耗 = 中間物質產品消耗 + 中間服務消耗

（三）增加值

增加值是指總產出的價值扣除中間投入價值後的餘額，反應生產單位或部門生產活動的最終成果，也是本單位或部門對國內生產總值的貢獻。增加值由固定資產損耗、勞動者報酬、生產稅淨額、營業盈餘四個項目構成。各部門增加值之和就是國內生產總值。增加值計算的一般公式為：

增加值 = 總產出 － 中間投入 　　　　　　　　　　　　　　　　　　　　（10.3）

二、國內生產總值和國民生產總值

（一）國內生產總值

1. 國內生產總值的概念

國內生產總值（Gross Domestic Product，簡稱 GDP），是指一國所有常住單位在核算期內生產活動的最終成果。從生產角度來看，它等於各部門增加值之和；從收入角度看，它等於固定資產折舊、勞動者報酬、生產稅淨額和營業盈餘之和；從支出角度看，它等於總消費、總投資和淨出口之和。三個角度揭示了國內生產總值的三種計算方法。

2. 國內生產總值指標的作用

計算國內生產總值指標的作用，主要表現在：它能綜合國民經濟活動的最終成果；是衡量國民經濟發展規模、速度的基本指標；是分析經濟結構和宏觀經濟效益的基礎數據；有利於分析研究社會最終產品的生產、分配和最終使用情況；有利於進行國際間的經濟對比。

3. 國內生產總值的計算方法

國內生產總值有三種計算方法，即生產法、收入法和支出法。

（1）生產法，又稱部門法或增加值法。生產法是從生產的角度計算國內生產總值。其計算公式為：

國內生產總值 = 國民經濟各部門增加值之和

增加值 = 總產出 － 中間消耗 　　　　　　　　　　　　　　　　　　　　（10.4）

（2）收入法，又稱分配法或成本法。收入法是從分配或收入的角度來計算國內生產總值。按這種方法計算，首先是各個部門根據生產要素在初次分配中應得到的收入份額來計算增加值，然後再加總各部門的增加值而得到國內生產總值。增加值的計算公式為：

增加值 = 固定資產折舊 + 勞動者報酬 + 生產稅淨額 + 營業盈餘 　　　　　（10.5）

式中的營業盈餘是營業利潤與其他盈餘。

（3）支出法，又稱最終產品法或使用法。支出法是從最終使用的角度來計算國內生產總值。一定時期的國內生產總值在本期內的最終使用具體包括總消費、總投資和淨出口三部分。計算公式為：

國內生產總值 = 總消費 + 總投資 + 淨出口 　　　　　　　　　　　　　　（10.6）

式中的淨出口為貨物和服務出口價值減去其進口價值的差額。

以上三種方法計算出的國內生產總值，從理論上講應當相等，稱為「三面等值」。但是由於資料來源不同，實際上三種結果往往會出現差異，在統計實務中一般是以生產方為主，調整使用方，這個差異屬於統計誤差。

【例10.1】某市 2017 年國內生產總值計算及使用如表 10 － 2 所示。

表 10－2　　　　　　　　某市 2017 年國內生產總值表　　　　　單位：億元

生產		使用	
一、總產出	23,400	一、總支出	23,400
二、中間投入	12,895	二、中間使用	12,895
1. 貨物投入	10,460	1. 貨物部門使用	10,338
2. 服務投入	2,435	2. 服務部門使用	2,557
三、國內生產總值	10,505	三、最終使用	10,505
1. 固定資產折舊	1,820	1. 最終消費	5,164
2. 勞動者報酬	5,105	（1）居民消費	3,932
3. 生產稅淨額	6,96	（2）社會消費	1,232
4. 營業盈餘	2,884	2. 資本形成總額	5,020
		（1）固定資本形成	4,112
		（2）存貨增加	908
		3. 出口	2,269
		4. 進口	1,946
		5. 統計誤差	－2

試根據表中資料，用三種方法計算該市當年的國內生產總值。

解：① 生產法

國內生產總值 ＝ 總產出 － 中間投入

　　　　　　　＝ 23,400 － 12,895 ＝ 10,505（億元）

② 收入法

國內生產總值 ＝ 固定資產折舊 ＋ 勞動者報酬 ＋ 生產稅淨額 ＋ 營業盈餘

　　　　　　　＝ 1,820 ＋ 5,105 ＋ 696 ＋ 2,884 ＝ 10,505（億元）

③ 支出法

國內生產總值 ＝ 總消費 ＋ 總投資 ＋ 淨出口

　　　　　　　＝ 最終消費 ＋ 資本形成總額 ＋（出口 － 進口）

　　　　　　　＝ 5,164 ＋ 5,020 ＋（2,269 － 1,946）

　　　　　　　＝ 10,507（億元）

應以生產方為主，調整使用方，調整後應「三面等值」。即：

國內生產總值 ＝ 10,507 － 2 ＝ 10,505（億元）

☆知識連結

　　2007 年 GDP 世界排名：第一，美國 138,438.25 億美元，占全球 25.49%；第二，日本 43,837.62 億美元，占全球 8.07%；第三，德國 33,221.47 億美元，占全球 6.12%；第四，中國 32,508.27 億美元，占全球 5.99%。（歐盟為 168,301.00 億美元，占全球 30.99%。）

　　2007 年中國人均 GDP 世界排名第 104，為 2,460 美元。排名前三的為：盧森堡 102,284 美元，挪威 79,154 美元、卡塔爾 70,754 美元。

　　2012 年中國全年國內生產總值已經達到 76,058.62 億美元，比 2007 年增長 133.9%，成為僅次於美國的世界第二大經濟體。

(二) 國民生產總值

1. 國民生產總值的概念

它是指一定時期內,國內生產總值與來自國外的要素淨收入之和。來自國外的要素淨收入,就是本國從國外(非常住單位)獲得的勞動報酬和財產收入(如利息、紅利、租金等),減去國外(非常住單位)從本國獲得的勞動報酬和財產收入的淨額。國民生產總值簡寫成 GNP。

國民生產總值反應了本國常住單位原始收入的總和,因此,國民生產總值不是一個生產概念,而是一個收入概念。在聯合國新修訂的 SNA 核算體系中,已將國民生產總值改稱為國民總收入(GNI)。

2. 國民生產總值的計算方法

國民生產總值可以通過其與國內生產總值的關係來計算,具體公式如下:

國民生產總值 = 國內生產總值 + 來自國外的勞動者報酬和財產收入 − 國外從本國獲得的勞動者報酬和財產收入

或:　　　　　 = 國內生產總值 + 國外要素收入淨額　　　　　　　　　(10.7)

國外要素收入淨額 = 來自國外的勞動者報酬和財產收入 − 國外從本國獲得的勞動者報酬和財產收入

或:　　　　　 = 來自國外的勞動者報酬淨額 + 來自國外的財產收入淨額

式中,來自國外的勞動者報酬淨額指常住居民從非常住單位獲得的勞動者報酬與非常住居民從常住居民單位獲得的勞動者報酬相抵後的差額,來自國外的財產收入淨額是指常住單位從非常住單位獲得的財產收入與非常住單位從常住單位獲得的財產收入相抵後的差額。

三、國內生產淨值和國民生產淨值

國內生產淨值和國民生產淨值是通過國內生產總值與國民生產總值來計算的。其具體公式為:

國內生產淨值(NDP) = 國內生產總值 − 固定資產折舊　　　　　　　　(10.8)

國民生產淨值(NNP) = 國民生產總值 − 固定資產折舊　　　　　　　　(10.9)

國內生產淨值反應一定時期內全社會新創造的價值;國民生產淨值反應一定時期內本國獲得的原始淨收入。在聯合國新修訂的 SNA 中,將國民生產淨值改稱為國民淨收入(NNI)。

四、國民可支配總收入和國民可支配淨收入

國民可支配總收入是指本國在一定時期內獲得的原始收入基礎上,經過與國外的經常轉移收支後最終用於消費和投資的收入。

經常轉移包括國外的經常轉移和國內部門之間的經常轉移。國外的經常轉移如與國際組織間的往來、無償援助和捐贈、僑匯以及向外徵收或交納的收入稅等。國內部門之間的經常轉移包括以現金和實物方式互相轉移收入,如社會保險、社會補助等。這種轉移在匯總國內各部門資料時將被相互抵消,所以,國民可支配總收入只包括與國外的經常轉移。

國民可支配收入可按總額計算,也可按淨額計算。其計算公式如下:

國民可支配總收入 ＝ 國民生產總值(國民總收入) ＋ 來自國外的經常轉移淨額

(10.10)

國民可支配淨收入 ＝ 國民生產淨值(國民淨收入) ＋ 來自國外的經常轉移淨額

(10.11)

來自國外的經常轉移淨額 ＝ 來自國外的經常轉移 － 支付國外的經常轉移　(10.12)

五、固定資產折舊、勞動者報酬、生產稅淨額和營業盈餘

(一) 固定資產折舊

固定資產折舊是指核算期內,生產中因使用固定資產而磨損的價值。按 SNA 的核算要求,應按固定資產重估價的價值和使用年限計算。在統計實務中,應該是使用固定資產損耗,中國限於條件,一般都以固定資產折舊代替。固定資產損耗是社會最終產品價值的組成部分,不是中間投入。

(二) 勞動者報酬

勞動者報酬指勞動者從事生產活動而從生產單位得到的各種形式的報酬。它包括企業、事業單位以工資、福利及其他形式從成本、費用或利潤中支付給勞動者個人的報酬。個體勞動者和其他勞動者通過生產經營活動所獲得的貨幣純收入也屬於勞動者報酬。

(三) 生產稅淨額

生產稅淨額指各部門向政府繳納的生產稅與政府向各部門支付的生產補貼相抵後的差額。生產稅是政府向各部門徵收的有關生產、銷售、購買、使用貨物和服務的稅金,包括各種利前稅。生產補貼是政府為控制價格又要扶持生產而支付給生產部門的補貼,包括價格補貼和虧損補貼。

(四) 營業盈餘

營業盈餘是從總產出中扣除中間投入、固定資產折舊、勞動者報酬、生產稅淨額後的餘額。營業盈餘實質上是企業、事業單位所創造的增加值在除去對固定資產損耗進行價值補償、對勞動者進行分配、上繳國家生產稅和經費以後的所餘份額。

六、總投資和總消費

(一) 總投資

總投資又稱為資本形成,是指常住單位在核算期內,固定資產投資和庫存增加價值的總和。它反應本期最終產品中用於擴大再生產所增加固定資產的價值和增加存貨的價值,屬於累積的範疇。總投資的計算公式為:

總投資 ＝ 固定資產投資 ＋ 庫存增加　(10.13)

固定資產投資是各單位在核算期內用於購置和建造固定資產的投資。它包括各種房屋、建築物的建造和購置,機器設備、工具、器具的購買和安裝及其他費用。庫存增加是各單位在核算期內增加的各種存貨的價值。其計算公式為:

庫存增加價值 ＝ 期末庫存價值 － 期初庫存價值　(10.14)

若差額為正數,表示庫存增加;若差額為負數,表示庫存減少。

（二）總消費

總消費是指常住單位在一定時期內用於最終消費的產品（含服務）的價值，也就是最終消費支出。總消費也稱為最終消費，分為居民消費和社會消費兩部分。其計算公式為：

總消費 = 居民消費 + 社會消費　　　　　　　　　　　　　　　　　　（10.15）

居民消費是常住居民在核算期內為個人最終消費需求而購買的物質產品和服務的全部支出。它包括商品性消費、自給性消費、生產服務性消費、住房及水電氣消費、醫療保健費、教育費、對所獲實物性報酬的消費等。社會消費包括政府消費支出和集體消費支出。政府消費支出指政府部門對物質產品和服務的最終消費支出；集體消費支出指行政、事業、企業單位和農村集體對物質產品和服務的最終消費支出。

七、總儲蓄和淨儲蓄

（一）總儲蓄

總儲蓄是指國民可支配總收入減去總消費後的餘額，是各機構部門的現期收入與現期支出的差額。它具體表現為城鄉居民收入再消費後的結餘及企業與行政事業單位分配後的所得。總儲蓄分為淨儲蓄和固定資產損耗，後者是用於補償資產損耗的，前者在企業可理解為經營盈餘。總儲蓄的計算公式為：

總儲蓄 = 國民可支配總收入 − 總消費　　　　　　　　　　　　　　　（10.16）

總儲蓄 = 淨儲蓄 + 固定資產損耗　　　　　　　　　　　　　　　　　（10.17）

（二）淨儲蓄

淨儲蓄是指國民可支配淨收入減去總消費後的餘額或總儲蓄扣除固定資產損耗後的餘額。其計算公式為：

淨儲蓄 = 國民可支配淨收入 − 總消費　　　　　　　　　　　　　　　（10.18）

淨儲蓄 = 總儲蓄 − 固定資產損耗　　　　　　　　　　　　　　　　　（10.19）

☆ 知識連結

GNP 比 GDP 更能反應地區競爭實力

　　國內生產總值與國民生產總值之間的主要區別在於，GDP 強調的是創造的增加值，它是「生產」的概念，GNP 則強調的是獲得的原始收入。一般而言，各國的國民生產總值與國內生產總值兩者相差數額不大，但如果某國在國外有大量投資和大批勞工的話，則該國的國民生產總值往往會大於國內生產總值。

　　以 GDP 或者 GNP 作為經濟政策的主要追求目標，在一定的 GDP 水準下，會導致本國人民的富裕程度不同。如果強調 GDP，就會出現諸如四川民工在深圳打工，把 GDP 留在了深圳，把利潤帶回了四川；在深圳設廠的企業，也把 GDP 留在了深圳，把利潤帶回了本國或者本地區。如果強調 GNP 則意味著本國企業公民在國內或國外實實在在地給自己掙了錢。這一方面的典型案例是新蘇南模式和溫州模式的比較。據《第一財經日報》報導，2004 年隨著蘇州經濟一路高歌，GDP 總量首超深圳，新蘇南模式似乎達到了中國經濟發展樣板的制高點。但這些掩蓋不了新蘇南模式的缺陷，被比喻為「只長骨頭不長肉」，GDP 上去了，政府的財政收入上去了，可老百姓的口袋仍鼓不起來，利潤的大頭被外企拿走，本地人拿的只是一點打工錢。2004 年蘇州的 GDP 是溫州的兩倍，但蘇州老百姓的人均收入幾乎只及溫州的一半。看來，更能反應一個國家、一個地區競爭實力的是 GNP，而不是 GDP。

本章小結

（1）國民經濟是一個複雜的有機整體。從國民經濟的主體看，它包括許許多多的企業、事業、行政單位；從國民經濟客體看，它包括各種各樣的經濟活動。

國民經濟分類是國民經濟核算的前提。包括國民經濟部門分類和國民經濟活動及成果分類。國民經濟部門分類是國民經濟的主體分類，又分為產業部門和機構部門分類。在產業部門分類中按照物質與非物質部門、行業和三次產業進行分類。

（2）國民經濟核算體系是對國民經濟運行或社會再生產過程進行全面、系統的計算、測定和描述的宏觀經濟信息系統，是整個經濟信息系統的核心。它有兩層涵義：一是指為進行國民經濟核算而制定的標準和規範；二是指全面系統反應國民經濟運行的核算資料。

世界上兩大核算體系：物質產品平衡表體系（MPS）和國民帳戶體系（SNA），兩者在核算範圍上、核算內容上、核算方法上存在較大差異。當今世界絕大多數國家採用 SNA 體系。

中國新國民經濟核算體系的建立，其主要特點有：在核算範圍上，既核算物質生產，也核算各類服務生產；在核算內容上，包括了五大核算，形成完整的國民經濟核算體系；在核算方法上，廣泛吸收 SNA 的長處，建立適合中國國情的國民經濟帳戶體系，具有較強的國際對比功能。

（3）國民經濟核算體系的主要指標有總產出、中間投入和增加值；國內生產總值和國民生產總值；國內生產淨值和國民生產淨值；國民可支配總收入與國民可支配淨收入；固定資產損耗、勞動者報酬、生產稅淨額和營業盈餘；總投資和總消費；總儲蓄和淨儲蓄。

國內生產總值，是指一國所有常住單位在核算期內生產活動的最終成果。從生產角度來看，它等於各部門增加值之和；從收入角度看，它等於固定資產折舊、勞動者報酬、生產稅淨額和營業盈餘之和；從支出角度看，它等於總消費、總投資和淨出口之和。三個角度揭示了國內生產總值的三種計算方法。

問題思考

1. 什麼是國民經濟分類？有何意義？
2. 簡述各種產業部門分類的關係。
3. 談談你對世界上兩大核算體系的認識，它們的差別有哪些？
4. 中國新國民經濟核算體系的主要特點是什麼？
5. 什麼是國內生產總值？它的計算方法有哪幾種？

項目十　SPSS 應用與統計分析

本章教學要點概覽

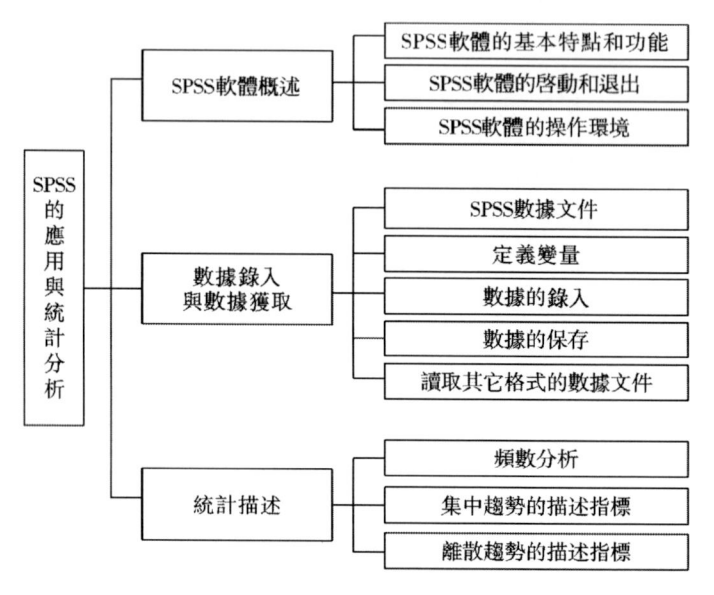

```
                          ┌─ SPSS軟體的基本特點和功能
               SPSS軟體概述 ─┼─ SPSS軟體的啓動和退出
                          └─ SPSS軟體的操作環境

                                ┌─ SPSS數據文件
SPSS                            ├─ 定義變量
的                   數據錄入    ├─ 數據的錄入
應用         ─────  與數據獲取 ─┼─ 數據的保存
與                              └─ 讀取其它格式的數據文件
統計
分析
                          ┌─ 頻數分析
               統計描述 ──┼─ 集中趨勢的描述指標
                          └─ 離散趨勢的描述指標
```

【情境導入】

中國是一個農業大國,全國有近 6 億農村人口,占全國總人口數的 41.48%,農村消費能力的提升直接關係到國民經濟的全局。收入是影響農村居民消費的主要因素,隨著經濟的發展,農民收入水準和消費水準的結構發生著很大的改變。可借助 SPSS 統計分析軟體結合前面已經學習過的統計分析方法,對近幾年中國農村居民人均收入和人均消費支出的關係進行分析。

表 1　　　　　　　　　農村居民人均收支情況　　　　　　　　單位:元

指標	2013 年	2014 年	2015 年	2016 年
可支配收入	9,429.6	10,488.9	11,421.7	12,363.4
現金可支配收入	8,747.1	9,698.2	10,577.8	11,600.6

表1(續)

指標	2013 年	2014 年	2015 年	2016 年
1. 工資性收入	3,639.7	4,137.5	4,583.9	5,000.8
2. 經營淨收入	3,378.0	3,620.1	3,861.3	4,203.9
3. 財產淨收入	194.2	224.7	251.5	272.1

表2　　　　　　　農村居民人均收支情況　　　　　　單位:元

指標	2013 年	2014 年	2015 年	2016 年
消費支出	7,485.1	8,382.6	9,222.6	10,129.8
現金消費支出	5,978.7	6,716.7	7,392.1	8,127.3
1. 食品菸酒	2,038.8	2,301.3	2,540.0	2,763.4
2. 農著	453.1	509.7	549.9	575.0
3. 居住	692.4	758.5	779.0	832.8

本章教學內容提示

　　本章是運用 SPSS 統計分析軟件對數據進行分析。教學目標是掌握 SPSS 的基本操作，並能夠運用 SPSS 軟件對變量進行頻數分析、描述性分析、相關分析等，反應變量的分佈特點及相互間的關係。

任務一　SPSS 軟件概述

　　社會科學統計軟件包(SPSS)是世界著名的統計分析軟件之一。20 世紀 60 年代末，美國斯坦福大學的三位研究生研製開發了統計分析軟件 SPSS，並於 1975 年在芝加哥成立了專門研發和經營 SPSS 軟件的 SPSS 公司。1994 年到 1998 年間，SPSS 公司陸續併購了一系列的軟件公司，並將其各自的主打產品收購於 SPSS 麾下，從而使 SPSS 由原來單一的統計分析軟件發展為一種綜合性產品，為此，SPSS 公司已將原英文名稱更改為 Statistical Product and Service Solutions，即統計產品與服務解決方案。目前，SPSS 已廣泛應用於通訊、醫療、銀行、證券、保險、製造、商業、市場研究、科研教育等多個行業和領域，成為世界上最流行、應用最廣泛的專業統計分析軟件。

　　SPSS 適合於多種操作系統，國內常用的是適用於 DOS 和 Windows 的版本。SPSS for Windows 引起界面友好、功能強大而受到越來越多使用者的喜愛。

　　本章以 SPSS 13.0 for Windows 為例，在以下的敘述中簡稱為 SPSS。

一、SPSS 軟件的基本特點和功能

SPSS 使用 Windows 的窗口方式展示各種管理和分析數據的方法,使用對話框展示出各種功能選擇項,只要掌握一定的 Windows 操作技能,並瞭解統計分析原理,而無需通曉統計分析的各種具體算法,即可得到統計分析結果,為特定的科研工作服務。

SPSS 的基本功能包括數據管理、統計分析、圖表分析、輸出管理等。SPSS 具有強大的圖形功能,不但可以得到數字結果,還可以根據數據的分析,通過各種直觀、漂亮的統計圖,形象的顯示分析結果。

SPSS 可將自身的數據保存成多種格式的數據文件,常見的格式有 SPSS 格式文件、Excel 格式文件、dbf 格式文件、文本格式文件等。另外,SPSS 能夠直接打開各種類型的數據文件,常見的格式有 SPSS 格式文件、Excel 格式文件、ASCⅡ碼數據格式文件等。

二、SPSS 軟件的啓動和退出

作為 Windows 操作系統的應用軟件產品,SPSS 安裝的基本步驟與其他常用軟件是基本相同的。

安裝成功後,只需按以下順序操作即可啓動運行 SPSS 軟件:
【開始】→【程序】→【SPSS 13.0 for Windows】
退出 SPSS 的方法與退出一般常用軟件的方法基本相同,有以下兩種常用的退出方法:
(1)【File】→【Exit】
(2)直接單擊 SPSS 窗口右上角的「關閉」按鈕
在退出 SPSS 之前,一般會提示用戶以下兩個問題:
(1)是否將 Data Editor 窗口中的數據存到磁盤上,文件擴展名為 .sav;
(2)是否將 Viewer 窗口中的分析結果存到磁盤上,文件擴展名為 .spo。
這時,用戶應根據實際情況,制定將 SPSS 數據文件或結果文件存放到選定的磁盤上,並輸入用戶名。

三、SPSS 軟件的操作環境

SPSS 軟件在運行時有多個窗口,各窗口有各自的作用。初學者需要熟悉其中兩個主要的窗口,它們是數據編輯窗口和結果輸出窗口。

1. 數據編輯窗口

啓動 SPSS 後,屏幕首先顯示的就是數據編輯窗口,如圖 10-1 所示。

數據編輯窗口在軟件啓動時自動打開,關閉數據編輯窗口意味著退出 SPSS。

數據編輯窗口的窗口標題為 SPSS Data Edoter,該窗口的主要功能是:SPSS 數據的錄入、編輯,變量屬性的定義、編輯。這些數據通常以 SPSS 數據文件的形式保存在計算機磁盤上,其文件擴展名為 .sav。

sav 文件格式是 SPSS 獨有的,一般無法通過其他常用軟件如 Word ,Excel 等打開。

數據編輯窗口由主菜單欄、工具欄、當前數據欄、數據編輯區、系統狀態顯示欄組成。

項目十　SPSS應用與統計分析

圖 10-1　SPSS 數據編輯窗口

(1) 主菜單欄

菜單項對應的功能見表 10-1。

表 10-1　　　　　　　　　　主窗口菜單及功能

菜單名	功能	註釋
File	文件操作	對 SPSS 相關文件進行基本管理(如打開、保存等)
Edit	數據編輯	對數據編輯窗口中數據進行基本編輯(如剪切、複製等)
View	窗口外觀狀態管理	對 SPSS 窗口外觀等進行設置
Data	數據的操作和管理	對數據編輯窗口中的數據進行加工整理
Transform	數據基本處理	對數據編輯窗口中的數據進行基本處理
Analyze	統計分析	對數據編輯窗口中的數據進行統計分析和建模
Graphs	製作統計圖形	對數據編輯窗口中的數據生成各種統計圖形
Utilities	實用程序	SPSS 的輔助功能
Windows	窗口管理	對 SPSS 的多個窗口進行管理
Help	幫助	實現 SPSS 的聯機幫助

(2) 工具欄

為使操作更加快捷和方便，SPSS 將主菜單欄中一些常用的功能以圖形按鈕的形式組織在工具欄中，用戶可以直接點擊工具欄上的某個按鈕完成其相應的功能。

(3) 當前數據欄

當前數據欄的左邊部分顯示了當前活動單元格對應的觀測序號和變量名，右邊部分顯示了當前活動單元格中的數據值。

(4)數據編輯區

數據編輯區也可稱為數據顯示區,是數據編輯窗口的主體部分,用以顯示和管理 SPSS 數據內容和數據結構。在數據編輯區中有兩個視圖界面,分別是 Data View(數據視圖)和 Variable View(變量視圖),變量視圖如圖 10-2 所示。通過數據編輯區最下一欄中的 Data View 標籤和 Variable View 標籤在兩個視圖界面之間進行切換。數據視圖界面用以錄入和編輯管理 SPSS 數據,變量視圖界面用以定義和編輯 SPSS 數據的結構。

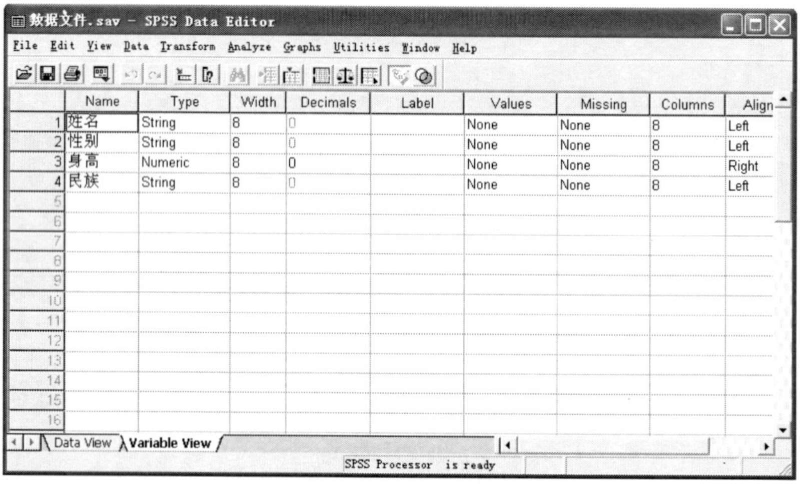

圖 10-2　變量視圖界面

(5)系統狀態顯示欄

系統狀態顯示區用來顯示系統的當前運行狀態。「SPSS processor is resdy」是系統正等待用戶操作的意思。通過 View 主菜單欄下的 Status Bar 選項可將系統狀態區設置成顯示和不顯示兩種狀態。

2. 結果輸出窗口

結果輸出窗口如圖 10-3 所示。結果輸出窗口的窗口標題為 SPSS Viewer,該窗口的主要功能是:顯示 SPSS 統計分析結果、報表及圖形。SPSS 統計分析的所有輸出結果都顯示在該窗口中,並且大多數 SPSS 統計分析結果都以表格或圖形的形式顯示出來。輸出結果通常以 SPSS 輸出文件的形式保存在計算機磁盤上,其文件擴展名為 .spo。

Spo 文件格式是 SPSS 獨有的,一般無法通過其他如 Word、Excel 等軟件打開。

結果輸出窗口的右邊部分顯示 SPSS 統計分析結果,左邊部分是導航窗口,用來顯示輸出結果的目錄,可以通過單擊目錄來展開右邊窗口的分析結果。

結果輸出窗口通常有以下兩種創建及打開方式:第一,在進行第一次統計分析時,由 SPSS 自動創建並打開;第二,在 SPSS 運行過程中由用戶手工創建或打開,所選擇的菜單為:

【File】→【New】→【Output】

【File】→【Open】→【Output】

SPSS 的數據編輯窗口是專門負責輸入和管理待分析數據的,而輸出窗口則負責接收和

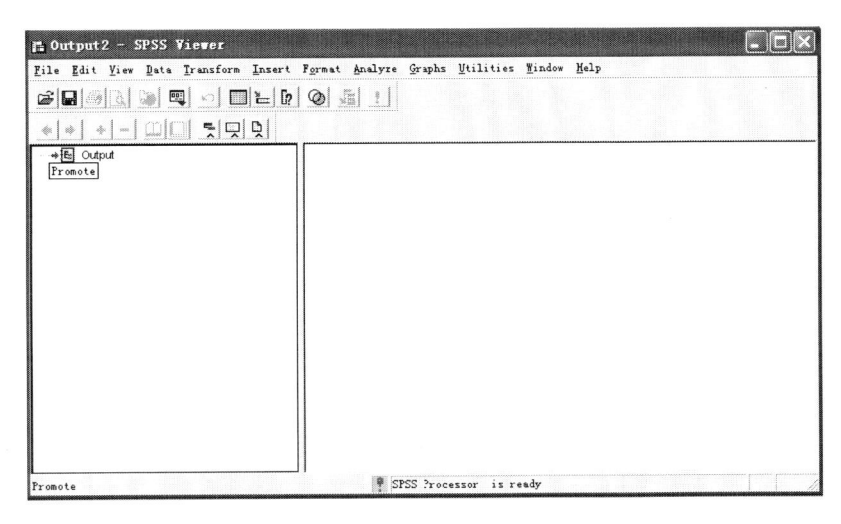

圖 10-3 SPSS 結果輸出窗口

管理統計分析結果。數據的輸入和結果的輸出是在不同窗口中進行的，這點與 Excel 等其他有統計分析功能的軟件有較大不同。

任務二 數據錄入與數據或獲取

一、SPSS 數據文件

建立 SPSS 數據文件是利用 SPSS 軟件進行數據分析的首要工作。SPSS 數據文件是一種有別於其他文件如 Word 文檔、文本文檔的有特殊性的文件，這樣特殊性主要表現在它是一種包含了結構的數據文件，即 SPSS 數據文件由數據的結構和數據的內容兩部分組成，其中數據的結構記錄了數據類型、數據長度等必要情況，數據的內容則記錄了那些待分析的具體數據。因此，SPSS 數據文件不能像一般文本文件那樣可以直接被大多數編輯軟件讀取，而只能在 SPSS 軟件中打開。

建立 SPSS 數據文件時應完成兩項任務，第一，首先在數據編輯窗口的變量視圖中描述 SPSS 數據的結構；第二，在數據編輯窗口的數據視圖中錄入並編輯 SPSS 數據的內容。

二、定義變量

SPSS 數據的結構是對 SPSS 每列變量及其相關屬性的描述。

SPSS 中的變量共有 10 個屬性，分別是變量名（Name）、變量類型（Type）、長度（Width）、小數位寬（Decimals）、變量名標籤（Label）、變量值標籤（Values）、缺失值（Missing）、列顯示寬度（Columns）、對齊方式（Align）、計量尺度（Measure）。其中，變量名和變量類型是用戶必須要定義的兩個屬性，其他的屬性可以暫時採用系統默認值。下面僅就變量名和變量類型的

定義加以說明。

1. 變量名

變量名是變量存取的唯一標誌。在 SPSS 數據編輯窗口的變量視圖中,在【Name】列下相應行的位置輸入變量名即可,輸入後的變量名將顯示在數據視圖中列標題的位置上。

SPSS 變量名有其特定的起名規則:

(1)變量名的字符個數不多於 8 個;

(2)首字符以英文字母開頭,後面可以跟除了空格及!、?、* 之外的字母或數字,且下劃線不能作為變量名的最後一個字母;

(3)變量名不區分大小寫字母;

(4)允許漢字作為變量名,漢字總數不能超過 4 個;

(5)變量名不能與 SPSS 內部具有特定含義的保留字相同,如 ALL、BY、AND、NOT、OR 等;

(6)SPPS 有默認的變量名,以字母:「VAR」開頭,後面補足 5 位數字,如 VAR0003、VAR00120 等。

為方便記憶,變量名最好與其代表的數據含義相對應。如果變量名不符合 SPSS 的起名規則,系統會自動給出錯誤提示信息。

2. 變量類型

數據類型(Type)是指每個變量取值的類型。SPSS 中有三種基本數據類型,分別為數值型、字符型和日期型。相應的類型會有系統默認的長度、小數位寬等。

(1)數值型

SPSS 中數值型有以下五種不同的表示方法:

①標準型(Numeric)

標準型是 SPSS 最常用的類型,也是默認的數據類型,默認的長度為 8 位,包括正負符號位、小數點和小數位在內,小數位寬默認為 2 位。

②逗號型(Comma)

逗號型用圓點來分隔整數部分和小數部分,整數部分從個位開始每 3 位以一個逗號相隔,且逗號型默認的長度為 8 位,小數位寬為 2,如 1,234.56。用戶在輸入逗號型數據時,可以不輸入逗號,SPSS 將自動在相應位置上添加逗號。

③圓點型(Dot)

圓點型用逗號來分隔整數部分和小數部分,整數部分從個位開始每 3 位以一個圓點相隔,且圓點型默認的長度為 8 位,小數位寬為 2,如 1.234,56。用戶在輸入圓點型數據時,可以不輸入圓點,SPSS 將自動在相應位置上添圓點。

④科學計數法型(Scientific Notation)

科學計數法型的默認長度為 8 位,包括正負符號為、字母 E 和兩位冪次數字。例如,0.0008 用科學計數法記為 8.0E−04。

⑤美元符號型(Dollar)

美元符號型主要用來表示貨幣數據,它在數據前加美元符號 $。美元符號型數據的顯示格式有很多,SPSS 會以菜單方式將其顯示出來供用戶選擇。

⑥自定義類型(Custom Currency)

自定義類型可供用戶根據需要自己定制數據的表現形式。

(2)字符型(String)

字符型變量由一個字符串組成,區分大小寫,不能參加數學運算。字符型數據在 SPSS 命令處理過程中應用一對雙引號引起來,但在輸入數據時不應輸入雙引號,否則,雙引號將會作為字符型數據的一部分。

(3)日期型(Data)

日期型數據用來表示日期或者時間。日期型的顯示格式有很多種,SPSS 將以菜單的方式列出來供用戶選擇。

三、SPSS 數據的錄入

SPSS 數據的結構定義好後就可以將具體的數據輸入到 SPSS 以最終形成 SPSS 數據文件。單擊 Data View 標籤,進入數據編輯窗口的數據視圖界面,準備進行 SPSS 數據的錄入操作。

數據編輯窗口中黑框框住的單元為當前數據單元,它是當前正在錄入或者修改數據的單元。錄入數據時應首先確定當前數據單元,即將鼠標指到某個數據單元上,然後單擊鼠標左鍵。

數據的錄入可以以個案為單位進行錄入,即橫向錄入;也可以以變量為單位進行錄入,即縱向錄入。錄入完一個數據之後按 Tab 鍵,使當前單元右邊一個單元成為活動單元,這樣就實現了橫向錄入;錄入完一個數據之後按 Tab 鍵,則當前單元下方的單元成為活動單元格,從而可以實現縱向錄入。

在 SPSS 數據中,每一行代表一個個案(Case)、一個觀測、一個個體、一個樣品,一個事件,例如,在進行問卷調查時,問卷上的每一個人就是一個個案;每一列代表一個變量,如問卷上的每一項、沒一個問題就是一個變量。

四、SPSS 數據的保存

SPSS 數據整理好後,需要將數據編輯窗口中的數據以文件的形式保存到磁盤中。

SPSS 數據文件保存的操作步驟如下:

(1)選擇菜單:

【File】→【Save】 或 【File】→【Save as】

於是彈出如圖 10-4 所示的窗口。

(2)給出盤符、路徑、文件名,並根據需要選擇數據文件的格式。

在圖 10-3 所示的窗口中:

Variables 按鈕的作用是允許用戶指定保存哪些變量,不保存哪些變量,如圖 10-4 所示窗口。變量名前畫叉的變量將被保存到磁盤中。

數據文件的格式通過「保存類型」後的下拉框選擇。

如將數據保存為 Excel 文件格式,【Write variables names to spreadsheet】選項呈可選狀態,它的作用在於指定是否將 SPSS 變量名寫到 Excel 工作表的第一行上。

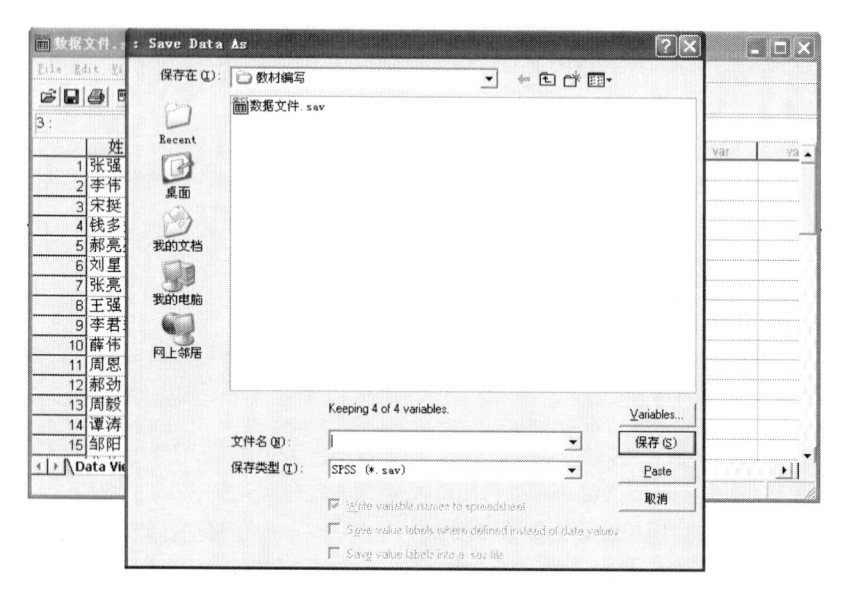

圖 10-4　數據保存窗口

五、讀取其他格式的數據文件

SPSS 可以讀取和調用多種不同格式的數據文件，這裡僅就 SPSS 對 Excel 文件的讀取方法進行介紹。操作如下：

(1)選擇菜單：【File】→【Open】→【Data】

出現「Open file」對話框，如圖 10-5 所示窗口，並在文件類型下拉列表中選擇「Excel (＊.xls)」。

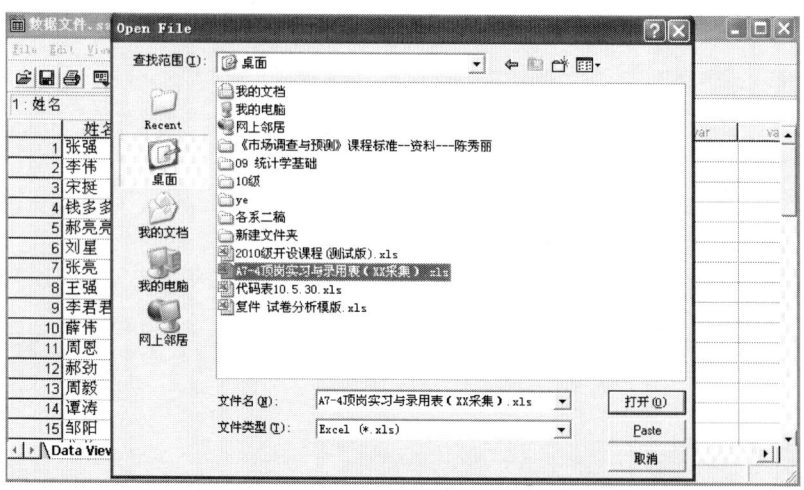

圖 10-5　「Open file」對話框

208

(2)選擇要打開的 Excel 文件,單擊「打開」按鈕,出現如圖 10-6 所示的窗口。

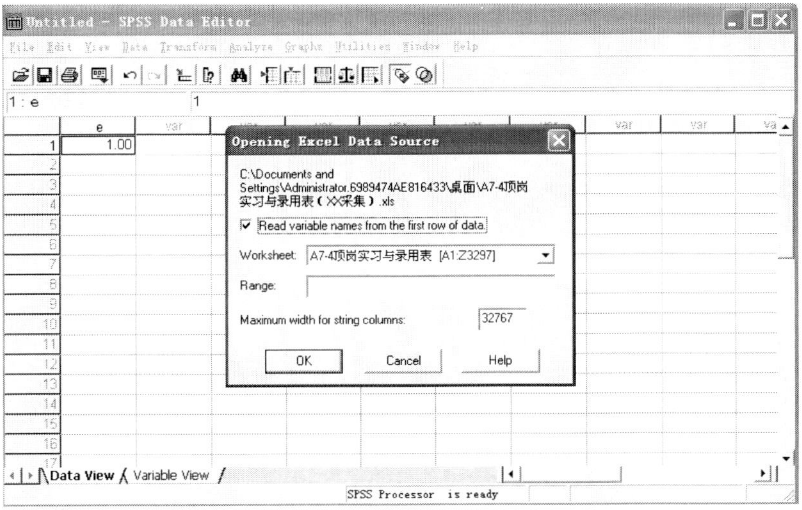

圖 10-6 「Open Excel Data Source」對話框

若選中「Read variable name from the first row of data」復選框,表示將 Excel 數據表中第一行的有效字符作為 SPSS 變量名;

「Worksheet」下拉表的作用是選擇被讀取數據所在的 Excel 工作表;

「Range」輸入框用於限制被讀取數據在 Excel 工作表中的位置。

任務三 統計描述

一、頻數分析

對數據的分析通常是從基本統計分析入手的,而基本統計分析往往是從頻數分析開始的。

頻數分析的第一個基本任務是編製頻數分佈表;

頻數分析的第二個基本任務是繪製統計圖。統計圖是一種最為直接的數據刻畫方式。

SPSS 頻數分析的基本操作步驟如下:

(1)選擇菜單:【Analyze】→【Descriptive Statistics】→【Frequencies】

出現如圖 10-7 所示的窗口。

(2)選擇待分析的變量到【Variable(s)】框中。這裡選擇身高。

(3)選擇 Display frequency tables 項,SPSS 將編製頻數分佈表,否則,將不顯示頻數分佈表。

(4)按 Charts 按鈕,出現如圖 10-8 所示的窗口,選擇所需統計圖形。

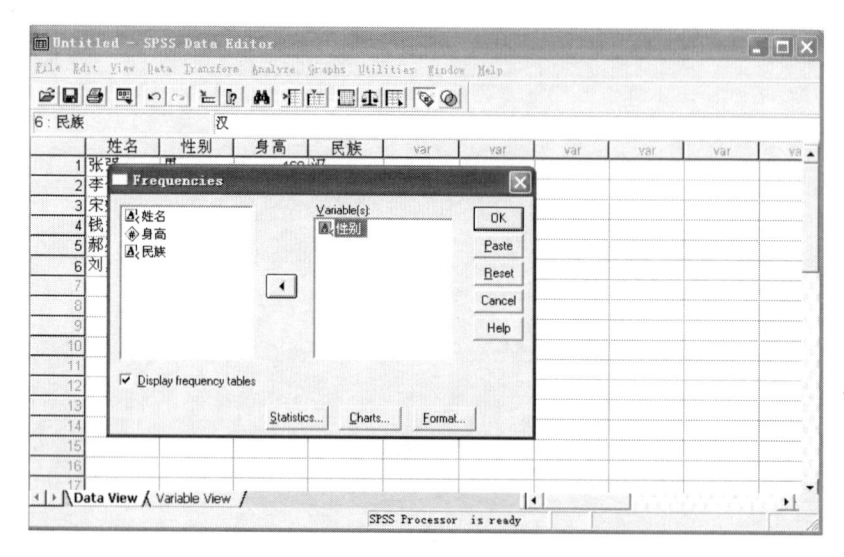

圖 10-7　頻數分析窗口

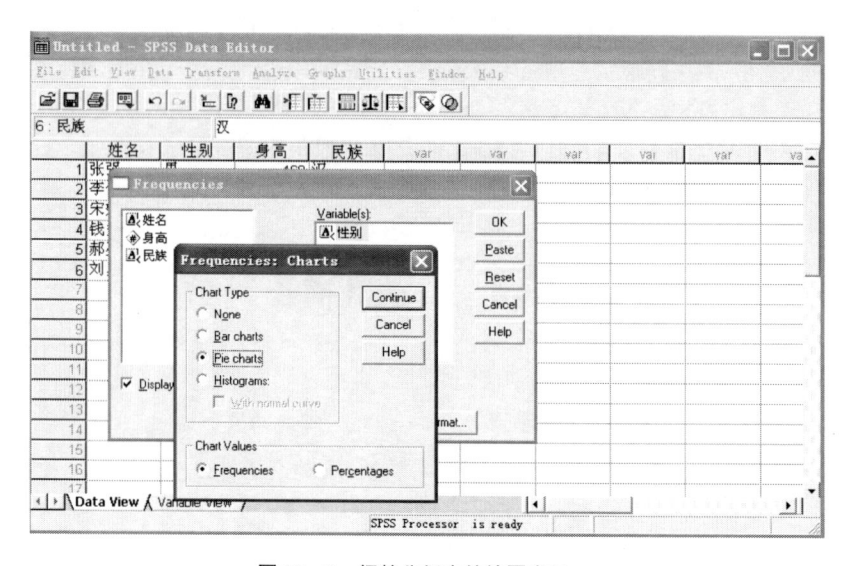

圖 10-8　頻數分析中的繪圖窗口

（5）按 Format 按鈕，出現如圖 10-9 所示的窗口，調整頻數分佈表中數據的輸出順序。

至此，SPSS 將自動編製頻數分佈表並畫出統計圖，結果將輸出到輸出窗口中，分析結果如圖 10-10 和表 10-11 所示。

項目十　SPSS應用與統計分析

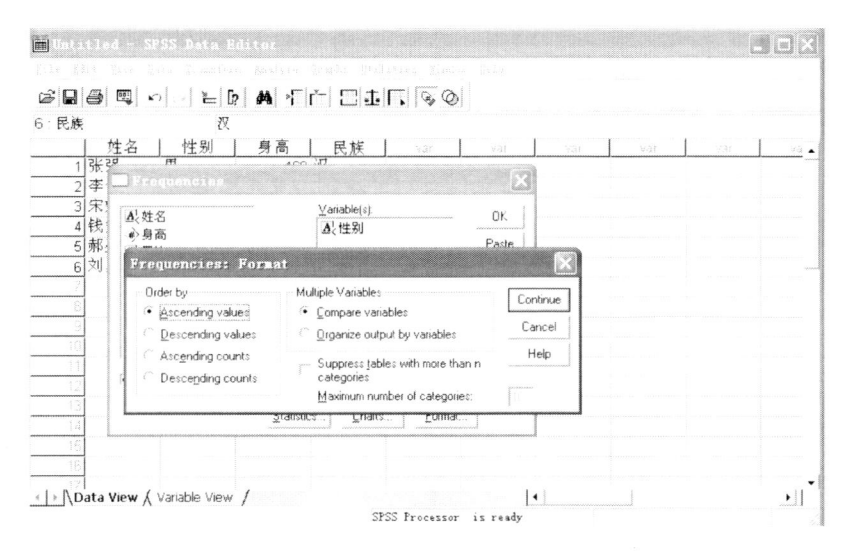

圖 10-9　數據輸出順序調節窗口

表 10-10　　　　　　　　　　　民族情況頻數分佈表

	Frequency	Percent	Valid Percent	Cumulative Percent
85.0	漢	17	85.0	85.0
90.0	回	1	5.0	5.0
100.0	滿	2	10.0	10.0
	Total	20	100.0	100.0

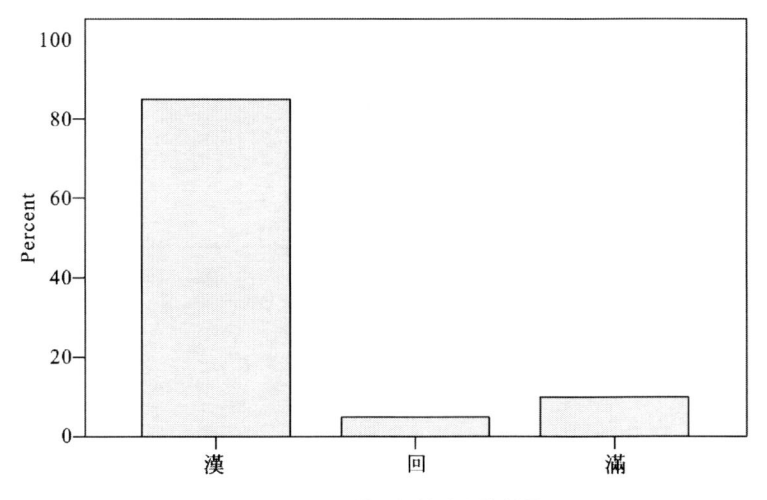

圖 10-11　民族情況統計分析統計圖

按圖 10-7 中的 Statistics 按鈕,出現如圖 10-12 所示的窗口,該窗口中提供了一次列的基本統計描述指標。

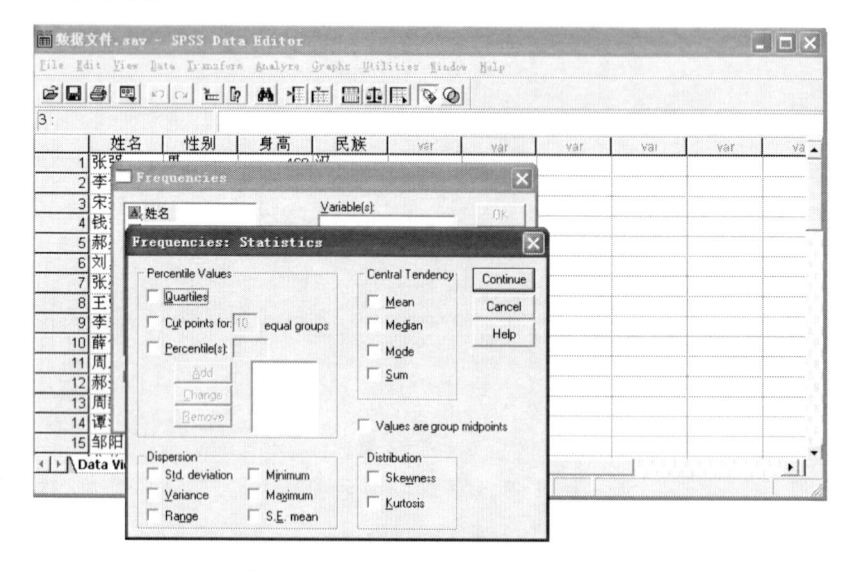

圖 10-12　Frequencies Statistics 窗口

二、集中趨勢的描述指標

平均數

【例 10-1】某高校某班 20 名男同學的身高數據如下所示:

某高校某班 20 名男同學的身高數據　　　　　　　　　單位:厘米

| 168 | 172 | 170 | 166 | 175 | 171 | 169 | 168 | 172 | 180 |
| 166 | 169 | 174 | 172 | 168 | 175 | 172 | 167 | 166 | 182 |

求:平均身高。

操作步驟如下:

(1)選擇菜單:【Analyze】→【Descriptive Statistics】→【Frequencies】

如圖 10-13 及圖 10-14 所示。

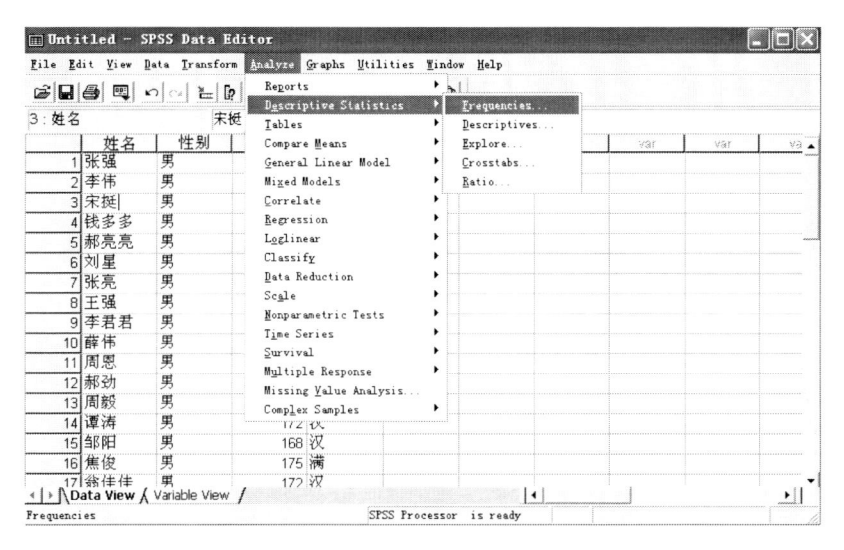

圖 10－13 「Frequencies」選項

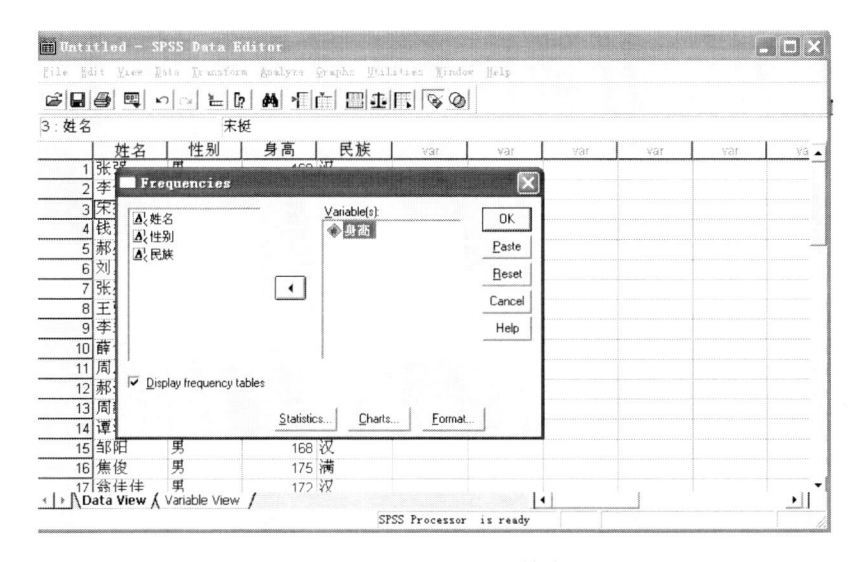

圖 10－14 「Frequencies」對話框

（2）欲求 20 名男同學的平均身高，在圖 10－14 中，將對話框左側變量列表中的「身高」選中，單擊 ▶ 按鈕使之添加到右側的 Variables(s) 框中。

（3）單擊圖 10－14 下方的 Statistics 按鈕，出現如圖 10－15 所示的窗口，在 Central Tendency 框中選擇 Mean，然後單擊 Continue 按鈕返回 Frequencies 對話框，單擊 OK 按鈕，SPSS 開始計算。

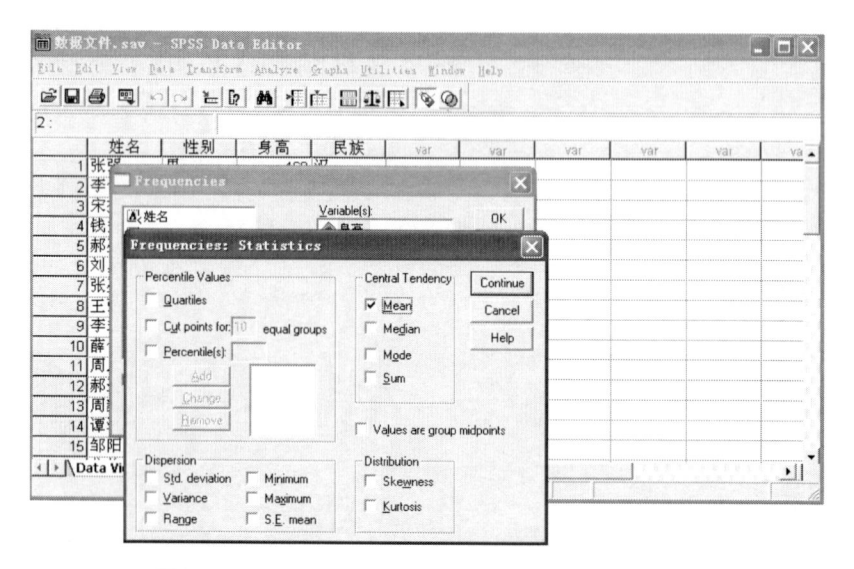

圖 10－15　在「Frequencies Statistics」對話框中選擇 Mean

(4)計算結果如圖 10－16 所顯示，平均身高為 171 厘米。

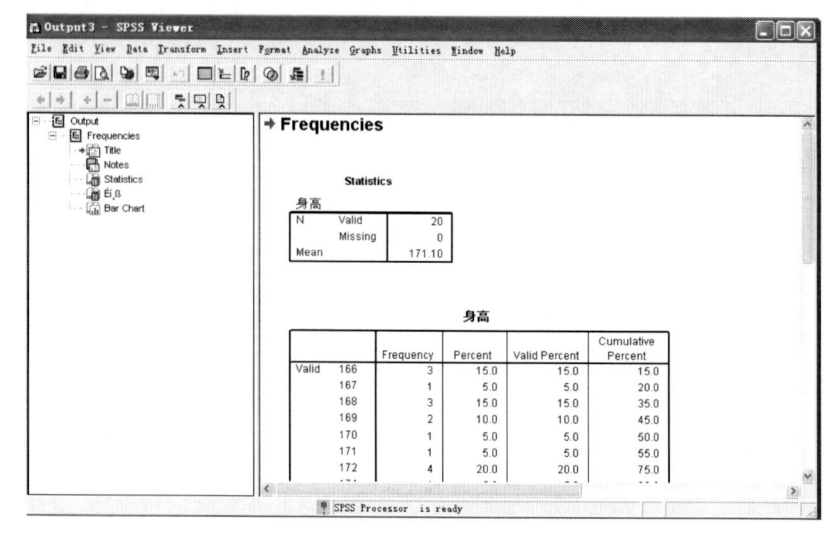

圖 10－16　平均數計算結果

中位數、眾數及求和等集中趨勢描述指標的操作過程與平均數的操作過程基本相同，這裡不再重複。

三、離散趨勢的描述指標

全距

【例 10-2】數據如【例 10-1】中所示，求 20 名男同學身高的全距。
操作步驟如下：
(1) 選擇菜單：【Analyze】→【Descriptive Statistics】→【Frequencies】
如圖 10-13 及圖 10-14 所示。

(2) 欲求 20 名男同學身高的全距，在圖 10-14 中，將對話框左側變量列表中的「身高」選中，單擊▶按鈕使之添加到右側的 Variables(s) 框中。

(3) 單擊圖 10-14 下發的 Statistics 按鈕，在 Dispersion 框中選擇 Range，出現如圖 10-17 所示的窗口，然後單擊 Continue 按鈕返回 Frequencies 對話框，單擊 OK 按鈕，SPSS 開始計算。

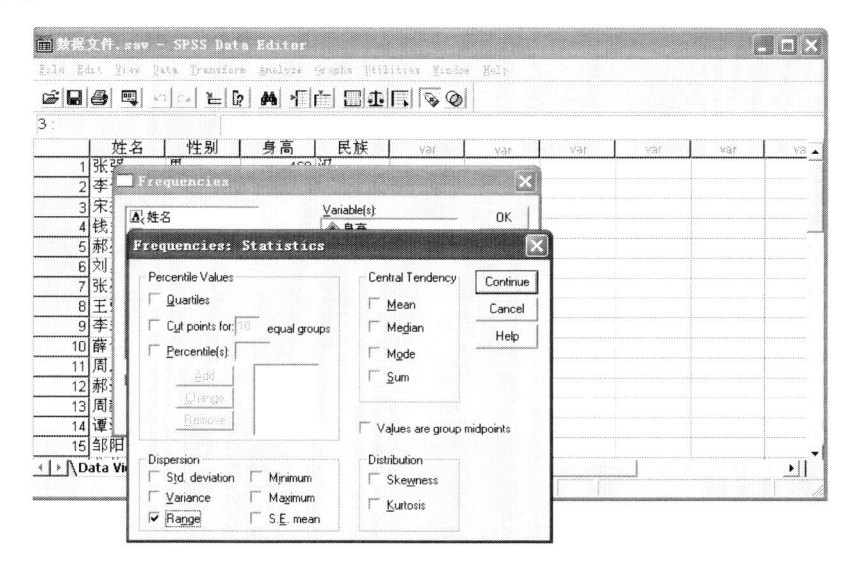

圖 10-17 在 Dispersion 框中選擇 Range

(4) 計算結果如圖 10-18 所顯示，20 名男同學身高的全距為 16 厘米。
標準差等離散趨勢描述指標的操作過程與全距的操作過程基本相同，這裡不再重複。

【任務小結】

「易學，易用，易普及」已成為 SPSS 軟件最大的競爭優勢之一，也是廣大數據分析人員對其偏愛有加的主要原因。而大量成熟的統計分析方法、完善的數據定義操作管理、開放的數據接口以及靈活的統計表格和統計圖形，更是 SPSS 長盛不衰的重要法寶。

SPSS 軟件運行時有多個窗口，各窗口有各自的作用。但作為初學者，只需先熟悉兩個主要窗口即可，它們是數據編輯窗口和結果輸出窗口。SPSS 數據編輯窗口是 SPSS 的主程序窗口，該窗口的主要功能是定義 SPSS 數據的結構、錄入編輯和管理待分析的數據；SPSS 結果輸出窗口是 SPSS 的另一個主要窗口，該窗口主要功能是顯示管理 SPSS 統計分析結果、

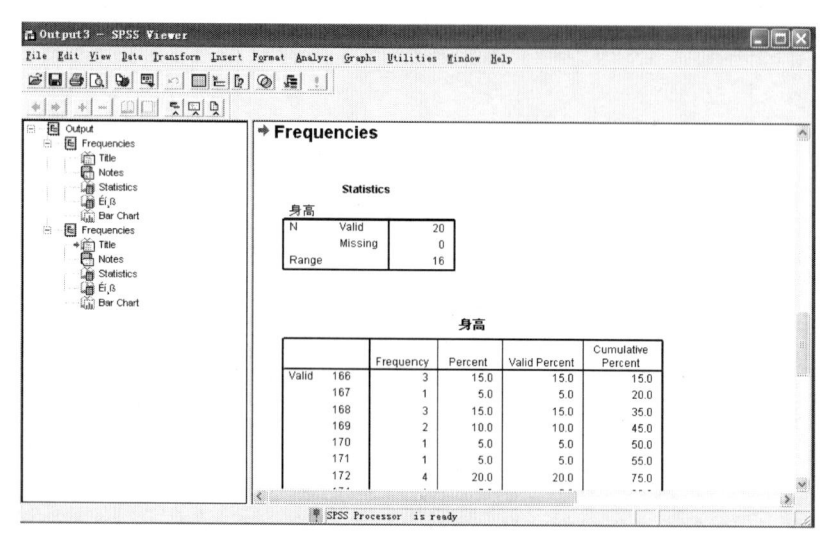

圖 10-18　全距計算結果

報表和圖形。

　　SPSS 可以直接讀取其他格式的數據文件,如 Excel 文件、文本文件等;但 sav 文件格式是 SPSS 獨有的,一般無法通過其他如 Word、Excel 等軟件打開。

　　SPSS 可以進行平均數、中位數、眾數、全距、標準差等基本統計分析的操作。通過基本統計方法,可以對藥分析數據的總體特徵有比較準確的把握,從而進一步選擇其他更為深入的統計分析方法。

【復習思考】

1. .sav、.spo 分別是 SPSS 哪類文件的擴展名?
2. SPSS 有哪兩個主要窗口,它們的作用和特點各是什麼?
3. 你認為 SPSS 軟件的優勢是什麼?

【實訓模擬練習題(上機操作)】

1. 請將下面的數據轉換成 SPSS 數據文件,並保存為 .sav 文件格式。

某廠某組工人的基本情況

編號	性別	年齡	月收入(元)
01001	男	28	2,500
01002	男	25	2,300
01003	女	23	2,300
01004	男	22	2,000
01005	女	22	2,000
01006	男	25	2,800

續表

編號	性別	年齡	月收入(元)
01007	男	29	3,000
01008	男	31	3,000
01009	男	32	3,000
010010	男	26	2,800
010011	女	28	2,800
010012	女	30	3,000
010013	男	28	2,500
010014	男	33	3,300
010015	女	32	3,000
010016	男	30	2,800
010017	男	35	3,500
010018	女	25	2,500
010019	女	29	2,800
010020	男	25	2,500

2. 請同學們針對當前學校或社會關心的熱點問題,以小組形式設計一份調查問卷並進行調查。在 SPSS 中錄入所獲得的調查數據形成一份 SPSS 數據文件(變量的類型應包括字符型和數值型);對問卷中某一個問題的數據進行描述性統計分析(集中趨勢描述指標和離中趨勢描述指標);根據問卷中另一個問題的數據得到相應的統計分析表和並畫出統計圖。

附表

附表1　隨機數表

8	9	8	6	3	1	8	5	8	1	8	8	4	9	1	9	6	6	9	5
7	8	5	9	5	3	7	1	7	9	6	9	3	1	9	3	2	3	3	7
9	4	3	2	4	5	6	3	4	9	4	0	3	2	1	9	2	3	6	2
7	3	1	2	1	7	5	3	4	1	7	9	0	5	3	3	3	0	0	9
0	2	1	2	8	7	2	6	6	6	5	5	4	2	1	5	5	9	1	9
1	4	6	4	5	8	5	5	1	6	4	0	7	7	4	9	9	7	2	5
6	5	4	9	7	4	9	9	4	0	8	5	6	0	5	1	3	4	6	1
2	0	1	8	9	0	9	8	7	0	7	5	2	8	5	6	6	4	5	7
0	7	9	2	0	6	5	4	4	6	9	9	4	9	0	2	3	2	1	9
8	1	6	0	3	3	3	2	8	8	3	9	6	7	6	9	1	6	7	7
0	9	5	0	7	9	3	5	2	3	9	7	2	7	2	8	3	3	0	4
1	3	7	3	9	8	4	8	6	0	7	7	6	2	3	7	9	8	8	0	9
7	3	5	8	7	1	5	8	2	1	7	4	2	7	1	6	5	1	7	3
1	2	0	9	2	8	7	6	1	2	2	1	0	9	9	9	1	9	9	1
4	9	7	0	5	7	6	5	4	9	6	7	2	3	1	2	1	8	8	3
9	1	7	1	9	7	4	8	4	5	5	4	3	3	5	2	5	3	4	0
7	6	6	8	3	1	1	3	8	2	9	2	5	6	9	3	9	3	8	5
7	3	9	9	9	1	9	9	5	8	8	6	3	9	2	0	2	7	3	6
9	4	5	2	9	2	7	2	7	6	9	4	2	8	1	7	9	3	7	7
7	8	5	4	7	9	6	9	7	8	9	5	5	0	6	1	3	0	0	3
2	5	0	8	7	1	2	7	8	7	1	5	3	4	0	9	2	1	2	5
7	5	1	6	1	7	3	7	0	9	6	3	8	4	3	9	3	7	5	2
6	0	4	6	1	3	5	9	0	3	2	9	1	1	9	2	5	4	5	6
4	5	9	6	1	9	1	0	5	7	4	6	4	2	1	8	9	0	6	2
1	5	3	1	8	0	1	8	3	2	4	8	2	4	0	8	3	3	7	6	8
4	1	7	3	0	1	2	4	3	2	5	6	2	4	4	2	1	3	9	6
7	5	6	4	3	9	9	8	8	5	4	5	3	0	8	7	8	3	3	7
3	9	2	6	2	8	2	9	6	1	2	0	7	2	4	5	3	6	4	7
9	7	8	2	3	0	1	5	0	2	1	9	1	8	0	0	1	7	8	4
8	9	0	3	9	4	1	8	4	6	2	8	4	0	5	4	6	2	9	5

附表2　正態分佈概率表

t	F(t)	t	F(t)	t	F(t)	t	F(t)
0.00	0.000,0	0.32	0.251,0	0.64	0.477,8	0.96	0.662,9
0.01	0.008,0	0.33	0.258,6	0.65	0.484,3	0.97	0.668,0
0.02	0.016,0	0.34	0.266,1	0.66	0.490,7	0.98	0.672,9
0.03	0.023,9	0.35	0.273,7	0.67	0.497,1	0.99	0.677,8
0.04	0.031,9	0.36	0.281,2	0.68	0.503,5	1.00	0.682,7
0.05	0.033,9	0.37	0.288,6	0.69	0.509,8	1.01	0.687,5
0.06	0.047,8	0.38	0.296,1	0.70	0.516,1	1.02	0.692,3
0.07	0.055,8	0.39	0.303,5	0.71	0.522,3	1.03	0.679,0
0.08	0.063,8	0.40	0.310,8	0.72	0.528,5	1.04	0.701,7
0.09	0.071,7	0.41	0.318,2	0.73	0.534,6	1.05	0.706,3
0.10	0.079,7	0.42	0.325,5	0.74	0.540,7	1.06	0.710,9
0.11	0.087,6	0.43	0.332,8	0.75	0.546,7	1.07	0.715,4
0.12	0.095,5	0.44	0.340,1	0.76	0.552,7	1.08	0.719,9
0.13	0.103,4	0.45	0.347,3	0.77	0.558,7	1.09	0.724,3
0.14	0.111,3	0.46	0.354,5	0.78	0.564,6	1.10	0.728,7
0.15	0.119,2	0.47	0.361,6	0.79	0.570,5	1.11	0.733,0
0.16	0.127,1	0.48	0.368,8	0.80	0.576,3	1.12	0.737,3
0.17	0.135,0	0.49	0.375,9	0.81	0.582,1	1.13	0.741,5
0.18	0.142,8	0.50	0.382,9	0.82	0.587,8	1.14	0.745,7
0.19	0.150,7	0.51	0.389,9	0.83	0.593,5	1.15	0.749,9
0.20	0.158,5	0.52	0.396,9	0.84	0.599,1	1.16	0.754,0
0.21	0.166,3	0.53	0.403,9	0.85	0.604,7	1.17	0.758,0
0.22	0.174,1	0.54	0.410,8	0.86	0.610,2	1.18	0.762,0
0.23	0.181,9	0.55	0.417,7	0.87	0.615,7	1.19	0.766,0
0.24	0.189,7	0.56	0.424,5	0.88	0.621,1	1.20	0.769,9
0.25	0.197,4	0.57	0.431,3	0.89	0.626,5	1.21	0.773,7
0.26	0.205,1	0.58	0.438,1	0.90	0.631,9	1.22	0.777,5
0.27	0.212,8	0.59	0.444,8	0.91	0.637,2	1.23	0.781,3
0.28	0.220,5	0.60	0.451,5	0.92	0.642,4	1.24	0.785,0
0.29	0.228,2	0.61	0.458,1	0.93	0.647,6	1.25	0.788,7
0.30	0.235,8	0.62	0.464,7	0.94	0.652,8	1.26	0.792,3
0.31	0.243,4	0.63	0.471,3	0.95	0.657,9	1.27	0.795,9

附表2(續)

t	$F(t)$	t	$F(t)$	t	$F(t)$	t	$F(t)$
1.28	0.799,5	1.61	0.892,6	1.94	0.947,6	2.54	0.988,9
1.29	0.803,0	1.62	0.894,8	1.95	0.948,8	2.56	0.989,5
1.30	0.806,4	1.63	0.896,9	1.96	0.950,0	2.58	0.990,1
1.31	0.809,8	1.64	0.899,0	1.97	0.951,2	2.60	0.990,7
1.32	0.813,2	1.65	0.901,1	1.98	0.952,3	2.62	0.991,2
1.33	0.816,5	1.66	0.903,1	1.99	0.953,4	2.64	0.991,7
1.34	0.819,8	1.67	0.905,1	2.00	0.954,5	2.66	0.992,2
1.35	0.823,0	1.68	0.907,0	2.02	0.956,6	2.68	0.992,6
1.36	0.826,2	1.69	0.909,0	2.04	0.958,7	2.70	0.993,1
1.37	0.829,3	1.70	0.910,9	2.06	0.960,6	2.72	0.993,5
1.38	0.832,4	1.71	0.912,7	2.08	0.962,5	2.74	0.993,9
1.39	0.835,5	1.72	0.914,6	2.10	0.964,3	2.76	0.994,2
1.40	0.838,5	1.73	0.916,4	2.12	0.966,0	2.78	0.994,6
1.41	0.841,5	1.74	0.918,1	2.14	0.967,6	2.80	0.994,9
1.42	0.844,4	1.75	0.919,9	2.16	0.969,2	2.82	0.995,2
1.43	0.847,3	1.76	0.921,6	2.18	0.970,7	2.84	0.995,5
1.44	0.850,1	1.77	0.923,3	2.20	0.972,2	2.86	0.995,8
1.45	0.852,9	1.78	0.924,9	2.22	0.973,6	2.88	0.996,0
1.46	0.855,7	1.79	0.926,5	2.24	0.974,9	2.90	0.996,2
1.47	0.858,4	1.80	0.928,1	2.26	0.976,2	2.92	0.996,5
1.48	0.861,1	1.81	0.929,7	2.28	0.977,4	2.94	0.996,7
1.49	0.863,8	1.82	0.931,2	2.30	0.978,6	2.96	0.996,9
1.50	0.866,4	1.83	0.932,8	2.32	0.979,7	2.98	0.997,1
1.51	0.869,0	1.84	0.934,2	2.34	0.980,7	3.00	0.997,3
1.52	0.871,5	1.85	0.935,7	2.36	0.981,7	3.20	0.998,6
1.53	0.874,0	1.86	0.937,1	2.38	0.982,7	3.40	0.999,3
1.54	0.876,4	1.87	0.938,5	2.40	0.983,6	3.60	0.999,68
1.55	0.878,9	1.88	0.939,9	2.42	0.984,5	3.80	0.999,86
1.56	0.881,2	1.89	0.941,2	2.44	0.985,3	4.00	0.999,94
1.57	0.883,6	1.90	0.942,6	2.46	0.986,1	4.50	0.999,993
1.58	0.885,9	1.91	0.943,9	2.48	0.986,9	5.00	0.999,999
1.59	0.888,2	1.92	0.945,1	2.50	0.987,6		
1.60	0.890,4	1.93	0.946,4	2.52	0.988,3		

附表 3　t 分佈表

df	單側檢驗的顯著水準(a)					
	.10	.05	.025	.01	.005	.0005
	雙側檢驗的顯著水準(a)					
	.20	.10	.05	.02	.01	.001
1	3.078	6.314	12.706	31.821	63.657	936.619
2	1.886	2.920	4.303	6.965	9.925	31.598
3	1.638	2.353	3.182	4.541	5.841	12.941
4	1.533	2.132	2.776	3.747	4.604	8.610
5	1.476	2.015	2.571	3.365	4.032	6.859
6	1.440	1.943	2.447	3.143	3.707	5.959
7	1.415	1.895	2.365	2.998	3.499	5.405
8	1.397	1.860	2.306	2.896	3.355	5.041
9	1.383	1.833	2.262	2.821	3.250	4.781
10	1.372	1.812	2.228	2.764	3.169	4.587
11	1.363	1.796	2.201	2.718	3.106	4.437
12	1.356	1.782	2.179	2.681	3.055	4.318
13	1.350	1.771	2.160	2.650	3.012	4.221
14	1.345	1.761	2.145	2.624	2.977	4.140
15	1.341	1.753	2.131	2.602	2.947	4.073
16	1.337	1.746	2.120	2.583	2.921	4.015
17	1.333	1.740	2.110	2.567	2.898	3.965
18	1.330	1.734	2.101	2.552	2.878	3.922
19	1.328	1.729	2.093	2.539	2.861	3.883
20	1.325	1.725	2.086	2.528	2.845	3.850
21	1.323	1.721	2.080	2.518	2.831	3.819
22	1.321	1.717	2.074	2.508	2.819	3.792
23	1.319	1.714	2.069	2.500	2.807	3.767
24	1.318	1.711	2.064	2.492	2.797	3.745
25	1.316	1.708	2.060	2.485	2.787	3.725
26	1.315	1.706	2.056	2.479	2.779	3.707
27	1.314	1.703	2.052	2.473	2.771	3.690
28	1.313	1.701	2.048	2.467	2.763	3.674
29	1.311	1.699	2.045	2.462	2.756	3.659
30	1.310	1.697	2.042	2.457	2.750	3.646
40	1.303	1.684	2.021	2.423	2.704	3.551
60	1.296	1.671	2.000	2.390	2.660	3.460
120	1.289	1.658	1.980	2.358	2.617	3.373
∞	1.282	1.645	1.960	2.326	2.576	3.291

國家圖書館出版品預行編目（CIP）資料

新編統計基礎(第二版) / 祝剛, 陳秀麗 主編. -- 第二版.
-- 臺北市：崧博出版：崧燁文化發行, 2019.05
　　面；　公分
POD版

ISBN 978-957-735-832-5(平裝)

1.統計學

510　　　　　　　　　　　　　108006280

書　　名：新編統計基礎(第二版)

作　　者：祝剛、陳秀麗 主編

發 行 人：黃振庭

出 版 者：崧博出版事業有限公司

發 行 者：崧燁文化事業有限公司

E - m a i l：sonbookservice@gmail.com

粉 絲 頁：　　　　　網　址：

地　　址：台北市中正區重慶南路一段六十一號八樓 815 室
8F.-815, No.61, Sec. 1, Chongqing S. Rd., Zhongzheng Dist., Taipei City 100, Taiwan (R.O.C.)

電　　話：(02)2370-3310　傳　真：(02) 2370-3210

總 經 銷：紅螞蟻圖書有限公司

地　　址: 台北市內湖區舊宗路二段 121 巷 19 號

電　　話:02-2795-3656 傳真:02-2795-4100　　網址：

印　　刷：京峯彩色印刷有限公司（京峰數位）

本書版權為西南財經大學出版社所有授權崧博出版事業股份有限公司獨家發行電子書及繁體書繁體字版。若有其他相關權利及授權需求請與本公司聯繫。

定　　價：350 元

發行日期：2019 年 05 月第二版

◎ 本書以 POD 印製發行